# 序にかえて

『玉燭宝典』（以下『宝典』と略す）という書物は、『図書寮典籍解題〈漢籍編〉』（以下『典籍解題』と略す）一五〇～一頁によれば、中国の隋代の杜台卿撰で、十二巻、孟春一月から季冬十二月に至る年中行事を、『礼記月令』を本とし、『呂覧』『逸周書』『時則訓』『准南子』『四民月令』『月令章句』等を引いて各月の政令行事を述べ、ついで巻末に「正説」として前聞の疑誤を正し、「付説」として当時の閭巷の俗習瑣事を雑載したもの。現存本は巻九秋九月の一巻を闕き、巻十二季冬の最後に二百五十字近くの闕文がある。夙に我が国に伝来し、藤原佐世の『日本国現在書目』や藤原頼長の日記『台記』康治三年（一一四四）五月五日条に見えるが、中国では早く佚亡した。明治十四年（一八八一）に清国欽差大臣として来朝した黎庶昌が、彼地に亡び、我が国にのみ存する典籍を集めて『古逸叢書』と命名して出版したが、この『宝典』もその中に収められている。

私が『宝典』の存在を知るに至ったのには、次のような経緯があった。即ち昭和五十年（一九七五）秋、当時宮内庁書陵部編修課勤務であった私は、同室の吉岡真之氏と共に京都大学に赴き、岸俊男教授のお世話になって文学部古文書室所蔵の古文書・古記録を調査させていただいたが、その中の壬生官務家旧蔵「旧抄本経書」（架番号七四―八九六）は二つの書物より成り、一つはすぐに『令集解』の一部と判ったが、もう一つの貞和四年（一三四八）・五年の校合奥書があり、「面山叟（花押）」の署判があるものについてはその書名が判らなかった。後日、吉岡氏より前記『典籍解題』

の記述の御教示に与り、初めて面山叟が校合したのは『玉燭宝典』という典籍であること、『宝典』には豊後佐伯毛利家本と、加賀前田家の尊経閣文庫に古写本のあることを知った。幸い毛利家本は、現在、書陵部架蔵であり、前田家本は全文の（紙背文書を含めて）コロタイプ複製本が刊行されているので、両本や前述の『古逸叢書』本を比較検討することが出来た。特に前田本の紙背文書を解読してゆく過程で、校合奥書に見える面山叟の花押と、紙背文書中の二階堂伯耆入道道本の花押が同一であることが判ったので、その他の知見を含めて、「前田本『玉燭宝典』紙背文書に関する覚書」（『国史学』一〇三号　昭和五十二年十月刊、以下、拙稿aという）と「京大古文書室蔵『旧抄本経書』をめぐって」（『國學院雑誌』八十巻十一号　昭和五十四年十一月刊、以下、拙稿bという）の両論文にまとめた（両論文とも、補訂の上で本書に収めた）。特にaには『宝典』紙背文書全部の概要を一覧表にして示した。これによって広く研究者にこれらの文書の利用されることを願ってのことであった。

『宝典』紙背文書の存在は早くから知られていた。即ち今から丁度百年前の明治三十四年（一九〇一）に刊行を開始した『大日本史料』第六編に約二十通引用され、又その編纂に当たられた田中義成博士の著書『南北朝時代史』第五十三章「親房の吉野に於ける作戦計画」にも、その依拠史料として『玉燭宝典裏書』が挙げられている。また佐藤進一氏は「室町幕府開創期の官制体系」（石母田正・佐藤進一編『中世の法と国家』〈東京大学出版会、一九六〇年刊〉所収、佐藤進一『日本中世史論集』〈岩波書店、一九八〇年刊〉再収）において、『大日本史料』所引以外の『宝典』紙背文書を多数利用しておられる。また『神奈川県史』資料編3古代・中世（3上）に八通の文書が引用されている。しかし、それ以外の論文に引用されているのは、『大日本史料』所引のものばかりである。『宝典』紙背文書が『大日本史料』に引用されてからほぼ百年、拙稿a・b発表後でも既に二十年経っているが、何故これを利用した研究が現れないのかを

不思議に思っていたが、その一端は、前田本が国の重要文化財に指定されているため、閲覧が容易でないのに加えて、前記コロタイプが昭和十九年という第二次世界大戦末期の作成であったので、空襲の激化等の国内事情によって、その配布が十分に出来なかったようで、架蔵している大学や図書館が少ないらしいことを知った（國學院大學に移った後、図書館にも史学の研究室にもなかったので、尊経閣に問い合わせたところ在庫があるとのことなので、購入して貰った。まだ在庫があることさえ知られていないのではなかろうか）。換言すれば、その紙背文書の重要性は判っても、一般の研究者や大学院生等にはその全容を見る機会がなかったのである。そこで全文を翻刻する必要を痛感し、巻一〜六を『國學院大學紀要』33巻（一九九五年三月刊）に、巻七〜十二を『國學院大學大学院紀要』（一九九六年三月刊）に「前田本『玉燭宝典』紙背文書に見える典籍」の「付」として掲載して貰った（この翻刻は、補訂の上、併せて本書に「史料篇」として収録した）。この頃から漸く『大日本史料』引用以外の文書を利用した研究も見られるようになった。その最初が、金子拓氏「室町幕府初期における官途推挙と武家官途（副題略）」（『日本史研究』386号　一九九四年十月刊）ではなかったかと思う。しかし大学の紀要も読者は限られているので、一般の研究者の利用し易いものにするには、単行本にする必要があった。『宝典』紙背文書は、何と云っても室町幕府初政期の足利直義の晩年の動向を知り得る貴重な史料だからである。

私は前記a・b二論文を書くに当たって、一応の釈文を作ってあったが、もう一度読み返すため、平成五年度から大学院の演習で『宝典』の紙背文書を院生諸君と一緒に読み始め、同七年度まで三年掛けて漸く全部を読み終えたが、毎年、受講生にはこの紙背文書に関するレポートを提出して貰った。特に最後の平成七年度の受講生には、良いものは論文集に掲載するから頑張るように話をし提出して貰った。出版社は決まったが、在職中は何かと雑用に逐われて、

論文集の方はなかなか進行しなかった。それを督励してくれたのは大倉精神文化研究所研究員の平井誠二氏である。私が國學院大學を定年退職した平成十二年春、平井氏は、早速、レポート提出者に連絡をとり訂正の有無等を問い合わせてくれた。既に皆勤務を持っており、論文として書き直す時間がないため断念する人も何人かあった（その中には中村尚美君の様に、紙背文書の差出人としてしばしば見える「証信」について、『読史備要』の「法号并称号索引」に「証信　又覚安　中山家親」とあるのを「発見」した人もあった）。ただ佐藤君のは、提出したのは別のものであったが、彼の修士論文の一章が『宝典』紙背文書を史料としていたので、そちらに差し替えて貰ったりして、漸く本書に纏めることが出来た。未だ至らぬ点も多々あろうが、読者諸賢の御批判を得られれば幸いである。

最後になったが、本書に紙背文書の翻刻掲載を許可された㈶前田育徳会尊経閣文庫と写真掲載を許可された京都大学総合博物館に深甚の謝意を表する次第である。また本書の出版を引き受けて下さった㈱続群書類従完成会、特に編集部の小川一義氏、連絡と史料篇の人名索引を作成してくれた関口和代氏にも謝意を表する。

平成十三年師走十二日

今江廣道

# 目次

目次

# 史料篇

――『玉燭宝典』紙背文書――

# 凡　例

一、翻刻は、前田家尊經閣文庫架藏『玉燭寶典』のコロタイプ複製本に據り、第一卷から順次第十二卷（但し第九卷は散逸し闕卷）に及び、各卷は、卷尾から卷首に向かって順次番號を付した（第一卷第2號文書は、**一―2**の如く表記する）。

一、京都大學架藏「舊抄本經書」の『玉燭寶典』第二卷奥書の紙背文書（**京―B**）、第八卷奥書の紙背文書（**京―A**）は、それぞれの所に掲げた。

一、文字は正字を、改行は原本通りを原則とする。

一、切斷等によって、文字の殘畫はあるが、その文字が不明の場合は、字數をはかって□で示し、字數不明の場合は［　］とした。また編者の推定にかかる文字は、右傍に〔　〕を付して記し、文字以外の編者の注記は（　）内に記した。

一、文書には、明治以降のものと思われる朱書の貼札があるが、煩を避けて末尾に一括して掲げた。

一、その他、一般の翻刻原則に則っているので、適宜類推されたい。

一、各文書の後の＊以下は、参考のために記したものである。

一―1

御馬事、相續所望□〔給カ〕
無心闕如之由、被仰候間、
令申候處、預許容
候條、令悦入候了、但
大乘院僧正御房一昨日
令上洛給候、先々ハ南都
までも被仰之由、奉候之間、
定不可事闕之節之由、存候つ□〔る〕、

（後闕）

＊一―18・19等ト同筆ニツキ證信筆カ。

一―2

昨日預御札之條、恐
悦候、夜間何條事
候哉、抑自五條殿如此
被仰候了、近日付善惡
一疋も不立置之間、方々
令祕計候、如形總鞦
など懸用候ぬへき下品
物被召仕之輩立置事

（後闕）

一―3

（前闕）

近日者寺用闕□□□
候、如何可仕候哉、猶々歎
入候、只今他所候間、不能
委細候、併期拜謁之時候、
恐々謹言、

二月廿五日　　住呂（花押）

（切封墨引）　住呂

一—4

御札喜承候了、雖無
指事候、細々可申入之由、
存候之處、自然懈怠、無其
儀候、御雜熱御事、驚
存候、不參申候之條、恐恨
次第候、何樣近日之間、
可參申候、猶々若不□
候之條

（後闕）

一—5（折紙、原本天地逆、）

將軍家天神講 貞和四 三廿五

採桑老
萬秋樂序
同破六帖
蘇合三帖
同破・急
輪臺・青海波
千秋樂

（以下、見返シ）□導師　右衞門督法印房宣

〔伽〕□陀　二人、同弟子、

〔笙〕□御所作　則秋　信秋
成秋　佐秋

〔篳〕□篥　春有丸　茂政
季村

〔笛〕□　景朝　景重

景敦　景繼
景成
□〔鞨〕鼓　龍秋
□〔太〕鼓　景茂
□〔琵〕琶　上椙豆州
□〔箏〕　簾中

一―6

先度上洛之時、乍物忩
懸御目、申承候條、恐悦存候、
翌日則下向仕候之間、重無申
旨候、御物沙汰被始行候由傳承
候之間、差上代官候、成忠申入旨候
者、被懸御意候者、可爲本望候也、
事々期後信候、恐々謹言、

三月廿二日　沙彌道光（花押）
謹上　二階堂殿

一―7

（前闕）
□□、恐□〔々〕□〔謹〕言、
三月二日　鏡尊
（墨引）　鏡尊

一―8

自今夕被始行春
除目候、仍計會無
申計候、可有御察候、
陣外宿まて例仕
丁片時可申請候也、

即可返申候、恐々謹言、
三月十八日　　師躬

一―9

何條御事候哉、
抑自來十八日可被始
行縣召除目之由、被仰下候之
間、計會無申量候
上、文庫候文書少々可
召寄之由存候、例仕丁
若隙候者、片時申請候
哉、連々申狀恐入候、〱、
恐々謹言、
三月四日　　師躬

一―10

何條御事候乎、
抑夜中無心申狀
候へとも、明日春日
祭、六位外記沙汰
進候、而俄馬鞦事
闕候、赤鞦大切候、申
請候乎、明後日早々
可返進候、闕如之
（後闕）

＊一―9ト同筆。

一―11

（前闕）
難申信候、御音信猶々

悦入候、一両日之程可申
參候、何よりも御少瘡無
減氣候覽、驚入候、花
所々□之由承候、雖然
未及歷覽候也、旅近〔宿脫カ〕
邊東林寺花近日盛
候へきよしを令申候、御歷覽
も候へく候、如何候、併期面談之
時候、恐々謹言、
二月卅日　□□
□□

—12

(前闕)

馳申候、無相違候者、
付廻可申請候、每事
期參入候、恐々謹言、
二月廿八日　師躬
(切封墨引)
〔進之候カ〕□□□　師躬

—13

先日預御札候折節、
長講堂彼岸結願
參仕之間、不申御返事候、
恐入候、自是可令申之由、存
候之處、連日計會事等候て、
乍存懈怠候之處、重預
御尋候、爲悦候、以外御疎遠、

眞實慮外次第候、外記入道
入見參候ける之由、語申候間、
相構可令推參之由、存候も、例
懈怠候了、大炊御門之第ハ
（後闕）

## 一—14

御雑熱事、可參尋
由、存候之處、此間者湯治
事候つる程ニ、無其儀之
條、恐恨次第候、何様令參
入、可承候、兼又當寺茶
一裹令進候、豌豆一葛
進候、雖比興候、御氣色ニ
（後闕）

## 一—15

（前闕）
［　　　　］
參候き、如然事も旁面謁大切
存候、右丞相拜賀、不慮之
子細候て、相伴候き、御小瘡之
由、承候、御心苦候、いかさまにも、
近日態必々可令參申候也、
猶々御音信、返々悅存候、
恐々謹言、
二月廿八日　　忠朝
（切封墨引）
□□〔忠朝〕

―16

(前闕)

候者、□□□候哉、有
許容者、明後日廿五日、
午刻許可遂行候歟、
又引預候歟、可隨御返事候、
雖非尋常物候、可沙汰
候也、無心申狀其憚不
少候、謹言、
二月廿三日　　證信
(切封墨引)
□〔伯〕者入道殿
進之　　證信

―17

明日料御馬事、預
許容候之條、悦存候、
但吉書奏延引、可
爲來月五日云々、件日申
請之條、何樣候哉、無
相違者、可悦入候、謹言、
二月廿四日　　證信
進之

―18

何條御事候哉、
吉書奏可爲明後日廿九日(マヽ)
候云々、返々雖無心申狀候、
件日御馬申請之條、何樣
候哉、預許容者、午時

許引給候哉、謹言、

二月廿八日　　證信

進之

—19

縣召除目聞書二
通注進候、如先々可
令傳進給候歟、御私
一通同進候也、昨日
陣之儀及遲々候之間、
今日諸方書進候、
可得此御意候歟、恐々

（以下—26ニ續ク）

—20

（前闕）

不遂行候き、態如此被
仰之條、慇懃御意返々
恐悅、不知所謝候、此等之子細
自是欲申之處、專使
猶々悅入候、謹言、

三月廿二日　　證信

（切封墨引）　　證信

—21

今朝御音信本望候、
竹六本七寸、進之由申候
哉、近年木守不法之間、
散々伐散つる云々、他事

期後信候、謹言、
二月廿一日　證信

—22（前闕）

［　　　　　　　　］恐
悦無極候、恐々謹言、
三月十八日　全照
（切封墨引）
全照

—23（封紙）

謹上　二階堂殿　沙彌道光

—24（折紙）

□□舞童
□□向船兒六人、舞人二人
□□〔景〕俊　葛榮
□□樂人同船
龍秋　笙 則秋
□秋　同 佐秋
□〔篳〕□〔篥〕
□政　同 季村
向船樂　沈瀧舟
□〔振〕梓　左　朝榮
右　久成
□〔賀〕殿　幸松　尊若　松壽　幸喜久
□〔地〕久　松壽　尊若　幸松　音若
□〔太〕平樂　幸松　尊若　松壽　幸喜久
□〔長〕保樂　尊若　幸喜久　音若　吾護壽

□〔陵〕王　松壽

□〔納〕蘇利　尊若

一―25（折紙）

□□□□〔始〕□□□二　廿八

當參

霜臺　豆州

豫州　縫殿頭

公禪　中刑部

□州　行直

奏事

□藤左衞門大夫

御荷用

□〔寺〕岡彌七

□久孫二郎

伊勢四郎兵衞尉

伯耆五郎

（以下、見返シ）秋山新藏人

海老名彦三郎

問註所信乃七郎

山城次郎左衞門尉

一―26

（前闕）

□□〔謹言〕

三月廿八日　師躬

（切封墨引）

一―27

（前闕）

入候之由、傳承候之間、令
進候、毎事期參入之時
候、恐々謹言、
三月廿七日　　全照
（切封墨引）
大炊御門御宿所　　全照

—28

何條御事候哉、明日
料御馬事、度々進狀之
處、近置御留守之由、申
候之間、不審候、有許容
者、可爲本望候、謹言、
三月十四日　　證信
進之

—29

（前闕）

悦入て候、百首をまつこの
僧方へ行て候、ひき具して、
たひ候へと申て候、あわせの小袖
一かさね入て候、ふはこの中ニ
歌をもふみをも入て候、うは
かきには、ちや二斤とかき
つけて候、つたへて給候へとて
四わうてんとのへまいらせて
給候へく候、又この入道とのゝ
方へ茶をまいらせたく候へく候、
ちとすゝしくなりて、ま

いらせ候へく候、このやうをハ
ものかたり候へく候、申へく□〔候〕、
（切封墨引）

―30

以使者令申旨候、
被尋聞候者、喜入候、
其子細可令申使者、
恐々謹言、
三月廿九日　　貞清（花押）
進之候、

―31

□〔こ〕のたひは、とりあへす下り
□〔候〕ほとにかやらん、御なこりおほ
き心地し候て、心ニかゝりて
□し給候へ、いのちつれなく
□〔候〕はゝ、九月にはのほり候て、
勅撰の事もうかゝひ候
□〔ハ〕ゝやとおほえて候、さても
四王うてん殿、ありかたく
もてなされ申て候しも
ほとに、すくには申れす候、
（異筆）「寶典第一」
梅津の庵主□けみし候て
（以下、袖書）とけ候ハヽ、たゝ歌一首を
さまておもひいてとも
おほえす候、歌二三首も入
□らはん、
□り候はゝ

□〔か〕しこまり思候
へく候、
□□〔すみ〕よしの大明神との
□せ給候へはと、たのみ申て候、
□月のしんかう
□しく候はしと、おほえ候、
□く候、こものたひのろんきに申入候へく候、
□と□めたち申事□□

（後闕）

## 京―B

昨日物詣事候し間、罷歸□
後、拜見御報候了、年内不幾
候、一日可參申候、兼又人目八
合慥賜預候了、則令宿心
候也、此間火事驚存候、如此
事も入見參可申承候、
恐々謹言、
十二月九日　□□

## 二―1

（前闕）

察御意□、其後不令
申之間、積欝候、御雜
熱近日何様令見給
候哉、彼御發向未無其
義候歟、御延引ハ御旅
宿よりハ御心安存候、哀無
爲令靜謐者、目出候とて、
近々にも候間、令推參申

（後闕）

## 二—2

祝言漸雖事舊候、
御慶更無盡期
候、幸甚々々、
抑御脈事可参承候、
玄照風氣聊宜躰
候、乗物不闕〔令脱カ〕如候、不可及
拝顔候、恐々謹言、
正月十四日　　玄照

## 二—3

蒙仰候茶進之候、
如此下品之物ハ、今月
中者可隨召候、曾不可
被置御意候也、近明者
諸方拂底之時分
候歟、只今摩候之間、御
使相待候了、明日仕
（後闕）

*中原師躬筆カ。

## 二—4

（前闕）
尚々賞翫候、御志之
至、又以不知所謝候、以之
此降雪可賞翫仕候、
兼又茶一種進候、雖非
無上候、随分小葉にて候、

御用之時ハ毎度可被
召候也、恐々謹言、
正月十二日　　師躬
（切封墨引）

## 二―5

愚息時元官途事申
御沙汰、恐悦不少候、其子
細以代官令申候、被尋聞
食候者、悦入候、恐々謹言、
十一月十三日　沙彌仁源（花押）
（謹上）□□　（伯耆入道殿）□□□□□

＊仁源ニツイテハ、小泉宜右「御家人長井氏について」（『古記録の研究』續群書類従完成會　昭和四十五年六月刊）Ⅳ　遠山庄長井氏所引「貞和三年四月七日付足利直義袖判下知狀寫」參照。

## 二―6

近々御坐事一日承出候間、
□今進使者候き、悦存候、
なとや、又不蒙候けると、
□無念存候、下に御坐候時ハ以
外遠候間、乍思不申候つ、
眞實々々悦存候、兼又只今
ゆつけ候之間、一土器拜進候、
不背御意候者、猶も進候ハん
事、如何、何樣今日參候て
□□也、恐々謹言、

## 二―7

（前闕）
一巻謹返獻之候、借

預候、返々畏入候、勞得滅
候者、最前可參申入候、
恐々謹言、
十二月七日　　貞□（花押）

## 二―8

（前闕）

愚息行恒男連々出仕、
難儀無極候、若有敢□
候者、五結可預御傳借候、
是□必定年內可到來之
間、不可延引候、必可返進候、若
僞申者、
春日大明神可有照罰候、
無左右令載誓言候、恐入候、恐々



謹言、
十二月十九日　　道本（花押）
（切封墨引）
□　　□□

## 二―9

（前闕）

當寺微運之至、歎入候、以關東御注進
□申候歟、折節合戰中、難道行之
□（間）、相待靜謐候也、功錢於關東□（之）
□（任）人者少々候とも、相構當寺造營料
□（申）御沙汰候者、可爲御興隆候、近日梶原
□（四）郎衞門も狀を所望にて候間、申入之候也、
當寺造營事等兩管領被入心候之間、
爲悅候也、又和泉築（マヽ）州入心候、不思議ニ存

候、彼仁當寺事入心之條、神妙之由、御感之
內、御書なんと申御沙汰候なんや、第一ニ造營
速疾の可爲祕術之由、面々申候、不可苦候ハヽ
以便宜可爲御意候、當寺事可爲御奉行由、直々
被承仰候上、興隆の事ニ候へハ□〔可カ〕被廻御意候、恐々
謹言、

二月六日　　　沙門思淳（花押）

謹上　中御門御宿所

## 二―10

先日領〔預〕御札候之處ニ、
例又他行、則不啓
候條、恐恨之至候、抑
參相候膏藥ちと入て候、
其上ニちと〳〵切て御□□□

近日返々可參申候、恐々
謹言、

霜月廿二日　　　元勒状（花押）

## 二―11

其後依無指事候、書絶
不申承候之條、眞實失
本意候、便宜之時者、蒙仰候
條、尤恐悦候、抑世上於今者
屬靜謐候歟、返々目出度存候、
□□御同心候哉、兼又當國御沙
汰事、被聞食及候歟、今度も於
都鄙父子雖致忠候、無謀候之處、
不慮御沙汰、凡失面目候了、可有賢
察候哉、雖無指事候、細々蒙仰候、

又可令啓候、恐々謹言、
卯月廿二日　　前備前守時秀（花押）

## 二—12

（墨引）

□□□□候哉、
傳（アキマ、）申事
先日恩借之條、恐悦
承候き、無御等閑候、
間、其子細度々申入
子細承候き、
候了、卽令返進候キ、
承候き、只今御□本達□申
重申入候之條、雖其
達之最中歟、卽承可進候、
恐候、東國之音信待入
御誓文返々恐悦候、恐々謹言、
候之處、于今不見來之
乃時　圓性
間、依無用意事

（後闕）

＊「圓性」ハ二—20ニ書札アリ。

## 二—13

年始祝言向御
方最前申籠候
了、御慶重疊、
早可參賀候、
抑只今欲參仙洞
候之處、笠持俄違亂候、
□□無心申狀候へとも、
仕丁□□□□□□申請候、

（後闕）

## 二—14

一日進一枝候之處、不預
御返事候、口惜候、

抑今日或仁來臨事候、
保夜和布一折到來
時分候者、拜領志候、少
給候者、可悅入候、自由
所望其憚候欤、比興候、
指事今日參上時、可申候、

（後闕）

## 二―15（封紙）

玄照

## 二―16（折紙）

同
□木戸内匠助
〔富〕
□永孫四郎左衞門尉



□津四郎左衞門尉
〔□〕
□佐左馬允
亮
□山余次
□□〔小〕笠原信濃孫六
〔二〕□階堂隱岐又三郎
□彌三郎
□孫六
□澤又次郎
彈正忠
□津三郎

＊「小笠原信濃孫六」ハ宗滿カ。（『尊卑分脈』三―三三七頁）
＊「二階堂隱岐又三郎」ハ行時カ。（『姓氏家系大辭典』二階堂氏―隱岐）

## 二―17

（前闕）

承候し折節闕如之間、
不付候事、爲恨ニ候ッ、
自昨日方々雖廻祕
計候、不出現候、餘□少
雖憚存候、随于尋出候、
進之候、近日到來
候者、□可進候也、
御腫物返々驚存候、
心事期面謁候、恐々謹言、
四月十六日　　基氏
（切封墨引）

## 二―18

雖無指事候、
在洛之間者、細々可
申承候由、乍插心底
候、自然懈怠、尤
背本意候、
抑熊脂事昨日
（後闕）

## 二―19

（墨附ナシ）

## 二―20

兩度御札奉候了、
代物令傳借候、委細令
參入可申承候、恐々
謹言、
十一月廿七日　　圓性

御返報

## 二―21

（前闕）

抑右府御拝賀供奉人々
注進之候、無人背先規
候、末代之作法無力事候、兼
又竹事奉候畢、七寸竹
多候しを、木守不法散々
伐候て、六寸竹も猶難期
罷成之由奉候、雖然五六
寸竹ハ可令祕計之由、可
下知候、人夫早々不召仕之
間、罷入之時も諸方奔波候、
可召仰人夫候、猶于今御應□
本意悦入候、御雑熱其後何
様御坐候哉、南方退治候て、帰洛

（後闕）

## 二―22

（前闕）

も可叶御用候者、可□度候也、
雖無差事候、旁積欝
間、去比度々進使者之處、御移
住他所之間、不申承候て、
罷帰候間、不散欝念、御在
所誰人候ハ、可尋と相存之
處、御芳問令悦入候、評定
始可候之由、沙汰候らむ、返々
目出候、政道不被閣之條、

可心易事候、

（後闕）

## 二—23

尙々多々拜領、

驚目者也、

新春御吉事最前

向貴方申籠候了、猶以

不可有盡期候、抑南方合戰

無爲目度候、御同心

候らん、兼又和布千本

向御方、畏拜領了、返々

自愛無極候、尙々悅□

過法候也、併期面拜候、恐々

（後闕）



## 二—24

御慶賀雖申籠候、逐日

幸甚々々、尙々不可有盡期候、

抑修正勤行御卷數

牛玉任例進入之候、殊致

丁寧候、尤可有御信仰哉、

事々期御參社候、恐々謹言、

正月十五日　　貞□〔承カ〕（花押）

## 二—25

□申歳末年始雜事日

歳末

御祈日

今月廿一日　己丑　外典　將軍家同之、

廿六日　甲午　内典　廿六日止之、
廿三日　辛卯　外典入之、
炲煤拂日
十四日　壬午　十四日止之、
廿三日　辛卯　廿三日　同、
御髪上日
廿六日　甲午　同、
年始
成吉書幷開御倉日
正月一日　戊戌　一日止之、時巳午
二日　己亥　二日　同、時巳午
御歯固日
一日　戊戌　將軍家
二日　己亥　二日　三日
比目始日
一日　戊戌　比目
二日　己亥　二日　三日
御行始日
同日　己亥　同之、
三日　庚子
御湯殿始日
四日　辛丑　同、
御祈始日
同日　辛丑　内典　同之、
八日　乙巳　外典
御評定始日
四日　辛丑　同之、
八日　乙巳
弓場始日
九日　丙午

十四日　辛亥　　同之、
十五日　壬子
御會始日
十四日　辛亥　　將軍家
廿　日　丁巳　　十二日　十四日　十八日
御社參日
廿一日　戊午　　同之、
廿二日　己未
（後闕）

**二―26**

如仰今夕許責成候、
明春早々可□□□□候、
抑兩種拜領仕候了、
毎年御芳志可期千
秋万歳候、尚々恐悦候、
恐々謹言、
十二月廿九日　□□（花押）

**二―27**

（前闕）
候、若其隙候者、如法
片時申請候哉、如何、
無心申狀恐入候、恐々
謹言、
正月二日　師躬

**二―28**

（前闕）
御良藥候也、心事

被□□候、恐々謹言、

正月廿七日　　良□（花押）

（切封墨引）

二—29

去夜節會散狀

追可注進候、

祝言尙不可有盡
期候、可參賀候、
抑仕丁晴近進候、
恩借難申盡候、但
沈醉候て、平臥之間、
不及召具候了、比興候、
近々欲參九條殿

（後闕）

＊二—27ト同ジ筆蹟。

二—30

（前闕）

正月廿□□　　元□〔勒カ〕（花押）

貴報

二—31

（墨附ナシ）

二—32

歳末年始之用意
散々式之間、仰天候、
若寺用餘分候者、
拾石可借給候歟、雖年

內候、到來事候者、連々
可返進候、恐々謹言、
　十二月十九日　　道本（花押）
性全上人御房
（切封墨引）

## 二―33

（前闕）
可預御披露候、何比に可有
御出行候哉、無心本存候、
相構〱被懸御意候者、
悦入候、事々期參拜
候、恐々謹言、
　五月六日　　　知長
御宿所

## 二―34

（前闕）
申出候き、今明參仕之時、重□
可令申驚候、事々期參會
候、恐々謹言、
　二月十日　　　玄性

## 二―35

如仰今年未申承候
間、無何不審之處、恩問恐悅
候、此間必令推參、可述心緒□
抑公私申請候し御本等、此間
書寫最中候、忩可返進候、
風土記事、內大臣殿ハ無所持候、

他所□〔隨カ〕有御方便、可被□之□、
被仰下候了、舊冬世上事、□

（後闕）

三—1

＊左端近クニ切封墨引アルノミ。

三—2

此間不申案內、旁積
鬱候、御小瘡其後何樣
御坐候哉、歲筭納日無
幾罷成候、御出仕未候間、
無心元候、下遣遠州之地候
使者、于今不歸洛出來候、
分一も□□□□□□

事□□□□何樣□□□
□□不歸洛候之間、□□

（後闕）

三—3（折紙）

□〔貞〕和三年九月三日御
□任人事
□〔諏訪〕方上宮大祝賴嗣朝臣
□國司事
□權守御免之處、申子細
不領狀、
□場太郎長淸申
□〔靫〕負尉事
□〔被カ〕尋人躰、無子細者、可成
御教書云々、不見來之間、

不及尋問之、
□尾新六貞政申軙負
□事
可賜御教書之由申之、
（以下空白）

三—4

□〔伯〕者入道道本謹言上
欲早以備中國眞壁鄕爲但馬國高田庄
替、預御計、彌致奉公忠勤間事
□〔副〕進
一通　高田庄御下文案　貞和二年十二月廿八日
一通　守護人請文　貞和三年二月四日・同五日 以當庄雜賀民部六郎入道給事、
一通　闕所注文
□〔右〕但馬國高田庄者、去年〔貞和二〕十二月廿八日道本
□〔所〕令拜領也、而如守護人請文者、當庄者貞和
□〔二カ〕年十二月廿九日雜賀民部六郎入道善乘
□〔宛カ〕賜之間、任去年二月十七日御施行、沙汰付善
□〔乘〕候云々、就之可被宛行其替於道本之由、所被
□〔仰カ〕也、而備中國眞壁鄕領主眞壁彥三郎等、依
□〔罪〕科被處流刑之由、所承及也、然者以彼眞壁
□〔鄕〕爲高田庄替宛賜之者、爲當參奉公之資、緣
□〔之カ〕爲勵夙夜之勤勞、恐々言上如件、
（後闕）

三—5

御札委細承候了、
抑世上事以外存候、雖然
無別子細、天下無爲祈念無
他事候、又蒙仰候御宿所

事、少々御用随承、可
致其用意候、尚々委細事
此御使者令申候了、物忩
間、不委細候之條、恐入候、
恐々謹言、
極月三日　　　圓道（花押）

三―6

尚々昨日光臨、殊
悦入候き、
昨日光臨恐悦候き、
□事可參申候、
抑智惠光院申候
內奏事、申狀聊
有御不審之由承候、仍
僧社參申候、委可有
御尋候哉、何時も忩存
（後闕）

三―7

（前闕）
丁事殊恐悦候、
旁難盡狀上候、一日
可參申候、恐々謹言、
二月十九日　　　師躬
（切封墨引）

三―8

貞和元二三聞書三卷
慥借預□□□□一見之後、

早々可返賜候、専使返々
恐悦候、當時御宿上邊、其
便候歟、一日心閑可參申
承候、恐々謹言、
二月八日　□□

三―9

年首御慶賀
參向貴方、最前申
籠候、猶逐日不可有盡
期候、幸甚〳〵、珍重〳〵、
抑明日九日令用意御
時風呂候、御光臨
候者爲悦候、毎事期
其次候、恐々敬白、

□　□　□□

三―10

恒例御祈禱御
卷數一枚令進上候、
恐惶謹言、
十二月八日　長法寺院主法眼宗信狀(花押)
進上　西万木政所殿

三―11

其後御雜熱何樣御
坐候哉、彼御方發向南
方事、未無其儀候歟、
御出立以下、旁御經營□
□□□不申候、云寒中

云歳末、上下諸人々故
不便候、如然雑談も不可

（後闕）

三―12

□〔去〕月十八日御札、今月七日到來、委
細拝見仕候訖、抑除目之除書
寫給候之條、畏存候、自始此事
被懸御意候申御沙汰候、恐悦
無極存候、生前之面目此事
候、蒙仰候間事、今者闕所之
一段候、御代官御當參候上者、
可申談候、不可有等閑之儀候、恐々
謹言、

十二月七日　長門權守家秀狀（花押）

謹上　伯耆入道殿申報

三―13

□〔去カ〕年十一月晦日御札、同十二月廿九日
□〔到〕來、委細承候了、自何事御雑
□〔熱〕難儀之間、無御出仕欤之由承候、
□〔驚〕存候、雖然於于今者、無爲之御
事候歟、目出度存候、
抑於京都南方合戰給候て、年内
者以外ニ難儀之由、承及候之間、驚入
□處、明春者御悦にてむいとの
仁等打とられ候て後、吉野□とつ
河へ宮も御をち候之由、其聞候
間、若事實候者、於于今者世上

（三―14ニ續クカ）

**三―14**（三―13ヨリ續クカ）

無爲に落居候ぬと公私目出度存候、
京都御合戰之由承候間、可馳參候哉、
身者老殘上、ふたん病氣ニ被□
□候、愚身ハ爲鎌倉御用心ニ令參
上候之間、不參上及候、恐存候、
傳〔轉〕任之事、關東御すいきよによて
□□沙汰候之由承候、うかゝい申候て、若
申預候者、忩々可令進上候、被御意に
懸候て、如此承候、恐悦無極候、
南方無爲に落居候者、執事令歸參
給候乎、諸事承度存候、尙々御雜
熱驚承候、毎事紙狀に難申盡
候、併期後悅候、恐々謹言、
　二月廿日　　前伊勢守光之（花押）
（異筆）「寶典第三」
謹上伯耆入道殿

**四―1**

（前闕）
人々ハ皆さやうの御事
にて候へとも、太略無沙汰候
御事ともにて候、隨神事も
其由存候也、諸事期
面拜次候、恐々謹言、
　正月九日　　貞□（花押）
（墨引）

**四—2**

先日芳問之後、不申案内候之
間、旁積鬱候、其後御小瘡何
樣御坐候哉、今又令屬御減給
歟、先年比被彼小瘡事候き、
以灸治平減仕候き、相構□□□
可有御療治候、近日政道之
式不違日來候歟、連々地震
六借候、被施德化之條、目出候、
□

（後闕）

**四—3**

（前闕）

殿有道之至、畏悦入候、
九月廿七日被渡候之處、今年
乃貢悉先納之由申候之間、不審
雖多候、帶返抄之上者、無力候、
兩年使者往返之費雖難治、
以始終之安堵可自愛歟之由、
存候、時々御出仕も不候哉、御籠居
人之憂之至候、令察候、謹言、

（墨引）

十一月十八日　證信

**四—4**

仕丁返々恐悦候、
連々申狀恐入候、可參
謝候也、
抑散狀注進候、恐々

謹言、

　正月十四日　　師躬

四―5

（前闕）

無相違候者、恐悦候、
毎事期参賀
時候也、恐々謹言、

　正月一日　　師躬

四―6

（前闕）

出仕之時者、必令参入
言上候、尚々此竹畏
存候由、可有御心得候、



恐々謹言、

　二月廿一日　　道本（花押）

能登左衛門尉殿

（切封墨引）

□　□

四―7

其後何條御事候哉、
□□御馬□□□□
借預之條、恐□悦□事候、
□、今者細々御出仕候乎、
世上靜謐躰候條、今
年八五月雨不候、東作之
式心苦候歟、當御代祈年
穀□□〔奉幣〕發遣中絶、旁

雖心苦候、年々又無相違

（後闕）

＊證信筆カ。

**四—8**

（前闕）

［　　　　　　　］

心事千萬難盡紙上之面、
將又其故候歟、每事以御文
自他委可□□歟、四過□中□
上候也、不可有憚候歟、謹言、

二月廿一日　證信 （證信）□□

**四—9**



（前闕）

以參上申入候へく候、
恐惶謹言、

十一月四日　行信状（花押）

（切封墨引）　行信状

**四—10**

（前闕）

相構〱當旬御番ニ
可有御伺候、且一向可
爲御興隆候哉、每事
可參申承候、恐々謹言、

五月十三日　師躬

（切封墨引）

進候　　　　　□□〔師躬〕

**四―11**

五郎殿御事、無殘御事候ハヽ、
無指事候間、斷も不申候、
心中無安心事候、
悦奉候訖、御雜熱御減□
候歟、彌々目出候、評定
始廿七日にても可候之條、目出候、
竹事々可進之由、尋仰遣候、
勢分事、八九寸竹ハ多候者、
伐木寺法師任雅意、伐取
候之間、小竹許相殘候云々、
雖然大候ハんを可撰進之由、
下知候也、雖無等閑候、可隨所

（後闕）

*證信筆カ。

**四―12**

（前闕）

奉候哉と相存候、□□□□、
□□□□□□□謹言、
十二月廿七日　　證信

**四―13**

（前闕）

尚々卅日すき候ハヽ、可有
御參詣候也、
誠年首御慶賀等今に
於者、申籠候了、追日幸甚

く、不可有盡期候、
抑南方凶徒首事、御所
□〔門〕内に持參之由、承候了、御所ハ甲
所勿論候、同出仕人ハ乙穢
氣又以勿論候也、仍御社參
□□□〔卅〕日之由候也、御參社□

（後闕）

**四―14**

雖下品候、
御茶一裹
取副候へく候、
遙久不申承、不審
無極候、以御隙相構く
可有光臨候、面拜

以外中絶、背本意候、
兼又雖不珍之□
□少、比興候、三種
□

（後闕）

**四―15**

路次之間、無別事、
日數十六日に下着候、
無風雨難候之間、殊
心安候、召功事自
關東爲當寺造營料
□□□□□□〔可被付候樣御吹擧〕

（後闕）

＊沙門思淳筆カ。二―9參照。

**四—16**（折紙）

御馬髪□何
時候間、可申陳候、
其後何條
御事御座候哉、
今者御出仕候哉、互
□相存候、兼又
自訴事、去十八日
披露候、猶御沙汰
相殘候ハヽ、未差備候、
以狀御問候ハヽと存候、
參候次第近日
□□□□可申
（以下見返シ、闕アルカ）
爲我等寒氣



權儀候也、恐々謹言、
十一月廿二日
道光（花押）
中御門殿

**四—17**（封紙）

謹上伯耆入道殿　前伊勢守光之

**四—18**

□〔其〕後何條御事候乎、雖無何事候、連々可令
□〔案カ〕內申之由存候哉、依不便風得候、乍□
□罷過候之條、失本意候、
□恩賞御拜領之由、承及候、目出度存候、
□參賀先々本病難儀之間、無其儀候、背
□〔本〕意候、

□〔伯〕書國所領内後家分者、愚身相傳知行仕□
了、女子分者、息女相傳知行欤之由候、自守護方
□ニ及候之間、安堵を申候て、文書之正文を守護代
□上候、安堵之事、御奉行候者、不申及候、無其儀
□代官申入旨候者、無相違様ニ被御意ニ旋□
□〔可〕為恐悦候、兼又傳〔轉〕任之事、可為何様候□
□事被御意ニ入候者、可畏入候、委細之旨、使者□〔可〕
□〔申〕入候也、恐々謹言、
九月廿九日　　前伊勢守光之（花押）

**四—19**

□〔去〕月十八日御状、今月七日到來、
條々委細拝見仕候了、官途
□〔事〕無相違遂所存候、一向御
奉行候故候、畏入候、仍宣下状為□

御志、殊畏入候、〱、追委細可令申候、
將又承候間事、毎事書付□□
以下候、重可令申候、恐惶謹言、
十二月七日　　筑前權守兼泰
〔異筆〕「寶典第四」
（伯書入道殿）

**五—1**

先日參會雖喜
入候、率爾之間、不及
心事候キ、背本意候、
於于今、明春早々可
參賀候、
抑面拝之時ニ頼令
申候し替物相違事候、

（後闕）

**五—2**

聞書二通注進候、
如例可令傳進給
候乎、御私一通同令
注進候、恐々謹言、
十一月十七日　師躬

**五—3**

合食禁　ぬ　たかな
みやうか
一つゝみを一度にしやうかう
三へきほしなつめ二をくして
水五かはらけを三かはらけに
せんしなして、こしてあたゝか
にてまいり候へく候、

**五—4**

祝言漸雖事舊候、
更不可有盡期、萬事
如御意可令滿足候、就
中天下靜謐、上下安
全之條、可爲今春候、
五郎殿南方御向無
其儀□□〔候哉〕、返々御心安候、

（後闕）

**五—5**

先度御狀恐悅候、此間脚

氣再發候、合藥沙汰候、定不可□〔有〕
子細候歟、五郎殿定御發向候歟、
無爲御事祈念之外、無他候、
抑造營料所万石村去々年
被宛行伊勢勘解由左衞門□
候、將軍御判・武州施行無相違候、
（後闕）

**五―6**（封紙）

進□〔候〕□、　　　師躬

**五―7**

今日評定始候之
間、欲參仙洞候、
例之無心申狀候へと□〔も〕、

爲笠持仕丁、若其隙候者、片時可申
請候、卽可返進候、恐々
謹言、
□月十□日　　　師躬

**五―8**（封紙）

二階堂伯者入道殿　　師躬

**五―9**（折紙）

□〔只〕今令參入、
□〔子〕細申奉候之條、
悅存候、兼又令
入候段事、自身
□向候て申候ハんする
□〔事〕ハ親方歸きく

事候ハヽあ□□候や
□るへく候かと、或仁
□見申候、只御使
候て自奉行飯尾
□(修)理進入道許就
面謁□後一條事、
□□□□□
(以下見返シ、前闕カ)
尋申候事候者、撰
失て候かし、御返答
候ハヽ、可悦入候哉、可有
仰候歟と令申候、
何樣候哉、是も
其謂候ハヽ、三郎兵衛殿今
御渡次ニ御立寄
候者、入見參、此等之次第
可申奉候、被仰合
此由候者、可爲恐悅候、
毎事期面謁之
時候、恐々謹言、
十一月廿五日　道光（花押）
中御門殿

## 五―10

(前闕)
返抄分明候者、後訴にて
□□之と相存候、最政道
嚴密候つる□□□歳暮
罷成候間、彌不可有其實
□哉、謹言、
十二月十一日　證信

（墨引）

□　□

五―11

先日參拜、殊恐悦存候き、
其後御少瘡何樣御事候哉、
其間氣節錯亂之時分候、
能々可有御謹愼候、令申候
良藥一種調進候、小瘡
隨分効驗候物候間、推進候、
暫可有御課試候哉、兼又
彼目安先日到來之由承候、
悦入候、御出仕之時者、早々

（後闕）

五―12

今年敍位被停止
候、依神木御事候、
御慶更不可有盡
期候、
抑仕丁雇給候、殊難
申盡候、〱、卽令返進候、
尙々悦入候、兼又散□（狀）
注進候、恐々謹言、
正月二日　　師躬

五―13

（墨附ナシ）

五―14

白馬節會散狀
注進候、神木昨日
歸坐之由承候、目出候、
此雪催其興候、
豐年之喜瑞、不能
左右候、珍重々々候、
抑二百本拜領
候訖、凡賞翫之外、
無他候、殊可祕藏
士〔仕〕候、坂東名物候之間、
（後闕）

**五―15**

（前闕）
紙筆之費、□□□
可令勘付給候、謹言、
十二月十三日　證信
（墨引）

**五―16**

（前闕）
いか程も下品御馬大
切候、沛艾望難乘
用候、御候人疲駄可
召給候、
無指事候之間、其後
久不啓案內候、御小瘡
近日何樣御事候哉、
抑今明兩日之間、下品御馬
不指合候者、片時

可有借預候、九條大納言入道
邊罷向事候、自由之至、恐
存候、〱、恐々謹言、
二月□日　玄照（花押）

**五―17**

（前闕）

預御教書候之様ニ申御沙汰
候者、本望候、官途所望人
自關東御吹擧、惣被
其御沙汰候之間、御吹擧事
御斟酌候之由存候、爲御得心
令啓候也、抑箱根兵士
數輩一宿御雜事以下、
預慇懃御沙汰候條、恐悅候、
彼一所無相違在所にて候
よし、內々其沙汰候と承候へハ、件
爲興業喜入候也、恐惶謹言、
十二月朔日　思淳（花押）
謹上　御宿所

**五―18**

目安御与奪之由、恐悅候、
抑御違例久御渡候
事、歎入候、且者當寺之
不運候歟、兼茶一
裹進候、御用之時
者、不□御意、可奉候哉、
令期後信候、恐々謹言、
十一月廿三日　院尊（花押）

### 五—19

（前闕）

後者、自他可爲此式候、

無御心申□存候、心事

遂面拜候可申奉候、

恐々謹言、　　眞性

二月十三日　　道本

進之、

（墨引）

（墨引）　眞性

□

### 五—20

（前闕）

寒中御旅宿于所々其

費多候歟、猶々目出候、

謹言、

正月七日　　證信

### 五—21

茶桶返預了、下品□〔之カ〕

茶御用候時者、雖何時候、

可隨召候、

抑去夜節會散狀

注進候、神木去十二□〔日〕

丑刻歸坐候云々、然而節□〔會〕

尚被省略候、恐々謹言、

（異筆）「寶典第五」

正月十七日　　師躬

## 六―1

系圖

- 廣元 大膳大夫
  - 忠成 刑部權少輔
    - 忠茂 中條美作守
      - 廣茂 因幡守
        - 廣房 刑部權少輔
          - 擧房 刑部權少輔
      - 忠元 左近大夫將監
      - 忠廣 美作四郎
        - 廣匡 左近大夫
        - 維廣 美作七郎

## 六―2

（前闕）

候、□□□□□□難避之餘、

令申□〔候〕、□自□事旁雖

其憚不少候、鹿毛御馬件

日申請之條、何様候哉、事

宜馬多大切之由、訴〔歎カ〕申候間、

爲禮事候へく候、□□方便可左右之

由候、何人方之間、如此令申候、謹言、

四月十二日　　證信

□□　　證信

## 六―3

官途事、今日可有

御沙汰候乎、隨御左右、

可令出仕候、恐々謹言、

七月三日　　和義（花押）

伯耆入道殿

## 六―4

彼御札加一見返
獻之候、御有様と皆
奉心得候也、官參事申
出候之處、代官にて候法師
爲物詣出京候間、申達候て、
使者罷歸て候、さ様候へハ、
官參ハ明日ハ候ハんすらんと

（後闕）

**六―5**

推申歳末年始雜事日

歳末

御祈日

今月十七日　丁卯　外典

〃廿日　庚午　内外典

〃廿一日　辛未　内外典

御髪上日

〃廿日　庚午

炲煤拂日

〃廿一日　辛未

年始

成吉書幷開御倉日

〃正月二日　壬午

御齒固日

〃同日　壬午

比目始日

〃同日　壬午

御行始日

〃同日　壬午

〃三日　癸未

御湯殿始日
三日　甲申
御祈始日
二日　壬午　内外典
三日　甲申　外典
八日　戊子　外典
御評定始日
七日　丁亥
八日　戊子
弓場始日
九日　己丑　上御所
十五日　乙未　下御所
御社參日
十九日　己亥
廿　日　庚子

廿六日　丙午
人々中

**六—6**

（墨附ナシ）

**六—7**

家領安堵間事、
書一通進覧之候、可
然之様、得御意候乎、恐惶
謹言、
十二月十一日　胤房状
謹々上　左兵衞督殿

**六—8**

（前闕）

狀謹拜領候了、此間も
申度候つれとも、御計□
察申候て、乍存候たま□
無御忘却、申御沙汰□
眞實〳〵御興隆之至□
難申盡、不知所謝候、
何様自是可令申候、又
連々御沙汰候、可得御意共
承候、彌可有御利益候、
心事期面拜候、恐々謹言、

六月六日　　良海（花押）

（切封墨引）

良海

## 六―9

（前闕）

事□雖披露候、猶々
先日光臨之折節、不
入見參候之條、返々遺恨候、
彼後室落飾候し間、
さ様事も承候ハんとて、罷
向候て、入夜歸華候き、又
御縁者女姓〔性〕落飾候て、
面々法躰催哀慟候、無
御訪候哉、事々近日必可
參申候也、恐々謹言、

六月十五日　　忠朝

□□

六―10

雖可參申候、時正之
間、勤行無隙候、本達房
于今不歸洛候之間、
以使者令申候、被尋聞
食候者、恐悦候、恐々謹言、
二月廿日　　圓性（花押）
進之候、

六―11

事絶不申承、又不
得面謁之次、眞實積鬱
無極候之處、先日適入御
候けり、件日故定光朝臣
一廻之間、佛事等爲聽聞
罷向候き、仍折節不入見參、
眞實々々遺恨候、連々可
參之由存候しも、例不
事行、懈怠候了、外記
入道者、連々參拜之由、語
（後闕）

六―12

系圖

□郎安房守
通次――重經（號平子六郎）――重資（同三郎左衞門尉）――重親（同三郎兵衞尉）
　　　　　　　　　　　　　　　　　　　　　　　└重通（十郎）――重茂（同十郎太郎）

掃部允望申

六―13

□〔愚カ〕息美濃守行通一級事、雖有所存、
□年之間者、暫令斟酌畢、於今者、年齢已
□至、近日又有傍例歟、凡行弥自擾亂之始、
□〔至〕靜謐之今、云軍功云奉公、其忠可謂異他
□哉、就中建武三年御教書云、條々奉行忠節
□〔異〕他之上者、殊所感思也云々、前後略之、暦應二年御
□〔教〕書云、踐祚・御卽位・立坊・御禊大嘗會等事、
□〔爲〕奉行令申沙汰、成大功之條、殊以所感存也、可
□〔被〕抽賞云々、其後未致訴訟、又不預抽賞、所詮讓附
□〔父〕祖之勞効、擧申子孫之官位之條、爲定例之
□〔上〕者、欲被許行通一級、且大膳大夫廣秀・掃部
□〔頭〕親秀以下、或拜任數代中絶之官班、或被免諸人
□〔超〕越位階、行弥於爲俗躰者、爭漏無偏之恩許哉、
□〔行〕通愍稟譜代之一流、縦雖無功勞、蓋被許理運之
□〔一〕級、何況讓其賞望其位者、承先之例也、誰及豫儀
□〔哉〕、但於法躰之評定衆者、任先規、宜守俗躰之位次
□者、非難儀者歟焉、

（後闕）

**六―14**

□□□□□
□□藝州　作州
□〔評カ〕定目錄　貞和二年正月七日
神宮領武藏國忍
御封雜掌吉勝申
任之事
利泰
□〔石〕淸水八幡宮領豐前
□〔國〕賀來庄雜掌久明
□〔申カ〕年貢事

□□寺勾當法眼　　同前

□被申御祈禱事　　同前

*「利泰」ニツイテハ、佐藤論文注(5)参照。

## 六―15

□田出羽三郎氏重謹言上

欲早任先例蒙御免許拜任判官代門〔間〕事

□〔副〕進

□〔二〕通　系圖

□〔右〕氏重雖不肖之身、代々例拜任小官之
□、誰人可稱非據哉、然早蒙御免除、彌
□奉公之節、仍恐々言上如件、

貞和三年十一月　日

「寶典第六」（異筆）

## 七―1

□〔宮〕内小〔少〕輔泰氏―少輔六郎基氏―少輔八郎氏頼―少輔九郎氏弘（建武五年改暦應元三月十五日於渡邊討死）
　　　　　　　　　　　　　　　　　　　└少輔彌三郎師義

## 七―2

（封ノ墨引ノミ）

## 七―3

如仰御近隣之程者、細〔々〕□
申承了、本望令滿足

候之處、御移遠所
候得者、自然懈怠、漸
背本意候處、御同心之
仰、尤感悦候、所勞
減氣之時、必可令參謝候、
抑引付番文事、曾
不申請候、若他所事
（後闕）

## 七―4

貞和四年六月十九日山門衆徒烈參申詞
日吉社小五月會右方馬上役難澁不可然間事
右山王權現者、拓靈場於帝都之東北、久致百王
本命之濳衞、並神祠於鬼門之丑寅、鎭護一實中道之
□〔教〕法、以歸此法、爲理政之權柄、以敬此神、爲治國之要道、
□〔因〕茲朝祈暮賽之禮奠、逐時日而彌繁、神事法會之
勤修、照歲月而無怠、所謂四月中申、駕神輿而幸唐崎、
□〔五〕月端午、策競馬而促祭場、一年兩度之祭禮、七社□〔一〕
□〔同〕之大儀也、是皆山王誓而成神約、貴賤擧而結來緣、
□〔往〕古不退之嚴儀、更非凡慮之所測者歟、就中小五月會
□〔馬〕上役者、於京都左方、江州右方、以非當社神人之輩、撰
□〔器〕用仰神慮、一度差定之後、曾無改動之例、其趣保延□
年被下官府〔符〕以來、神威彌耀、天下規則未違末代者□〔也〕、
爰當年右方馬上役、差定江州南北鄉次郎左衞門尉
（後闕）

## 七―5

此間依無指事候、不令啓候、
自然懈怠、失本意候、
□〔抑〕雖不珍候、海松五合、令進之候、

〔輕カ〕□微之至、憚入候、心事期參
入候、恐々謹言、
六月廿二日　全皎（花押）
大炊御門殿

＊林讓氏ノ御教示ニヨレバ、花押ノ主ハ泉涌寺全皎上人。

### 七—6

御判
〔開カ〕□田左近大夫遠長軍忠神
〔妙〕□、可有恩賞之狀如件、
建武三年九月五日

### 七—7

家門間事、胤房申狀
進覽之候、可令申沙汰
給候乎、恐々謹言、
十二月十一日　本兼
伯耆入道殿

### 七—8

（前闕）
相構〳〵無物忩之御沙汰
樣、被懸御意候者、可悅入候、
恐々謹言、
卯月廿四日　和義
御宿所

### 七—9（折紙）

關東奉公人々官途
所望、可有御吹擧之由、

〔御〕□教書事、
關東奉公人々功錢、可
〔被〕□付覺園寺由事、
〔筑〕□前權守覺園寺造營
〔奉〕□行、勤厚御感事、
□筆輩官途事、
□所昇殿事、

## 七—10

掃部允孝能—大監物孝尚—民部大夫孝泰
　　　　　　　　　　　└民部大夫行孝—掃部允孝兼

## 七—11

系圖



〔那カ〕□須太郎資隆—肥前守資賴—肥前守資光—肥前守資村
　　　　　　　　　　　　└加賀守資家—越後權守資忠　訴人

## 七—12

度々合戰事、嫡子大夫判官行親
并若黨等致打死、自身被疵之間、
軍忠爲拔群歟、將亦條々之奉行、
忠節異他之上者、殊所感思也、早
可有恩賞之狀如件、
　建武三年六月三日　御判
　二階堂信濃入道殿
〔踐〕□祚・卽位・立坊・御禊・大嘗會
事爲奉行令申沙汰、太
〔成〕□大功之條、殊以所感存也、

□〔可〕令抽賞之狀如件、
暦應貳年二月十七日　御判
二階堂信濃入道殿

**七—13**

目安令進之候、申
御沙汰候者、所仰候、雖
可持參候、御出仕御物忩
候歟之間、以使者令啓□〔候〕、
尤爲恐候哉、心事期面
拜之時候、恐々謹言、
六月十三日　（花押）
進之候、

**七—14**

（異筆）「寶典第七」

**京—A**

□□□□□□□□□責
伏候之間、老躰彌窮屈仕
候、他事期後信候、謹言、
五月十四日　證信

**八—1**

（前闕）
進之候、

**八—2**（折紙）

□〔先〕公卿着殿上、傳立座、
□〔參〕御前搴御簾、春宮

□〔出〕御、傳歸着本座、次
□〔亮〕來殿上告召由、大臣
□〔以〕下公卿次第參着御前
座、〇侍臣亮宗光朝臣・經隆朝臣同着座、次侍讀參上、着
御本案下、披御本點、
次侍讀・尚復披私本、
□〔次〕大臣以下置笏披文、
取副笏、次侍讀々本、
次春宮令讀御、次侍讀
尚復卷本、〇傳大臣以下
卷之、次侍臣退下、次
公卿起座、自下臈退出、次入御、
□□〔傳候〕御簾、次公卿着
（以下折紙見返シ）殿上、亮・學士等依召加着、
次一獻、左中將實音朝臣
持參盃、瓶子範基、二獻
勸盃亮宗光朝臣、瓶子橘以清、
三獻勸盃予、
瓶子時光、此次依傳仰、
予催汁物、傳前爲秀
朝臣陪膳、內大臣前長綱
朝臣居之、四獻平中納言、
瓶子時經、五獻大夫、
瓶子俊冬、次學士朗詠
佳辰令月、忠季卿助音、
次學士起座、次公卿以下
賜祿、々如次第、次公卿
列立庭上、入自中門、於
南庭拜舞、西上北面、于時
及卯刻了、

*『園太暦』並ニ『中院一品記』ト見合スニ、貞和三年正月廿六日擧行ノ春宮興仁親王（後ノ崇光院）御讀書始ノ記ニシテ、記主ハ參議松殿忠嗣。ナホ侍讀ハ藤原顯盛、尙復ハ菅原資成。

## 八―3

御除服日時
今月廿五日、辛卯、時酉、可向給甲方、寅与卯間、
　六月廿五日　　宗氏

*月朔ハ丁卯、月朔丁卯ハ貞和四年。

## 八―4

（前闕）
すへて乗物候はて　　返々比興候、
□行不叶候、　　恐々謹言、
人夫到來候時にても　　廿五日
下品御茶候はゝ給候て

參候て、雑談なとも可申候、
□にも人夫一人は、いつも候は
□一二人たに候者、可參候、
　□□□に候也、
□茶名殘りて候し間、相□
進候き、随分上品と存候、□
如此承候、返々面目候、自□
何分御心ちいたはしく存□
近日可參申候、此庭花も
盛候間、入見參度候、□
漸散候間、無念ニ候て、
一枝進之候、
　思いやれ君待やとのさくら花
　　この一枝を面影
（後闕）

八―5

□御要候、如先々候者、雖何本
昨日竹召給候之條、
□之處、伐不可召申候、相構自五六本
畏入候、勢分以外
候はん、可撰進之由、加下知候き、態示
大候之上、員數又
御心春候、
候條、還而恥存候、
加增、旁悦存候、御雑
候ハヽ、可有御謹愼候、只今白廡□□
熱事、于今不增不
□勘申候、謹言、乃時　證信
減、數月籠居、歎入候、

八―6

八木拾石借給候了、
二月中御要事
承了、可存其旨候、
恐々謹言、
十二月廿日　　　道本（花押）
□□□□□（性全上人御房）

*道本ノ花押ノ左上ヨリ右下ヘ斜線ヲ引ク。二―32ト關係アラン。

八―7（封紙）

進上　西万木政所殿　長法寺院主法眼宗信状

*三―10ノ封紙カ。

八―8（封紙）

進之候　　師躬

八―9（墨附ナシ）

八―10

貞和□　二　卅

□□□□□□（異筆）「八」

十—1

（前闕）

家領等事、不堪愁吟、忘恐所□
度々參申候了、急速御計痞□〔痳〕
念願候、
加賀國大桑庄事、一圓進止之條、元□
關東狀分明之上、被沙汰居雜掌候□
不可有豫議候歟、
丹後國岡田御廚事、去月廿一日評定□
趣、所存未被聞食披候歟、仍付番□
次令申候、委尤可被聞食候歟、於□

田五郎景盛事者、所帯狀壽永二□〔年〕
十二月廿八日木曾義仲朝臣下知狀候、件□
□載地頭之所見候之上、彼朝臣者、壽永二□〔年〕
十一月十九日燒拂仙洞法住寺殿候了、
□□□□□□　□□

（後闕）

*『守光公記』永正十四年九月七日條等ニ據ルニ、大桑庄・岡田御廚共ニ甘露寺家領ナリ。

十—2

御宿家主上洛候歟、又
此所御移住其煩候歟、奉
察候、此宿所事、尤不可有
子細候之處、自去月入道
上洛候て、在京仕候之間、一間も

無其所候、返々畏存候、御□難義
沙汰□□候、以便宜可有御尋候、
尙々生前之遺恨候、恐々謹言、
九月廿九日　□□
（後闕）

十―3
（前闕）
□□□□□□□□
御祈事、於身不勤仕候、
武禪方さまにも無其儀候歟、
又地震事、先日候しと
覺候、小動之間、不改申入候、
仍占文又不勘進候、他事
期參拜之時候、恐々謹言、
九月十六日　泰□（花押）
泰□

十―4
（前闕）
□□□□□□□□
期面拜之時候、恐々謹言、
十月十日　秀房
西洞院殿

十―5（封紙）
師躬

十―6（折紙）
條々

校合事、先一巻可
行候、忩可見合候、
□名又二郎事、
□可有御奏聞候、
□□ハあしく書
□〔之〕遣了、信仲
□候、御教書之
□無子細候也、近
可有除書候、
可被進之候、
□〔安〕藝殿賢息も、
（闕アルカ）
（以下折紙見返シ）
此仁も一粒一錢も
無進濟候、皆知音
ニ候間、無正躰之式
ニ候也、
一、可申談事候、
明日十八日宗次殿
片時御渡候やうニ
御下知可爲何様
候哉、隨御返事
可待申候、

## 十—7

御札之旨、委細承候了、
抑蒙仰候鳥目事、二千
疋借進之候、是も人物にて
候、借用仕候て進候之間、如員
數不進候之條、無念存候也、
折節寺家も闕如之間、如

示給候不進候、佛天照覽
候へ、無虚誕候、兼又替狀事、
承候了、定不可有相違候歟、

（後闕）

十—8

理心御房御光臨、
難有存候、直不奉候
條、無心本覺候、無
御上茶候間、雖下品候、
一茶桶引進候、委
細使者申候、恐々
謹言、

十月十三日　　圓道



十—9

御宿所御遼遠之間、
諸事力をちたる
心地して候、廿七日重
事申沙汰候、旁計
會無術候、今日任官
節會候、明日神祇官
行幸候、計會非一事、
周章之外、無他事候之

（後闕）

＊貞和四年十月廿二日洞院公賢任太政大臣、同廿三日伊勢奉幣使發遣、讓位ノ由ヲ奉告（『園太曆』）、天皇神祇官ニ行幸セラレントス（『園太曆目錄』十八日「自內裏神祇官行幸條々被仰合事」）。コレ等ニ據レバ、貞和四年十月廿二日付ノ書翰ナリ。

十—10

（前闕）

□□□□□□□□□〔不可カ〕
及參候之條、其恐
不少候、屬減氣令
參臨候者、□□□、
此等之子細、可不得候
半、事々期面拜之時、
恐々謹言、
九月廿四日　□□（花押）
（切封墨引）　□□□

十一—11

態貴報委細拜見候了、
御老病察申候、何樣にも
一日可參申承候、聖廟さま
御參詣之次ニ、可預御尋候哉、
蝸舍不可觀之躰、可被
御覽置候歟、
抑變異事、太白犯
心宿之例、康保以來

（後闕）

*『園太暦』貞和四年九月三日條ト五日條ノ間ニアル「ありとし」書狀（「九月四日狀也」トアリ）ニ、「一昨夜太白心前星四寸はかりにおかし候」ト見エルノト關係アルカ。

十一—12

（前闕）

目錄□□□□□□
司事、御吹擧之由

候、旁可得御意候也、
佛殿并御等身藥師
像、近日可始企之由、
相存候也、心事
期後信候、恐々謹言、
　二月四日　　沙門思淳（花押）
謹上　御宿所

## 十一―13

（前闕）

京之時、可令申候、謹言、
　七月十二日　　證信
（異筆）「寶典第十」

## 十一―1



（墨附ナシ）

## 十一―2

藏經缺卷一卷當候て
書候程ニ、無隙候て、久
不參候、□□□可令申候、
御札畏拜見仕候了、
都聞只今他行候程ニ、□
約候へハ、日暮候間、先御使
今ハ歸候とても、御教書既御
書上候なれハ、これハ令申候て、
自是可進候、御借物事、
被懸御意候者、可然候、恐惶
謹言、
　十月七日　　一□

十一―3（封紙）

進上　御奉行所　左衞門尉政秀請文

十一―4

其後公私計會事等候間、乍存
罷過候之條、眞實々々背本意候、
今明必可參申候也、
抑前槐被借進候帝王系圖第二三、
第四一帖、已上二帖、又私ニ申請候百練〔抄〕□
五・六・七三帖慥令返納候、此次御本同
可申請候、爲勘例殊大切物ニ候けり、
兼又風土記葉室中納言少々所持候、
可借進之由、領狀申候也、此間申賜
（後闕）

十一―5

如貴命、去夜者乍
率爾拜謁、本望候、
此間殊更無心隙
子細候て、不參申入
候之條、尤恐恨存候、
兼又蒙仰候記錄
事ハ、自是可進候、
（後闕）

＊十二―6ト同筆カ。

十一―6

（墨附ナシ、但シ『玉燭寶典』ノ面ニ「師躬」トアリ）

十一―7（封紙）

謹上　伯耆入道殿　□衞門尉御免

十一―8

御札旨委細承候、
遠所御移住無念候、
抑承御所疊六帖
能々可令申含候、疊明日
出來事候者、歡申候、
□以前令申候二貫□□〔七百〕文

（後闕）

十一―9

官途之事御免、
先恐悅至極候、但
所望之國以何樣子細
相違候乎、不審令存
候、此分ハ代官令申候、
被聞食候者、恐悅候、
每事期後信候、
恐々謹言、

（後闕）

十一―10

昨日出仕之間、不申
御返事候、恐入候、連々
出仕計會候、兼又一卷
返賜候了、何哉祕
書も可返給候、書
寫一卷忩可終功之由、

加下知候、早々可進候、
只今又欲出仕候之間、
止了、恐々謹言、
十月十一日　師躬

十一―11

（前闕）

切候御馬之隙候者、申請
之條、何様候哉、四五町可
用之料候云々、預許容者、
被付御共人可申請候、□
自由所望及度々候、爲恐候、
謹言、
八月卅日　證信
（切封墨引）

□□　證信

十一―12

依無指事候、久不啓案内
候、須背本意候、當國合戰
靜謐候者、上洛之時、諸事可
申入候、
抑愚息直範權州所望事、
內奏与奪之由、承及候、被懸
御意、急速ニ道行候者、恐悦候、
如令申入候、被切寄東福寺
候者、殊以恐悦候、恐々謹言、
十月三日　沙彌道範狀　（花押）
□（謹）上　伯耆入道殿御宿所

十一—13

一兩日之間、必々可參入候、
御宿移事、只今承候、□
何樣可參候、御教書便
付進候了、被申御返事候
公錢定足事、被不審申、
不候、相構々々便宜之時、急可蒙
仰之由、被申候、又三連給候了、
夢中問答可申付候、又
武藏殿御借物共、如法爲中
人到來時者、雖少分候、連々
御沙汰候者、可宜候、恐惶謹言、
　十月六日　　　　□□

十一—14（禮紙）
追申候、
　功銭　名國司　權守　八省
　大輔　助　少輔　功程
員數存知仕度候、可注給候、
　恐々謹言、
十一—15

須賀左衞門尉淸秀名國司
所望御教書賜候了、
爲此替宮內少輔三郎殿
左馬助御免御教書
令返上候、每度迯給候
條、恐悅候、恐々謹言、
　十月六日　　　　□□（花押）

十一—16

官途所望人數注進、今月
五日御沙汰分一合進之
候、先度分未承御左右候
得共、以急速預御披露
候者、當寺造營可進行候、
宜得御意候、恐々謹言、
九月十六日　沙門思淳（花押）
謹上　伯耆入道殿
（異筆）「寶典十一」

十一—17（折紙）

壽福寺修造料
□功事、關東
御注進凾一合
渡進之候、可有
申御沙汰候樣、
內々申入候、
恐々謹言、
九月十五日　□（花押）
人々御中

十一—18

先日進雜掌候之處、委
（蒙）□仰之間、悅存候、其後何
條御事候哉、彼訴訟事、
昨日廿八日、其沙汰候之由、雖
承候、例文不背之訴、委無
其沙汰候歟、不便々々、
抑如此申狀于今雖無心

候、芋洗邊ニ召仕□候、

（後闕）

十二—1

系圖

□〔青〕木左衛門尉
實保——五郎左衛門尉
實季——同五郎左衛門尉
實光——同四郎左衛門尉
武房

十二—2（封紙）

西洞院殿　□長

十二—3

其後久不申案内候之
間、旁積鬱候、何條事等
候哉、就右府家領事、不可說
之次第等候之間、失面目之上者、
進退相谷之由、被申候云々、
公武沙汰之次第、迷惑事候歟、
細々雖不音信申候、累代
異他候之間、歎入候、於是非者、

（後闕）

十二—4（墨附ナシ）

十二—5

就万壽寺領事、以
使者申旨候、被懸
御意候者、恐悦候、聊難
去之子細候之間、乍憚令

申候、是等次第、近日之
際、入見參可申承候、
恐々謹言、
十月十一日　和義（花押）
伯耆入道殿

## 十二―6

□〔如〕仰先日參會、乍率
爾悅入候、以便宜心閑
□〔可〕申承候、
抑御八講記一兩日
□到來候、進之候、御書寫
□〔之〕後、可返給候、且自是
□〔可〕進之由存候之處、付
進御使候、背本意候、

恐々謹言、
九月廿四日　行隆（花押）

## 十二―7

坊官除目聞書三通
注進候、如例可傳進給
候哉、恐々謹言、
十月廿八日　師躬

*『園太暦』等ニ據ルニ、貞和四年十月廿七日、直仁親王立太子、坊官除目アリ。

## 十二―8

（前闕）
其故者、或方へ傳
借候□〔處〕、未返給之間、

責申最中候、先
降參之內、名人十人之
注文付御使進入候、
此間懈怠、併期參
謝之時候、恐々謹言、
十月廿二日　　道晋（花押）
（切封墨引）　　道晋状

十二―9

御札悦承候了、
抑明日可有御內談
候者、可令參候、早旦
承御左右候者、爲悦候、恐々
謹言、
九月十二日　　和義（花押）

十二―10

（前闕）
三條□□き、則可進之由存候
處、于今打置之候、蜜々一紙
進覽之候、紀州無爲属靜謐
候哉、天下之大慶候歟、□世上も
珍重事等聞候歟、旁目出候、
此時分占文之漏脫六借候歟、
然而自元書置候之間、令進候、
他事期面拜之時候、恐々
謹言、
九月十六日　　泰□
御□□（宿所）　　泰□

十二—11

（前闕）

同道候歟、聊病氣之事候
之間、爲其令申候、心事期
面拜時候、恐々謹言、
　九月十三日　　岡洞狀
（切封墨引）
五郎殿御方
進之候、　　岡洞

十二—12

依無指事候、尙
不申承、背本意候、
嵯峨邊便宜之御時ハ、
御尋預候者、恐悅候、又
不懸思候申狀、返々雖憚
存候、御馬一疋明五時之
程申請候者、悅入候、
此一兩日出仕之事候、此程令
參候て、入道殿御方

（後闕）

十二—13（封紙）

謹上　伯耆入道殿　　沙門思淳

十二—14

誠久不能面拜
候之間、頗如隔兩山
相存之處、尊札尤

恐悦之外、無他候、
應御報、則可參
拜之處、此間者、
勞氣最中候之間、
企病暇療養之
（後闕）

## 十二―15

（前闕）
安度御不審之由、
承候之間、令進之候也、
其後不申案内候、何條
御事候哉、爲須咫尺、自然
罷過候、或所勞、或計會事
候之間、雖推參之志候、令懈怠候、
無術之故障等候之間、公方
出仕不容易候、仍參會又
中絶候、何樣にも一日態可
參申承候、兼又去比變異
（後闕）

## 十二―16

（前闕）
違使補任事承候、愚本未書
續候之間、雖諸方尋試候、つや〱不尋得
候、以近代聞書、此間可書續之由相存、
書調候者、早々可進入候、事々期
面拜之時候、恐々謹言、
九月廿二日　　玄性
御宿所

（切封墨引）

御宿所　　　　玄性

十二―17

梶原次郎衛門
殿名國司所望之
功事、當寺造榮〔營〕
料其沙汰得便宜
候之由候也、此之趣
得御意、申御沙汰
候者、可爲恐悦候、且

（後闕）

十二―18

此祕抄随分物候、曾不可

有御外見候、御一見候ハ、即
可返給候、何哉進候
給候歟、

委細喜承了、明日無
御出仕候、返々無心元候、
抑さ様ニ被定代くわん
事、先承、悦無極候、
安堵仕候、以此分可申
問答奉行人候、兼又一巻
事、仰師仲候之處、自
去比赤痢病所勞事候て、
懈怠候云々、忩可終功之由、可
仰含候也、恐々謹言、

□月□□日　　師躬

*『玉燭寶典』ノ面ノ左端下ニ「師躬」トアリ。

十二―19

一日心閑申承候之
條、眞實本望、恐悦
無極相存候、於向後者、
細々可申入候、
抑少堤山紅葉廿
籠令進覽之候、返々□
至、爲恐候、便宜之時者、
必御光臨、西郊之紅葉

（後闕）

十二―20（禮紙）

尙々少事御用候、急□
入ましく候ぬ御事、無心本候、



每事期面謁候、恐々謹言、
九月十一日　　興基（花押）
（切封墨引）
興基

十二―21

官途事、申御沙汰無相
違候之條、恐悦候、其間子細
以惠圓・氏賢令申候、恐々謹言、
九月二日　　筑後守賴尙（花押）
謹上　伯耆入道殿

*『園太曆』貞和四年八月十一日條ニ、藤原（少貳）賴尙ノ任筑後守ノコト見ユ。

十二―22

（前闕）

十月三日　　　　左衛門尉貞元（花押）

謹上　伯耆入道殿

十二―23

（前闕）

抑彼一所□日□

此物忩已後、委可尋

聞進候也、毎事期拝

謁候、恐々謹言、

十月廿六日　　　　師躬

（異筆）
「寶典第十二」

# 前田本『玉燭宝典』の付箋

前田本『玉燭宝典』には、近代のものと思われる朱書の付箋が幾つか見られる。その所在と内容を示せば、次の通りである（／は割書）。

一—19　「縣召除目／證信　○」
二—32　「道本判／性全上人御坊」
二—33　「知長」
二—34　「玄性」
五—5　「万石村　伊勢勘解由左衛門／五郎殿發向　○」
五—7　「評定始　参仙洞　○」
五—9　「奉行飯尾修理進／入道　中御門　○」
五—12　「叙位停止依神／木事　○」
五—16　「九條大納言入道／玄照　○」
五—17　「箱根兵士　○」
五—18　「目安御与奪」
五—19　「道本」

六—3　「官途事　和義　伯耆入道　○」
六—5　「貞和二／歳末年始　○」
七—9　「事書／貞和四ヵ　○」
十—3　「地震勘文／下ノ秀房マデツヽク　○」
「手跡モ名款モ月日モ／皆異ナリ、下迄ハツヽカズ」
十—4　「写無之」
十—7　「鳥目借／遣ス事　○」
十—9　「官節會／明日神祇官　○」
十—11　「太白犯日／沙門思淳　○」
十一—3　「左衛門尉政秀　○」
十一—4　「帝王系図百錬／抄風土記　○」
十一—7　「下文ノツヾキ／官途之事御免　○」
十一—14　「下文ノ添状ナリ　○」
十一—15　「須賀左衛門／清秀　○」
十一—16　「官途所望　○」
十一—17　「安福寺修造　○」
十二—1　「青木左衛門尉／系図　○」

十二―7 「坊官除目／師郷 ○」
十二―8 「降参人名／心善判 ○」
十二―9 「和義判 ○」
十二―10 「紀州静謐 ○」
十二―16 「検非違使補任／玄性 ○」
十二―18 「師仲／師郷 ○」
十二―19 「写無之／ナクテ可」
「興基判○」
「一日心閑ヨリ西港紅葉ハ／別人ナリ尚々以下興基」
十二―21 「筑後守頼尚 ○」

# 『玉燭寶典』紙背文書人名索引

本索引は、續群書類從完成會編集部關口和代氏作成のものを、今江廣道が修正したものである。

本索引は、『玉燭寶典』紙背文書に見える人名を始め通稱・法名や、代名詞としての官職名などを、その一字目の漢字音順に配列し、その人名の見える文書の巻と番號を注した。

同音の文字は字畫の順に、同一文字のものは、文書卷號順にした。

一字目が不明のものは末尾に附載した。

## あ 行



## か 行

## さ行

## た行

## な 行



## は 行



## ま・や行

## ら・わ行

# 研究篇

# 京大古文書室蔵「旧抄本経書」をめぐって

今江廣道

## はしがき

昭和五十年秋、吉岡真之氏と共に京都大学に赴き、岸俊男教授・杉橋隆夫助手のお世話になって、文学部古文書室架蔵の記録・文書を調査させていたゞいたが、その中の壬生官務家旧蔵「旧抄本経書」（架番号七四―八六九）は、後述の如く、種々の興味ある事柄を含んでいると思われるので、今迄に得た知見を公表して、諸賢の御教示と御批判を賜わりたいと思う。

## 一　「旧抄本経書」の形状と内容

「旧抄本経書」という名称は原題ではなく、恐らく京大古文書室の架蔵になった時、整理の都合上、仮に付けられたものと思われるが、一書の体を成しているわけではない。即ち現状は二軸から成っているが、一軸の方は、軸付紙とも二紙と、糊離れしたもう一紙を重ねて巻いたものであり、他の一軸は、一紙が軸に付いており、それと糊離れした

もう一紙を重ねて巻いてあるものである。しかし後に明らかにする如く、糊離れした断簡各一紙は関連あるものであり、軸に接続している方はまた互いに関連あるものなので、説明の便宜上、糊離れの断簡の方を甲・乙、軸に接続している方をＡ・Ｂと仮称して、(1)順次、説明を加えて行きたい。

**甲**　破損が甚だしく、十分の計測は行い得なかったが、乙との比較により、右端五行分が全く欠損している事が知られるのみでなく、現存部分の右より四行分は上半分を欠く。墨付は表面のみである。表面には幅約３cmの縦界線十本（界間十一行）と、天地に横界線各一本があり、界高は約23cmである。（写真１参照）

**乙**　甲と同様、破損が甚だしいが、一紙分を存し、縦約28・５cm、横約48・４cm、界幅・界高は甲と同じである。界間は十六行。（写真２参照）

**Ａ**　㋑㋺の二紙より成る。㋑は縦約28・３cm、横約17・５cm、界幅２・５cm、界高22・１cmの縦界線六本（両紙端とも界線のところで切断されているので、界間は七行）と天界・地界各一本がある。㋺は白紙で、紙質も㋑と異なるが、紙高は㋑と同じ、紙幅は軸付部分を除き約５〜６cm、左端は直径約１・５cmの丸い木の軸に接続している（㋺は表裏とも墨付がないので、以下の考察の対象から除外する。従ってＡといえば㋑を指す）。（写真３・４参照）

**Ｂ**　紙高はＡに同じ、横は軸付部分を除き約40cm、Ａと同界幅の縦界線十五本（界間十六行）と、天界・地界線各一本がある。界高は約22・８cmで、Ａより少し高い。左端はＡと同様の丸い木の軸に接続している。（写真５・６参照）

以上、外形的な現状について述べたので、つぎにその記載内容について述べよう。

**甲**　全文が小字の双行注である。上述の如く、現存第一〜四行は上半分を欠き、第一・二行は下部にも数字分の欠失があるが、第一行は次の通りである。

□□曰理財□
□善以下三善亦□

最後の第十一行は

愛之徳謂之仁有厳断之徳為義有明弁尊卑敬
譲之徳為礼有言不虚妄之徳為信有照了之徳

である。

**乙** 第一行の

為智是五常之道不可弁革也釈名曰徳得也得
事宜也老子曰五徳不（上欶）徳是以有徳下徳不失是

という双行注に始まり、第十行に

離
也者為一善清慎顕著 謂清者潔也慎者
謹也仮如揚震闇

という大字の本文がある以外は、第十六行の

実尓以玉為実若以与我皆喪也不若人有其実家
語曰曾子弊衣而耕於魯々君聞之而致邑焉曾

に至るまで、全て双行注である。

甲の中に「古記云」と見え、乙の中には「釈云」「穴云」「古記云」等が見え、乙には「者為一善清慎顕著」とあることから、一見してこれが『令集解』巻第十九考課二の断簡であることがわかる。そこで国史大系本と見合せると、五五七頁の「徳義有聞」の「釈云」の途中から始まり、甲乙は欠脱なく連続して、五五九頁の「清慎顕著」の「古記云」の途中まで（第一行右側の中頃よりやゝ下）であることが知られる。この事から、甲と乙はもとは貼り継がれていたものので、『令集解』巻第十九考課二の巻首から第一紙目と第二紙目に当るものであることが明らかとなった。そこで甲乙を一括して〝京大本令集解断簡〟と仮称して考察することにしたい。

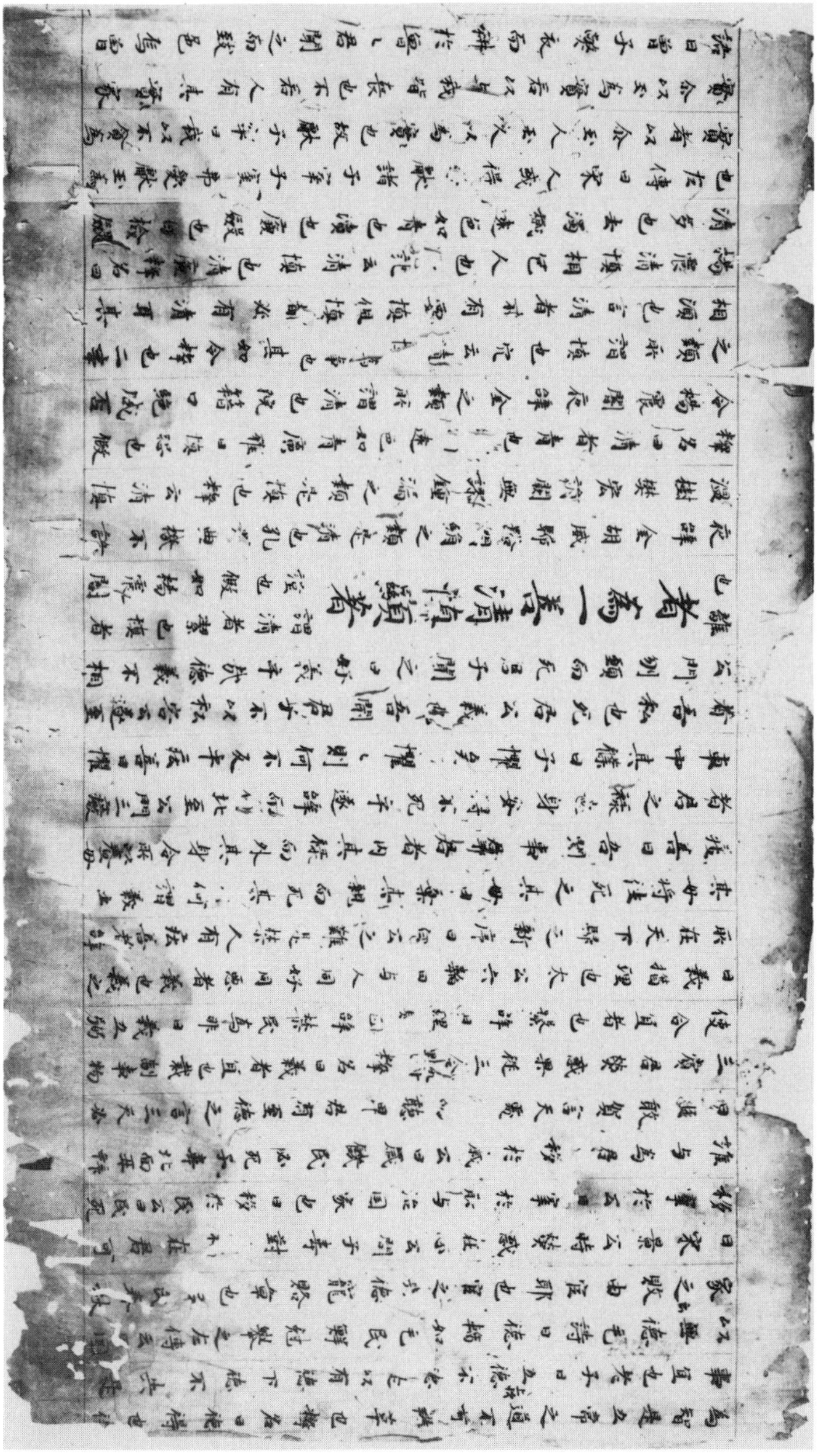

写真２　京大古文書室蔵「旧抄本経書」乙

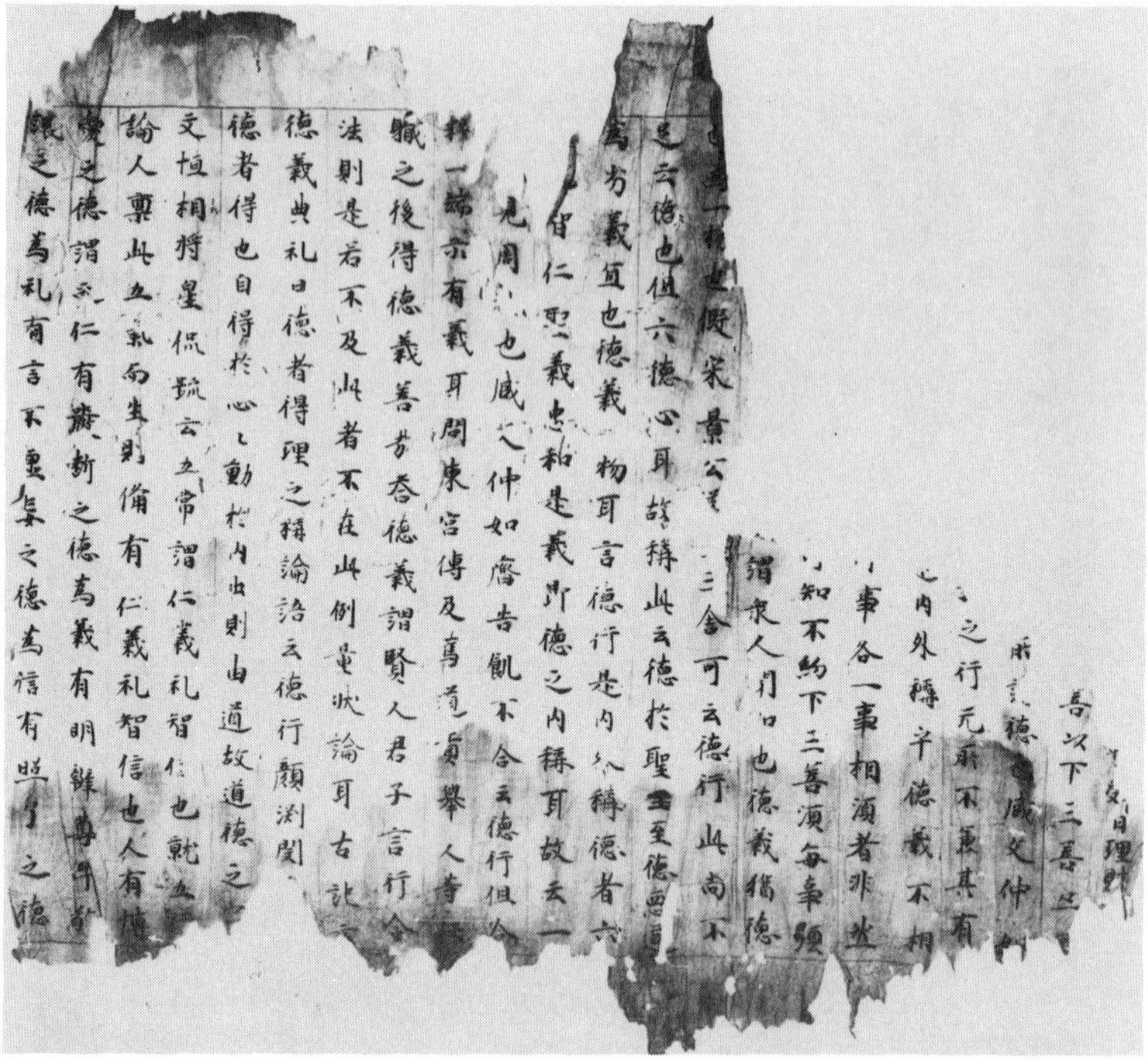

写真１　京大古文書室蔵「旧抄本経書」甲

写真３　同上書　Ａ（表）

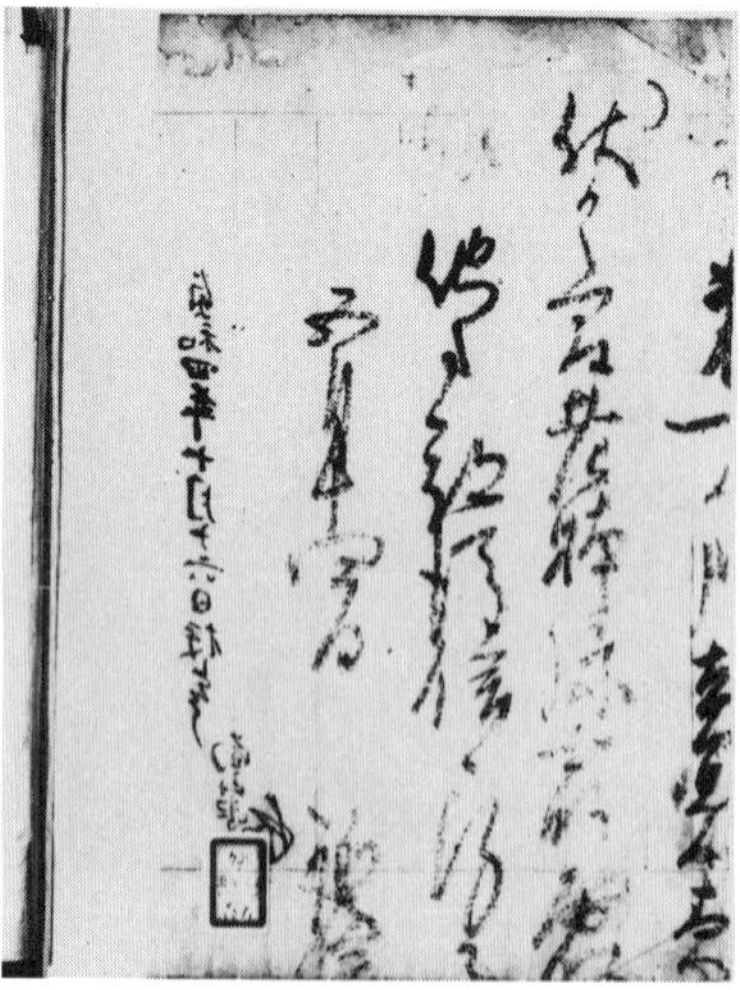

写真４　同上書　Ａ（裏）

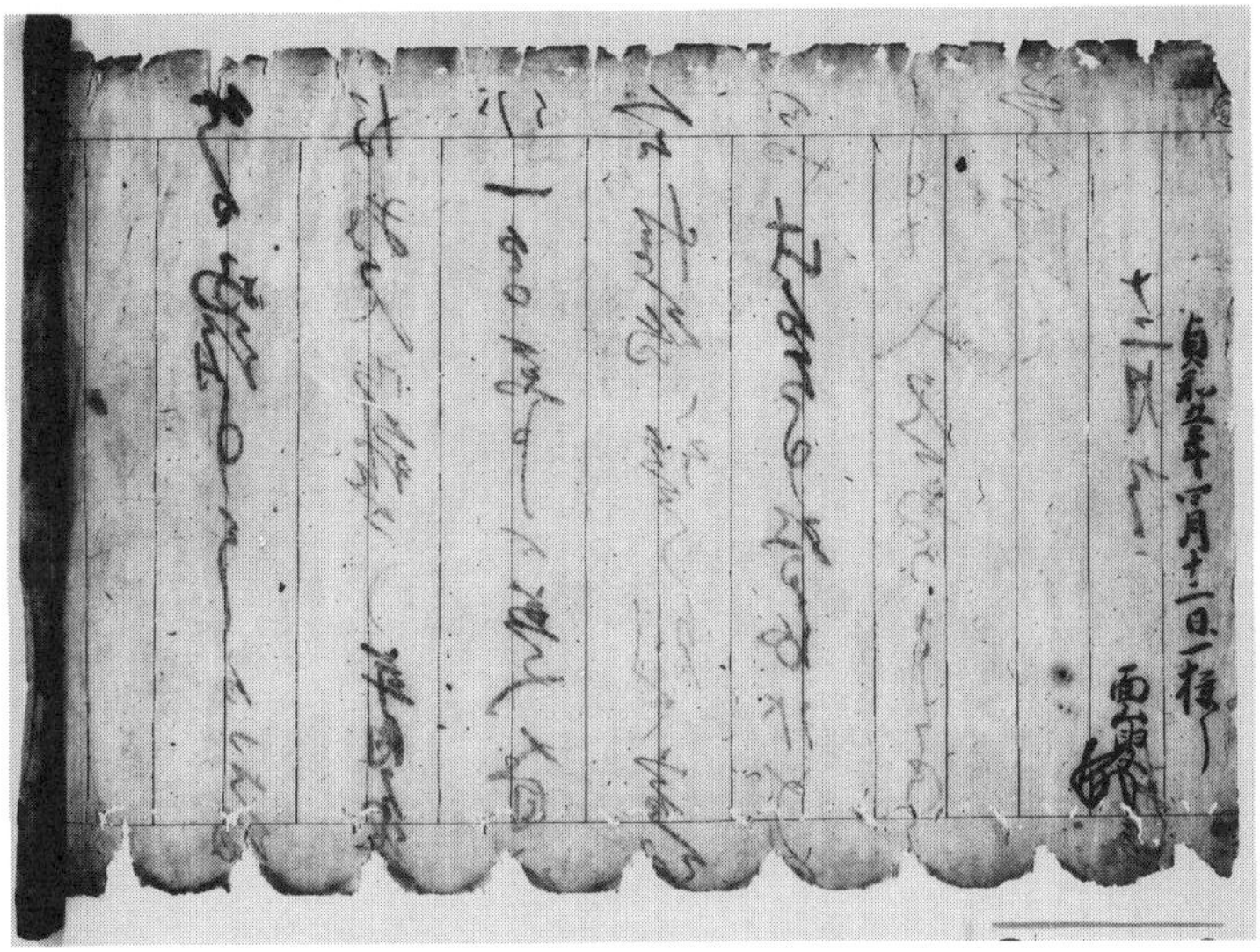

写真５　京大古文書室蔵「旧抄本経書」Ｂ（表）

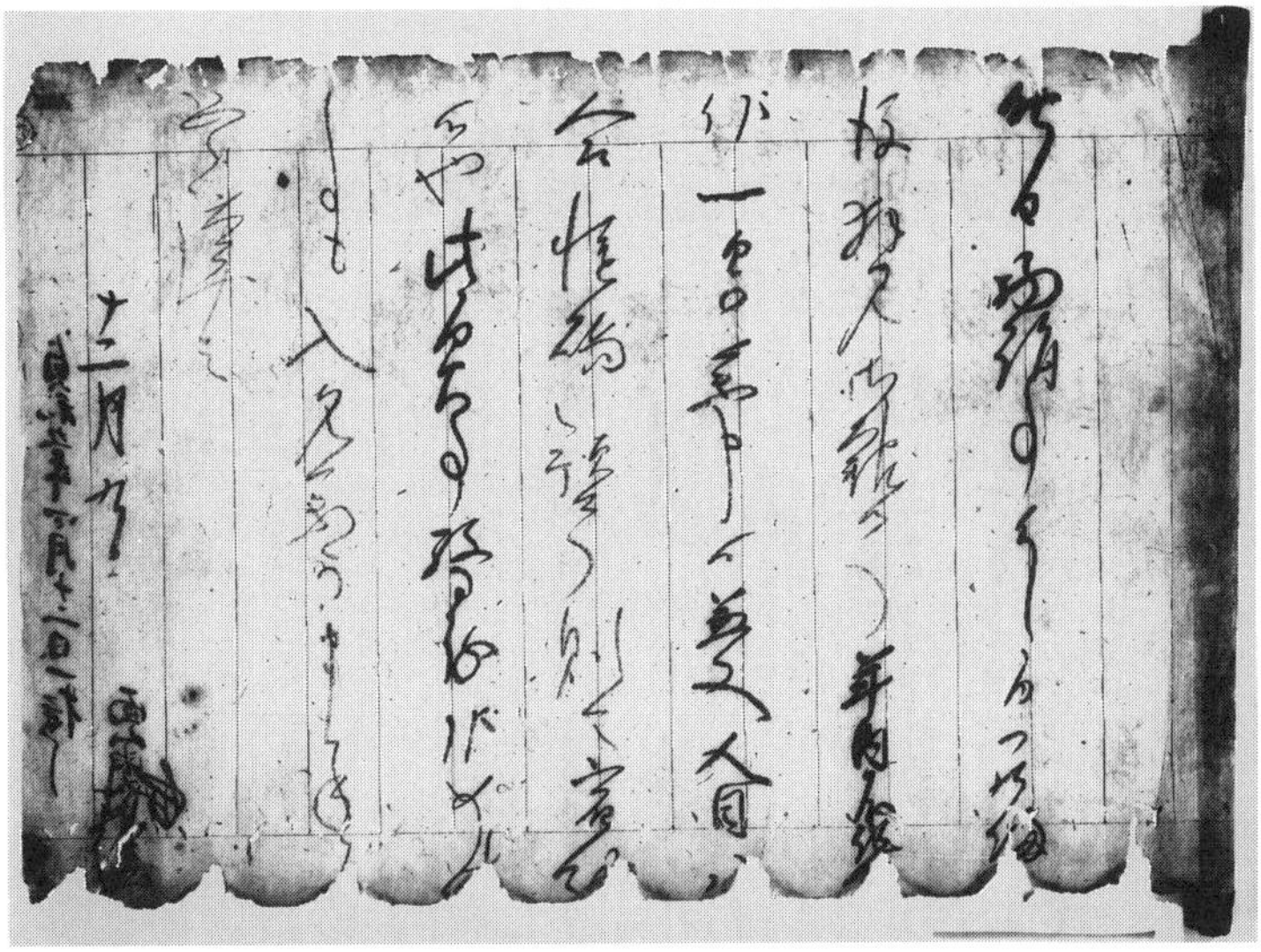

写真６　同上書　Ｂ（裏）

先ずその書風であるが、素人である私が見ても、如何にも古く感じられ、少なくとも鎌倉時代を下らぬ様に思われた。『令集解』の古写本として想起されるのは、近藤喜博氏が「國史學」五十七号に紹介された[2]国立国会図書館所蔵船橋家旧蔵本（以下、船橋本と略称）中の巻十九である。同本を校合に用いた国史大系本後篇の凡例の表現を借りれば、「巻十九考課二の一冊は、首尾に若干の補写あれども、中間二十九枚半は鎌倉時代の古写本にして、もと巻子本なりしを袋綴に改装したるものなり、集解の写本中今日に知らるゝ最古のものといふべ」きものである。京大本も船橋本も共に鎌倉時代を下らざる書風で[3]、何れも巻十九考課二であり、しかも京大本は、船橋本の後世の補写の部分の一部に相当するのであるから、京大本は船橋本から分れたものではないかと仮定し、国史大系本後篇巻頭及び貴重書解題巻頭の船橋本の写真と京大本とを見較べると、書風が一致する上、貴重書解題の写真では、令の本文「者為一善、恪勤匪懈」が連続して書かれ、国史大系本底本（田中氏蔵本）の如く「恪勤匪懈」の四字が改行されていない特徴を持つが、京大本も前掲の如く「者為一善、清慎顕著」の八字が連続して書かれている点が一致する。

以上の事から、京大本の断簡は、船橋本巻十九考課二の古写の部分と一連のものと断じて略々誤りないものと思う。なお京大本の一紙は、国史大系本の略々一頁分に相当する。而して京大本乙と船橋本古写部分との間は、国史大系本でやはり一頁弱の不足があるから、船橋本のもとの形は、現存部分の前に三紙があったが、その中の前二紙が即ち京大本断簡で、それに続く一紙が所在不明という事になる。京大本が、何時、如何なる理由で船橋本から分離したか不明であるが、その手掛りになると思われるのが、乙の裏の左端上方に別筆で書かれた「宝典八」の三字である。しかしその前に順序として、ＡＢについて述べる事にする。

**Ａ**　表裏に文字がある。表には、界間第一行から第二行に亘り

貞和四年十月十六日校合了

　　　面山叟

　　　　（花押）

とあり、「面山叟」の三字は界線上にある。

裏には

□責

伏候之間、老躰弥窮屈仕

候、他事期後信候、謹言、

　五月十四日　證信

という書状の断簡がある。

**B**　表にはAと同様、界間第一行から第二行に亘り

貞和五年四月十二日一校了

　　　面山叟（花押）

とあり、軸に巻込まれている部分にも細字が書かれているやに見受けられるが、内容は不明である。裏には

昨日物詣事候し間、罷帰□

後、拝見御報候了、年内不幾（除カ）

候、一日可参申候、兼又人目八

合慥賜預候了、則令宿□（心カ）
候也、此間火事驚紛候、如此
事も入見参可申承候、
恐々謹言、
十二月九日　□□

という書状があり、その左端の上・下に二つの継目黒印（直径約1・2㎝）の右半分がある。その位置は、上の分はその下端が表の天界線上に接する程度、下の分はその上端が表の地界線より少し出る程度の位置である。印文は「清」ではないかと思われる。

AとBが関連のある事は、同一人物である「面山叟」なる人物による、或る書物の校合奥書である事によって明らかである。

以上、京大蔵本「旧抄本経書」の現状とその内容について述べた。その結果、判明したことは、甲乙ABという四断簡は単一の書物ではなく、甲乙は『令集解』巻第十九考課二の巻首二紙に当り、しかも現国立国会図書館蔵船橋家旧蔵の『令集解』巻十九の古写本部分に、一紙を置いて接続するのではないか、と思われる。これに対し、ABの二断簡は、同一書物の校合奥書であるが、その書名はこの断簡のみからは、明らかにすることが出来ない、ということである。そこで次節以下で「面山叟」とは果して如何なる人物であるのか、或る書物とは如何なる書名のものであろうか、を探ることにしたい。

## 二　AB二断簡の書名

宮内庁書陵部に『玉燭宝典』(4)という漢籍が架蔵されている（六冊、架番号　四〇二―八）。この書物は、江戸時代に蔵書家藩主として聞えた(5)豊後国佐伯藩主毛利氏の蔵書で(6)、文政十年（一八二七）、高標の孫高翰によって二度に分けて幕府に献納された多量の漢籍類の中の一部であるが(7)、その巻二（第一冊）・巻五・巻六（以上第三冊）・巻八（第四冊）の奥には、それぞれ次の奥書のあることがわかった(8)。

（巻二）貞和五年四月十二日一校了
　　　　　　　　　　　　面山叟

（巻五）嘉保三年六月七日書写了
　　　　　　　　　　　　并校早

（巻六）貞和四年八月八日

（巻八）貞和四年十月十六日校合了
　　　　　　　　　　　　面山叟

この中の巻二・巻八の奥書は、全く京大本ABと同文なのである。こゝに「或る書物」が実は『玉燭宝典』であるらしい事が初めて明らかとなったのである。

ところで『玉燭宝典』には、前記の毛利本の外に、前田家尊経閣文庫に古鈔本十一軸のあることが知られており（以下、前田本と略称）、昭和十九年に全巻のコロタイプ覆製本も刊行されている。そこで奥書部分を比較すると、巻五と巻

六の分は前田本にも存するが（但し前田本の巻六の奥書は「書写畢」の三字が多い）、毛利本に見える巻二・巻八の分は、前田本には存しないのである。

毛利本と前田本の関係は、㋑前者が江戸時代の書写であるのに対し、後者は、貞和年間の古文書を翻して書写されたものであること、(9)㋺巻五・巻六の奥書が共通していることは、両者が同系統であることを示す。㋩毛利本巻六の巻首は、内題の次に「貞和三年　十一月」とあるが、この年記は、前田本と見合すと、その紙背文書の年記を誤って記したものであることがわかるから、毛利本が前田本を祖本とすることは明らかである。㊁しかし毛利本の巻六・巻七・巻十一の内題は「玉燭宝典記」と「記」字が入っていることは、前田本から直接書写したものでないことを思わせ（なお㋩参照）、前田本と毛利本の間には、何回かの書写が重ねられていることが想定されるのである。

しかしこの事はまた、毛利本巻二・巻八に存する奥書は、もと前田本にも存した事を証するものである。而してその毛利本と京大本ＡＢが同一文言であることは、京大本が即ち前田本ともとは一体であったのではないかという事に想到する。この考えは、京大本と前田本との紙背文書の関連性を証する事によって、不動のものとなる。

京大本Ａの紙背文書の差出人は、前掲の如く「証信」なる者であった。ところがこの「証信」差出の書状が、前田本の紙背文書にも次の如く合計十五通も見えるのである。(10)

**一―16・17・18・20・21・28、四―3・8・12、五―10・15・20、六―2、十―13、十一―11**

しかもその書留文言はすべて「謹言」の二字で、「恐々」乃至「恐惶」の字は冠せられていない。京大本もやはり「謹言」の二字のみであるから、受取人が同じであったと考えて誤りないであろう。従って京大本と前田本とは、紙背文書から考えても、もとは一連のものであったと思われるのである。

以上の考察から、京大本ＡＢが『玉燭宝典』という漢籍の奥書であり、しかもそれは、現在、前田家尊経閣文庫に架蔵されている『玉燭宝典』ともとは一連のものであった事を証し得たと思う。

## 三　「面山叟」について

京大本ＡＢには、ともに「面山叟（花押）」とある。この「面山叟」とは果して如何なる人物であろうか。本節ではこの事を考察したい。

再々述べる如く、前田本『玉燭宝典』の殆ど全部に紙背文書があるが、その**二―8**に

（前欠）愚息行恒男連々出仕、難儀無極候、若有敵□候者、五結可預御伝借候、是□必定年内可到来之間、不可延引候、必可返進候、若偽申者、春日大明神可有照罰候、無左右令載誓言候、恐入候、恐々謹言、

十二月十九日　　道本（花押）

**二―32**に

歳末年始之用意散々式之間、仰天候、若寺用余分候者、拾石可借給候歟、雖年内候、到来事候者、連々可返進候、恐々謹言、

十二月十九日　　道本（花押）

性全上人御房

**四―6**に

（前欠）出仕之時者、必令参入言上候、尚々此竹畏存候由、可有御心得候、恐々謹言、

二月廿一日　　　道本（花押）

能登左衛門尉殿

**八―6**に

八木拾石借給候了、二月中御要事承了、可存其旨候、恐々謹言、

十二月廿日　　道本（花押）

□〔性全上人御房〕

という書状断簡がある。これ等はすべて「道本」なる者の差出したものであるが、その花押が実に京大本に見える「面山叟」の花押と一致するのである。これによって「面山叟」の法名が「道本」であることが知られたのである。

次には「道本」の俗名が何であるかを追求しなければならないのだが、その手掛りになるのが、前田本紙背**三―4**の

□書入道道本謹言上

欲早以備中国真壁郷為但馬国高田庄替、預御計、弥致奉公忠勤間事

□〔副〕進

一通　高田庄御下文案　貞和二年十二月廿八日

一通　守護人請文　貞和三年二月四日・同五日以当庄雑賀民部六郎入道給事、

一通　闕所注文

□〔右〕但馬国高田庄者、去年貞和二十二月廿八日道本□〔所〕令拝領也、而如守護人請文者、当庄者貞和□〔二カ〕年十二月廿九日雑

賀民部六郎入道善乗□〔宛カ〕賜之間、任去年二月十七日御施行、沙汰付善□〔乗〕候云々、就之可被宛行其替於道本之由、所被□〔仰カ〕也、而備中国真壁郷領主真壁彦三郎等、依□〔罪〕科被処流刑之由、所承及也、然者以彼真壁□〔郷〕為高田庄替宛賜之者、為当参奉公之資、縁□〔之カ〕為励夙夜之勤労、恐々言上如件、

（後欠）

なる文書である。この文書の書き出しの欠字は「伯」であろう。即ち道本は「伯耆入道」とも呼ばれていたのである。そこで思い出されるのが、前田本紙背文書の宛所に伯耆入道が多いことである。それは次に掲げる宛所別の一覧表で見ていたゞきたい。

「伯耆入道殿」一—16、二—5、三—12・14、四—17・19、六—3、七—7、十一—7・12・16、十二—5・13・21・22、

「二階堂殿」一—6・23、

「二階堂伯耆入道殿」五—8、

「大炊御門御宿所」・「大炊御門殿」一—27、七—5、

「中御門御宿所」・「中御門殿」二—9、四—16、五—9、

「西洞院殿」十—4、十二—2、

「西万木政所」三—10、八—7、

「五郎殿御方」十二—11、

「御宿所」二—33、五—17、十二—10・16、

「左兵衛督殿」六—7、
「性全上人御房」二—32、八—6、
「能登左衛門尉殿」四—6、
「御奉行所」十一—3、

これでみると、宛所の明記されている三十七例の中、「伯耆入道殿」が十五例あり、しかも一例ながら「二階堂伯耆入道殿」というのがあるから、「二階堂殿」とある二例も、「伯耆入道殿」とあるものも、全て「二階堂伯耆入道殿」の略称であると考えて誤りあるまい。かくして、京大本ＡＢに見える「面山叟」とは、二階堂伯耆入道道本なる者であった事が明らかとなったと思う。

二階堂伯耆入道道本のことについては、既に佐藤進一氏の研究がある。即ち同氏は「室町幕府開創期の官制体系」[11]に於て、結城文書㈠所収の康永三年（一三四四）三月廿一日編成の五番制引付番文と、同時の編成とみられる三方制内談方番文に見える人名を詳しく考証しておられるが、前者の五番方、後者のＩ方に見える「伯耆入道」について、同論文注（四）に於て

伯耆入道は園太暦、康永四年八月廿九日条に「天竜寺供養武家方奉行道本」「二階堂伯耆入道道本」とある人物（なお師守記康永三・四・十三、貞和五・五・八等の条参照）。続類従所収工藤二階堂系図によれば行繁の子、俗名行秀。

と考証され、また同論文所載の「Ｉ表　建武三—観応二年間主要職員表」の「⑹其他」の中で、康永元年五月頃と貞和年間の二度「二階堂道本行秀」が任官奉行（官途奉行）であったことを指摘されている。この佐藤氏による道本の政治

面での活躍に関する記述については、何等付け加えるべきものを持たないが、『続群書類従』所収「工藤二階堂系図」(12)の

- 行繁 和泉守
- 行秀 伯耆守 法名道本 ―― 行持

という記述により「行繁の子（「子」は「弟」の誤植か）、俗名行秀」とされたのには、別の史料を挙げることができる。即ち『尊卑分脈』(13)の二階堂氏の中に

- 行員
  - 行繁 ―― 行方
  - 行周 民部丞左将監 伯耆守従五下
    - 行脩 五郎左衛門
    - 行藤 七郎
    - 行恒 余五郎

と見える。この行周には続類従本の如き「法名道本」の記載はないが、伯耆守であった事が見えるし、前掲二―8の道本差出の書状案に見える「愚息行恒男」に当る人物が在るから、優るのではないかとも思う。両系図とも行繁の弟である事に変りはないが、俗名は前者が「行秀」、後者は「行周」であるから、俗名「行周」説も成り立つのではないか。

それはとも角、二階堂道本と『玉燭宝典』との掛り具合は、京大本ＡＢに見る様な、単なる二巻分の校合者であったのではなかろう。何故ならば、先掲の宛所別の一覧表で明らかな如く、宛所の判る料紙の半分程は道本宛のもので

ある。また「大炊御門御宿所（又は殿）」「中御門御宿所（又は殿）」「西洞院殿」も恐らく受取人の住所であろうが、「遠所御移住無念候」（十一—8）「御移遠所」（七—3）その他、受取人の宿所を移した事が、しばく来翰中に見えており、上記の京中の各所は、「御宿所」を含めて、言わば受取人のその時々の仮寓所であったと思われる。それならば、三十七例中十八例を占める二階堂伯耆入道道本の仮寓所と推定しても、さして不都合ではなかろう。[14] かく考えれば、道本は『玉燭宝典』書写に必要な料紙を自ら準備したことになり、料紙を準備したという事は、『宝典』の書写が道本の主導のもとに行われた事を推定させる。しかし道本は自らの意志で『宝典』の書写を主導したのではなかろう。その事を示すのが、「左兵衛督殿」宛の文書が料紙に使用されている事である。貞和頃の左兵衛督とは、云うまでもなく足利直義であるが、直義宛の書状を反古として『宝典』書写の料紙に使用し得るのは、道本の個人的な意志でなく、直義の意を体しての事でなければならないであろう。[15] 換言すれば、『玉燭宝典』書写は足利直義の意を体した二階堂道本の主導のもとに遂行されたと推定したい。

## 四　京大本甲乙と前田本『玉燭宝典』の関係

前節までに述べたところにより、京大本の甲乙とＡＢは、全く別箇の書物である事を明らかにした。しかし以前には、これを一書と考えた人もあったらしい。『大日本史料』第六編之十三の貞和五年年末雑載の「雑」の項に

〔令集解〕○京都帝国大学所蔵本 考課令奥書

貞和五年四月十二日一校了

面山叟（花押）

と見える。『大日本史料』のこの冊の編者は、甲乙（どちらか一方か、両方かは不明）を考課令集解と断じ、それと共に存するBを、その奥書と思い誤って、この記載となったのであろう（但しAの方は『大日本史料』に登載されていない）。しかしこの記事は、この冊が刊行された大正三年三月当時も、現在と同様、甲乙とABが一体のものとして保存されていたことを示している。しかし甲乙とABが一体のものとして保存されていたのは、遥か以前からであったと思われる。

前田本の各巻首の端裏（即ち紙背文書と同一面）に次の様に記されている（本文とは別筆）。

巻一　「宝典第一」　巻二　なし
巻三　「宝典第三」　巻四　「宝典第四」
巻五　「宝典第五」　巻六　「宝典第六」
巻七　「宝典第七」　巻八　「八」
巻十　「宝典第十」　巻十一　「宝典十一」
巻十二　「宝典第十二」

これは恐らく標紙の付けられていなかった時代に、その内容と巻次を知る目安として書かれたものであろうが、この書き方に三種ある。即ち最も多いのは「宝典第〇」とあるもの（Ⅰ型）であるが、巻八は単に「八」とあるのみであり、しかもⅠ型が紙背文書の面の左端上部にあるのに対し、これは左端下部にあり、「宝典」の如き内容を示す語句がない（Ⅱ型）。巻十一は、Ⅰ型と略々同じであるが、巻次を示す数字の上に「第」字がない（Ⅲ型）。しかもこの四字は、巻首から第三紙目の裏に書かれている事が注意される。

さて京大本乙の裏面左端上方に「宝典八」の三字の存することは既に最初に述べた(下の写真参照)。この三字は、前田本『玉燭宝典』の表題のうち、Ⅲ型と一致する。現在の前田本の巻八の表題が他巻と異なり、単に「八」とのみあり、しかも下方に書かれていることから考えると、或は京大本乙は、前田本巻八の巻首に貼り継がれていたのではないか。集解も宝典も共に本文とそれを釈した双行注から成っているから、内容をよく検討しないで、外形的な類似から誤って貼り継いだのではないか。現在の「八」字は、誤りに気付いて、『集解』を剥がした後に新たに加えられたのであろう。その為に他とは書き様が異なり、位置も異なるのである。

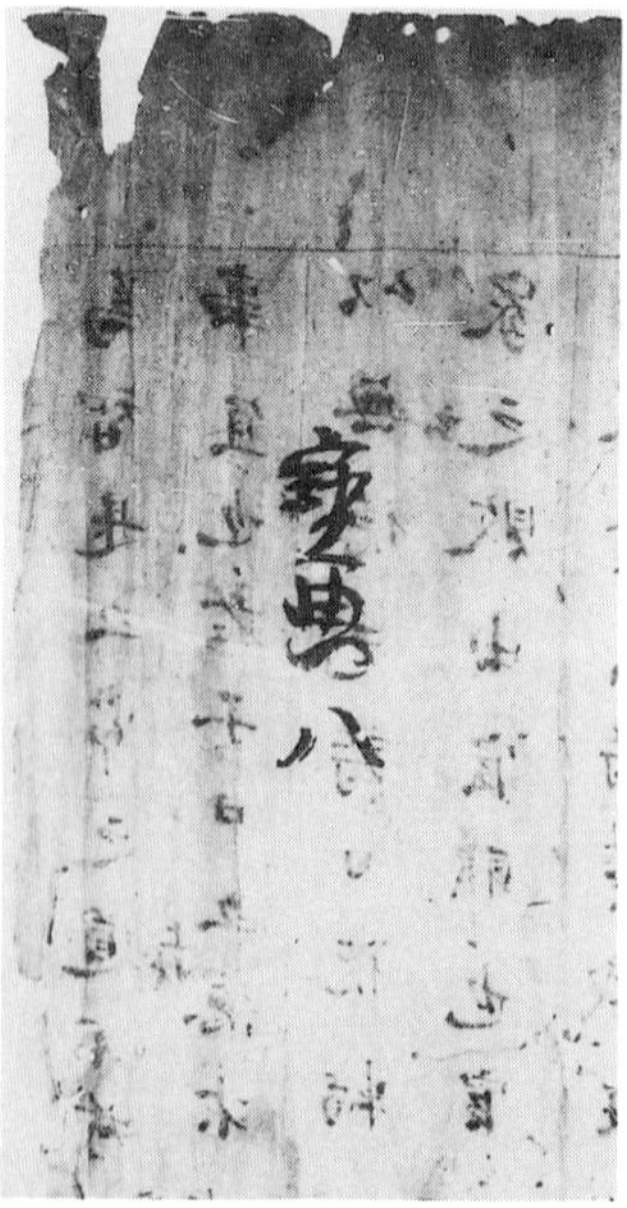

京大本　乙（裏）

この事はまた、『令集解』と『玉燭宝典』が同一人によって所蔵され、しかもこの両書は近い位置（同一の箱等）に格納されていた事、どちらも糊離れによる錯乱の生じていた事などを想定させる（『宝典』巻十一の表題は、上述の如く現在は第三紙目にある。従って巻首の第一・第二紙は表題の書かれた当時は、現位置になかった事になり、錯乱していた事の一証となろう）。

## 五　『令集解』と『玉燭宝典』の伝来

前節に於て、『令集解』と『玉燭宝典』が同一人によって所蔵されていた時代のあった事を想定したが、それは船

橋家（清原姓）であろう。

船橋本『令集解』は、国史大系本下巻の凡例に見える様に「慶長初年清原秀賢が人をして書写校合せしめ、又は自ら校合したる本」であるが、京大本と一連の古写本をその中に含むのであるから、古写本自体が船橋家に伝来した事は間違いなかろう。

『玉燭宝典』の方は、前記の如く二階堂道本が足利直義の命を受けて書写に当ったと考えられるが、観応の擾乱での湮滅を免れた事情や、伝来経路は審かでないにしても、これも船橋家の有に帰した。その事は、Bの裏面左端の上下二箇所に、印文が「清」の継目黒印が押捺されており、同じ黒印は前田本にも裏継目毎に押捺されているが、印文の「清」は「清原」から採られたものと考えられるからである。

京大本甲乙及びＡＢが、本体である現国立国会図書館蔵の船橋本『令集解』及び前田家蔵の『玉燭宝典』と、何時離れたのであろうか、よくは判らない。たゞ船橋本『令集解』巻十九の奥に

慶長四年五月十三日課少内記賢好、令校合了、

吏部清原秀賢

とあり、この巻の京大本甲乙に当る部分は補写であるから、慶長四年（一五九九）五月には、現京大本甲乙は、船橋本から剥離していた事が知られる。『玉燭宝典』の方は定かでないが、前田家の有に帰してより以後、ＡＢが切取られたとは考え難い。こちらの方は、嘉保三年の本奥書を含めて、巻二・五・六・八の四巻に奥書があるが、その中から巻二・八の二巻の奥書のみが切取られている事に意味があるのかも知れない。というのは、この切取られた分にのみ「面山叟（花押）」があることである。単に年月日のみの書写奥書は切取らないで、人名の存するものを切取っている事

は、何か意味があるのではないかと思うのである。全くの当て推量ながら、次の様なことも考えられる。即ち『玉燭宝典』が前述の如く足利直義の命により、二階堂道本が書写事業を遂行したものであり、前掲拙稿で述べた如く、道本が直義の家司的存在であったとすれば、直義が観応の擾乱で幕府に叛いて亡んだ事は周知の事実であるから、「面山叟」が道本である事を知っている人、或は道本の花押を知っている人が存する間は、「面山叟（花押）」とある本は、世間に公けにする事は憚られ、どうしても公けにしなければならなくなった時、「面山叟（花押）」とある奥書のみ、切取られたのではないか。この様に考えれば、この奥書の切取られた時期は、相当遡ることになる。

偶然か故意かはとも角、京大本甲乙とABは本体から離れ、しかし甲乙とABは離される事なく伝存し、何時の頃か、壬生官務家の所有に帰した。その時期も事情も定かでない[16]。而して明治維新以後、時勢の転変により、京都大学文学部古文書室に架蔵されるに至ったのである。

## むすび

京都大学文学部古文書室に「旧抄本経書」の書名で架蔵されている断簡四紙（軸付紙を加えれば五紙）について、以上数節に亘って考察を加えて来た。その結果、

一、「旧抄本経書」は、実は甲乙とABの二種の書物である事。

二、このうちの甲乙は、『令集解』巻十九考課二の巻首の二紙（但し端欠）で、しかも現国立国会図書館架蔵の船橋本『令集解』（三四冊）中の巻十九（平安～鎌倉時代の写）の補写部分に相当するものである事[17]。

三、ABは、現在、前田家尊経閣文庫架蔵の『玉燭宝典』（貞和年間書写）の巻二・巻八の奥書部分である事。

四、甲乙とＡＢという異種の書物が、一括して保存されている由来は古く、それは明経道を世襲した船橋家（清原姓）に於て、古写の『令集解』と貞和書写の『玉燭宝典』を共に所有していた時期があり、しかも『集解』と『宝典』の保管場所は極く近く、互いに糊離れが生じた為、この両書は混淆され、甲乙は（少なくとも乙）、『宝典』巻八の標紙に使用された事。

五、ＡＢに見える「面山叟」とは、室町幕府初政期に活躍した二階堂伯耆入道道本という人物で、俗名を行秀又は行周といった事。

六、道本は、貞和年間の『玉燭宝典』書写の主導者であった事が、『宝典』紙背文書の分析から判る事、しかし道本と足利直義との関係から考えると、『宝典』書写は、或は直義の命を奉じて行ったのかも知れぬ事。

等の諸点を明らかにしたつもりである。紙数の関係で詳説し得なかった部分もあるが、これ等の諸点につき、読者諸賢の御教示と御批判を賜わる事が出来れば、幸いである。

本稿の梗概は、昭和五十二年五月二十二日開催の國史學会昭和五十二年度大会に於て、「京都大学国史研究室所蔵『令集解』断簡とその包紙をめぐって」と題して口頭で発表したものであるが、京大古文書室は岩橋小彌太先生が助手として在職された縁りがあり、御生前の先生が非常に京都を愛しておられ、京都大学在職時代を懐しんでおられたので、旧稿を補訂して、御霊前に捧げ、謹んで御冥福をお祈りしたい。

なお、はじめにも記した如く、吉岡氏と共に調査に当ったのが本稿の発端であり、同氏からは計測データを始め、種々の御教示に与った事を深謝する。また貴重な史料の写真掲載を許可された京都大学国史研究室および

お世話いただいた今谷明氏にも感謝したい。

〔注〕

(1)現状に従えば、甲とA、乙とBがセットになっている。

(2)近藤喜博「舟橋本令集解について」（『國史學』五十七号、昭和二十七年五月刊）。

(3)書風について、国史大系本凡例では、前引の如く「鎌倉時代」とするが、近藤喜博氏（前掲論文）及び『国会図書館所蔵貴重書解題第七巻—古写本の部第一』（昭和五十年三月刊）には、「平安時代の書写になると目される」（四七頁）と、平安時代の書写とする。

(4)『図書寮典籍解題漢籍篇』一五〇頁以下参照。

(5)渋江全善・森立之「経籍訪古志附言」中に、左の如く見える。

近世以蔵書名者、前佐伯毛利氏紅栗斉、浪華木世粛孔恭蒹葭堂、後京師有福井榕亭崇蘭館、最後有新見賀州君賜蘆文庫、此録所載各古本、大抵諸家儲蔵之功也、

また、宮内庁書陵部架蔵『華族系譜』（二七三—一）第二〇九冊「毛利家佐伯」の高標の譜に「産ヲ傾ケ多ノ書ヲ購求シ、大ニ為ルコト有ラントス」と見える。

(6)第一冊初葉の表右端に「佐伯侯毛利高標字培松蔵書画之印」が押捺されている。以下毛利本と略称。

(7)高翰の幕府への献納については、前記『華族系譜』の高翰の譜に「蔵書ノ半ヲ以テ徳川氏文庫ニ納ム祖父高標嘗テ求ムル所ノ書ナリ」と見え、幕府への献納書目とその時期については、『佐伯毛利侯献納書目録』（宮内庁書陵部蔵本、一〇二—一〇八、文政十二年写、一冊）に「以上、文政十一（衍カ）年丁亥七月納之分」と「文政十年丁亥十二月納之分」に分けて記されている。

なお、紅葉山文庫本は、明治維新以後、政府の所管となったが、その中の善本が、宮内省図書寮に移管された経緯につ

いては、『明治天皇紀第七』明治二十四年三月三十日条参照。
(8)『図書寮典籍解題漢籍篇』一五〇〜一頁。
(9)前田本の紙背文書については、拙稿「前田本『玉燭宝典』紙背文書に関する覚書」（初出「國史學」一〇三号、一九七七年十月刊、本書再収）参照。
(10)前田本の紙背文書の表示法などは、本書「史料篇」による。以下の記述も同じ。
(11)石母田正・佐藤進一編『中世の法と国家』（東京大学出版会、一九六〇年三月刊）所収。後、佐藤進一『日本中世史論集』（岩波書店、一九九〇年刊）再収。
(12)第六輯(下)三〇八頁。
(13)国史大系本(二)—五一七頁。
(14)東寺百合文書(セ)の中に、左の文書以下一連の文書がある（『大日本史料』第六編之九、貞和元年十一月十四日条所引による）。

（端書）
沙弥道本請文高辻東洞院敷地事

号東寺雑掌、掠申高辻東洞院敷地事、庁宣并申状具書等、謹拝見仕了、抑彼屋者、佐々木備中入道侍所管領之時、令点定之、居住之刻、死去之間、子息同五郎左衛門尉相続之処、道本無居所之由、於武家就歎申之、為信濃入道行珍奉行、被借用彼屋渡給之畢、（中略）以此旨可有御披露候、恐惶謹言、

暦応五年三月廿三日　　沙弥道本請文（花押）

この文書によれば、洛中に「道本無居所」く、幕府が「被借用彼屋」れ、道本に「渡給」ったものであった。従って幕府の都合や本主の意向によっては、道本は居所を移さねばならぬ場合が多かったと考えられる。
(15)直義と道本との関係については前掲拙稿参照。
(16)飯田瑞穂氏の御教示によれば、前田本の『玉燭宝典』には、購入時のものと思われる後藤演乗より前田家の有賀甚六

郎・稲垣三郎兵衛両名宛の書翰（三月廿九日付）が附属しており、その中に

猶〻右玉燭宝典持主取次人かくし申候へ共、官務本ニ而御座候よし承申候、

という一節があるとの事である。即ち前田家の実際の購入先は官務壬生家であったらしい事が、この書状によって判明する（金工後藤演乗が前田綱紀の扶持を受けて蒐書に携っている事は、藤岡作太郎編『松雲公小伝』二六六頁参照）。購入年次は明らかでないが、演乗は貞享・元禄頃の人らしいから、それ以前に『玉燭宝典』は壬生家に移っていた事になる。壬生家に移る時、標紙であった甲乙も、同時に移ったものとすれば、清原家より壬生家への移動は、慶長四年以前という事になる。

なお、わざわざ調査の上、御教示下さった飯田氏に深甚の謝意を表する次第である。

(17)石上英一氏は『史学雑誌』八八―九（昭和五十四年九月刊）所載の「『令集解』金沢文庫本の再検討」に於て、恰も私が此の『令集解』断簡を「発見」したかの如く記載しておられるが（同論文四四頁下段）、この記述は正しくない。既に随分前から、岸俊男教授が、この断簡を京大の講義の時に使用されていると仄聞しているからで、岸氏を始め、その講義に出席された人々には周知の事であったと思われる。なお、石上氏は、私が「発見」の旨を注(9)所引の論文で発表したかの如く記載されたが、これは同氏の誤解で、同論文では、足利直義と二階堂道本の関係について述べているのみで、『令集解』の事には全く触れていない。

# 前田本『玉燭宝典』紙背文書に関する覚書

今江廣道

## はしがき

私は別稿[1]を草するに当たり、初めて前田家尊経閣文庫架蔵の『玉燭宝典』（以下『宝典』と略称する）の存在を知り、そのコロタイプ複製本[2]を見て、その料紙の殆どが書状その他の文書を翻して使用したものである事を知った。この紙背文書の一部は、既に早く『大日本史料』第六編に引用されており、また佐藤進一氏も「室町幕府開創期の官制体系」[3]でさかんに利用されているが、一般の中世史家の間では余り利用されていない様に見受けられるので、その概要と一、二気附いた点を記して、読者諸賢の御批判を得たい。

## 一　『玉燭宝典』紙背文書の概要

さて、『宝典』は十二巻の書物であるが、巻九の一巻一軸は散佚し、現在、尊経閣文庫に存するのは十一巻十一軸である。その料紙は全て反故紙で、殆ど毎紙に墨附がある。ただ『宝典』の料紙として利用される際、縦約28・3㎝、横

約47cmに切揃えられたため、天地乃至奥端の欠けているものが大部分であるのは惜しまれるが、左に巻別の数を表示しよう（第Ⅰ表）。

**第　Ⅰ　表**

| 巻次 | 張　数 | |
|---|---|---|
| | 全張数 | うち白紙 |
| 巻一 | 31 | 0 |
| 二 | 36 | 2 |
| 三 | 14 | 0 |
| 四 | 19 | 1 |
| 五 | 21 | 1 |
| 六 | 15 | 1 |
| 七 | 14 | 2 |
| 八 | 10 | 1 |
| 十 | 13 | 0 |
| 十一 | 18 | 1 |
| 十二 | 23 | 1 |
| 計 | 214 | 10 |

その墨附の大部分は、書状であるから、一張毎に差出年月日・差出人・受取人や、参考となる内容及び備考をつけて、左の表（第Ⅱ表）を作成した。未だ読み切れない部分も多々あり、また差出人の花押のみのものは、誰に宛てるべきか不明のものが多く、単に（花押）とせざるを得なかった事を御諒解願いたい。

〔第Ⅱ表注〕　(イ)　張数は奥より数えたもの。

(ロ)　『大日本史料』（略号『日』）第六編所引のものはその冊次と頁数を、『神奈川県史』資料編3古代・中世（3上）（略号『神』）所引のものはその文書番号を、前記佐藤論文所引のものは同書の頁数等を記す。

(ハ)　**一―26**は、巻一の第二十六張の意。以下の記述も同じ。

(ニ)　京都大学所蔵の分も該当箇所に入れた。

## 第Ⅱ表　『玉燭宝典』（前田家本）紙背文書の概要

巻一

| 張 | 年月日 | 差出人 | 受取人 | 内容 | 備考 |
|---|---|---|---|---|---|
| 1 | ― | (証信ヵ) | ― | 馬借用の礼。「大乗院僧正御房一昨日令上洛給」 | |
| 2 | ― | ― | ― | 「自五条殿如此被仰候」（返事） | |
| 3 | 2・25 | 住呂(花押) | ― | 「近日者寺用闕」 | |
| 4 | ― | ― | ― | 「御雑熱御事驚存候」（返事） | |
| 5 | 貞和4・3・25 | ― | ― | 将軍家天神講楽人交名 | 『日』十一―四三五頁 |
| 6 | 3・22 | 沙弥道光(花押) | 二階堂殿 | 「先度上洛之時…翌日則下向…差上代官」 | |
| 7 | 3・2 | 鏡尊 | ― | (本文なし) | |
| 8 | 3・18 | 師躬 | ― | 「自今夕被行春除目候」「例仕丁」の借用を請う | 『日』十一―四三三頁貞和四年とす |
| 9 | 3・4 | 師躬 | ― | 「自来十八日可被始県召除目」「例仕丁」の借用を請う | |
| 10 | ― | (師躬ヵ) | ― | 「明日春日祭六位外記沙汰進候」「馬鞦」の借用を請う | 春日祭は二月上の申の日、貞和四年は下の支干(『園暦』二月十七日) |
| 11 | 2・30 | □□ | ― | 「御少瘡無減気候覧」「東林寺」（返事） | |
| 12 | 2・28 | 師躬 | □ | (まとまった文意なし) | |
| 13 | ― | ― | ― | 「長講堂彼岸結願参仕…」「外記入道入見参候ける由語申」（返事） | |

| | | | | | |
|---|---|---|---|---|---|
| 14 | — | — | — | 「御雑熱事可参尋」「当寺茶一裹令進候」 | |
| 15 | 2・28 | 忠朝 | — | 「右丞相拝賀」「御小瘡之由承候」 | |
| 16 | 2・23 | 証信 | 伯耆入道殿 | 何か(或は馬か)借用を請う「明後日廿五日午剋許…」 | |
| 17 | 2・24 | 証信 | — | 「明日料御馬事預許容候」「吉書奏延引可為来月五日」 | |
| 18 | 2・28 | 証信 | — | 「吉書奏可為明後日廿九日（マヽ）」 | |
| 19 | — | — | — | 「県召除目聞書二通注進候、可令伝進給候」「昨日陣之儀及遅々」 | 『日』十一―四三四頁は**一―26**をこの続きとして収む |
| 20 | 3・22 | 証信 | — | 専使の到来を謝す | |
| 21 | 2・21 | 証信 | — | 「竹六本七寸進之由申候」「木守…散々伐散」 | |
| 22 | 3・18 | 全照 | — | (書留文言のみ) | |
| 23 | — | 沙弥道光 | 二階堂殿 | | 封紙 |
| 24 | — | — | — | 船楽参仕交名 | 折紙 |
| 25 | 2・28 | — | — | 当参・奏事・御荷用交名 | 佐藤論文四六三頁は、評定始の評定衆「当参」とす。折紙 |
| 26 | 3・28 | 師躬 | — | (書留文言のみ) | 『日』十一―四三四頁は「廿二日」とし、**一―19**の続きとす |
| 27 | 3・27 | 全照 | 大炊御門御宿所 | (書留文言のみ) | |
| 28 | 3・14 | 証信 | — | 「明日料御馬」の借用を請う | |
| 29 | — | — | — | 小袖・歌文・茶の伝進依頼「又この入道殿方へ茶をまいらせたく候」 | 仮名消息 |

| 張 | 年月日 | 差出人 | 受取人 | 内容 | 備考 |
|---|---|---|---|---|---|
| 30 | 3・29 | 貞清(花押) | — | 「以使者令申旨候…其子細可令申使者」 | |
| 31 | — | — | — | 「九月にはのほり候て勅撰の事もうかゝひ候ハヽやとおほえて候」「梅津の庵主□けみし候」 | 仮名消息。貞和二年十一月九日「風雅集」成る |

## 巻二

| 張 | 年月日 | 差出人 | 受取人 | 内容 | 備考 |
|---|---|---|---|---|---|
| 京B | 12・9 | □□ | — | 「人目八合慥賜預候了」 | |
| 1 | — | — | — | 「御雑熱近日何様令見給候哉」「彼御発向未無其儀候歟…」 | |
| 2 | 正・14 | 玄照 | — | 「御脉事可参承候」 | |
| 3 | — | (師躬カ) | — | 「蒙仰候茶進之候」 | |
| 4 | 正・12 | 師躬 | — | 「此降雪可賞翫仕候、兼又茶一種進候…御用時ハ毎度可被召」 | |
| 5 | 11・13 | 沙弥仁源(花押) | 伯耆入道殿 | 「愚息時元官途事申御沙汰恐悦不少候」 | |
| 6 | — | — | — | 「只今ゆつけ候之間一土器拝進候」 | |
| 7 | 12・7 | 貞□(花押) | — | 「一巻謹返献候」 | |
| 8 | 12・19 | 道本(花押) | — | 「愚息行恒男」 | 『分脉』(二)—五一七頁、二階堂行周(伯耆守)の子に行恒(余五郎)あり |
| 9 | 2・6 | 沙門思淳(花押) | 中御門御宿所 | 「折節合戦中、難道行」「梶原四郎衛門も状を所望候」「当寺造営事等両管領被入心候之間為悦候」 | 『神』四二八四 |
| 10 | 11・22 | 元勒(花押) | — | 「膏薬ちと入て候」 | |

| | | | | | |
|---|---|---|---|---|---|
| 11 | 4・22 | 前備前守時秀 | ― | 「世上於今者属静謐」「今度も於都鄙父子雖致忠候…不慮御沙汰凡失面目候了」 | |
| 12 | ― | ― | ― | 「東国之音信待入候之所于今不見来」 | 勘返状。答者は「円性」 |
| 13 | ― | （師躬カ） | ― | 「年始祝言」「欲参仙洞候之処、笠持違乱候」 仕丁の借用を請う | |
| 14 | ― | ― | ― | 「保夜和布…到来時分候者拝領志候」 | |
| 15 | ― | 玄照 | ― | | 封紙 |
| 16 | ― | ― | ― | 交名（「小笠原信濃孫六、二階堂隠岐又三郎」等見ゆ） | 折紙 |
| 17 | 4・16 | 基氏 | ― | 「御腫物返々驚存候」 | |
| 18 | ― | ― | ― | 「在洛之間者細々可申承」 | |
| 19 | | | | | 白紙 |
| 20 | 11・27 | 円性 | ― | 「両度御札奉候了、代物令伝借候」 | |
| 21 | ― | ― | ― | 「右府御拝賀供奉人々注進之候、無人背先規」「御雑熱其後何様御坐」「南方退治候て帰洛」 | |
| 22 | ― | ― | ― | 「去比度々進使者之処、御移住他所之間不申承候」「評定始可候之由、沙汰候らむ」 | |
| 23 | ― | ― | ― | 「新春…」「南方合戦無為目度候」「和布千本」拝領の礼状 | |
| 24 | 正・15 | 貞□（花押） | ― | 「修正勤行御巻数牛玉任例進入候」「期御参社候」 | |
| 25 | ― | ― | ― | 歳末年始雑事日（御祈、炲煤払、髪上、成吉書并開御倉日等）勘申 | 干支を推すに康永元年歳末同二年々始行事。「将軍家同之」と見ゆ |
| 26 | 12・29 | □□（花押） | ― | 「両種拝領」の礼状 | |

| 張 | 年月日 | 差出人 | 受取人 | 内容 | 備考 |
|---|---|---|---|---|---|
| 27 | 正・2 | 師躬 | ― | 何かの借用を請う | |
| 28 | 正・27 | 良□(花押) | ― | 「御良薬候也」 | |
| 29 | ― | ― | ― | 「去夜節会散状追可注進」「仕丁晴近進候、恩借難申尽候」 | |
| 30 | 正・2□ | 元□(花押) | | | 礼紙 |
| 31 | | | | | 白紙 |
| 32 | 12・19 | 道本(花押) | 性全上人御房 | 「歳末年始之用意散々式之間、…寺用余分候者拾石可借給」 | |
| 33 | 5・6 | 知長 | 御宿所 | 「何比に可有御出行候哉」 | |
| 34 | 2・10 | 玄性 | ― | 「今明参仕之時重可令申驚候事候」 | |
| 35 | ― | ― | ― | 「御本等此間書写最中候、忩可返進候、風土記事内大臣殿ハ無所持候」「旧冬世上事」 | |

## 巻三

| 張 | 年月日 | 差出人 | 受取人 | 内容 | 備考 |
|---|---|---|---|---|---|
| 1 | | | | | 左端に墨引あるのみ |
| 2 | ― | ― | ― | 「御小瘡其後何様御坐候哉」「下遣遠州之地候使者于今不帰洛」 | |
| 3 | 貞和3・9・3 | ― | ― | 幕臣の任官吹挙評定事書？ | 折紙。『日』十一―八一頁 |
| 4 | 貞和3・2・5以降 | 伯耆入道道本 | ― | 「欲早以備中国真壁郷為但馬国高田庄替」「去年貞和二」 | 『日』十一―七〇頁『荘園史料』上―九五二頁 |

| 張 | 年月日 | 差出人 | 受取人 | 内容 | 備考 |
|---|---|---|---|---|---|
| 5 | 12・3 | 円道（花押） | ― | 「世上事以外存候」「蒙仰候御宿所事少々御用随承可致其用意候」 | |
| 6 | ― | ― | ― | 「智恵光院申候内奏事申状聊有御不審之由承候」 | |
| 7 | 2・19 | 師躬 | ― | （書留文言のみ） | |
| 8 | 2・8 | □□ | ― | 「貞和元・二・三聞書三巻慥借預□□一見之後早々可返賜候」「当時御宿上辺其便候歟」 | |
| 9 | ― | ― | ― | 「年首御慶賀」「明日九日令用意御時風呂候、光臨候者為悦候」 | |
| 10 | 12・8 | 長法寺院主法眼宗信（花押） | 西万木政所殿 | 「恒例御祈禱御巻数」進上の事 | |
| 11 | ― | ― | ― | 「其後御雑熱何様御坐候哉」「彼御方発向南方事未無其儀候」「云寒中云歳末」 | |
| 12 | （貞和3）12・7 | 長門権守家秀（花押） | 伯耆入道殿 | 「去月十八日御札今月七日到来」「除目之除書写給候之条畏存候」 | 家秀は貞和三年十一月十六日除目により任長門権守（『園暦』十一月十七日）『日』十一―九六一頁 |
| 14〜13 | 2・20 | 前伊勢守光之（花押） | 伯耆入道殿 | 「於京都南方合戦…打とられて候て後吉野□とつ河へ宮も御をち候之由其聞候」 | 『日』十一―二九九頁、三七八頁（「伯耆入道」に「二階堂行秀」と注す）『神』三九九三 |

## 巻四

| 張 | 年月日 | 差出人 | 受取人 | 内容 | 備考 |
|---|---|---|---|---|---|
| 1 | 正・9 | 貞□（花押） | ― | （内容ある文言なし） | |
| 2 | ― | ― | ― | 「其後御小瘡何様御坐候哉…近日政道之式不違日来候歟」 | |
| 3 | 11・18 | 証信 | ― | 「今年乃貢悉先納之由申候之間、不審雖多候、帯返抄之上者無力候」 | |

| | | | | | |
|---|---|---|---|---|---|
| 4 | 正・14 | 師躬 | — | 「仕丁返々恐悦候…散状注進候」 | |
| 5 | 正・1 | 師躬 | — | （書留文言のみ） | |
| 6 | 2・21 | 道本（花押） | 能登左衛門尉殿 | 「此竹畏存候」 | |
| 7 | — | — | — | 「今年ハ五月雨不候、東作之式心苦候歟、当御代祈年穀奉幣発遣中絶」 | 証信筆か |
| 8 | 2・21 | 証信 | — | 「毎事以御文自他委□□欤…」 | |
| 9 | 11・4 | 行信（花押） | — | （書留文言のみ） | |
| 10 | 5・13 | 師躬 | — | 「相構当旬御番ニ可有御伺候、且一向可為御興隆候哉」 | |
| 11 | — | — | — | 「御雑熱御減候歟」「評定始廿七日にても可候」 | 証信筆か |
| 12 | 12・27 | 証信 | — | （書留文言のみ） | |
| 13 | — | — | — | 「年首」「南方凶徒首事御所門内に持参之由」「出仕人ハ乙穢」「卅日すき候ハヽ、可有御参詣」 | 『日』十一—三五三頁 |
| 14 | — | — | — | 「御茶一裹取副候へく候」 | |
| 15 | — | — | — | 「路次之間無別事、日数十六日に下着候…召功事自関東為当寺造営料可被付」 | 『神』四二八七、沙門思淳筆か |
| 16 | 11・22 | 道光（花押） | 中御門殿 | 「自訴事去十八日披露候」 | 折紙 |
| 17 | — | 前伊勢守光之 | 伯耆入道殿 | | 封紙 |
| 18 | 9・29 | 前伊勢守光之（花押） | — | 「恩賞御拝領之由承及候」「伯耆国所領内後家分者愚身相伝知行…」「転任之事…被入御意候者可畏入候」 | |
| 19 | 12・7 | 筑前権守兼泰 | 伯耆入道殿 | 「去月十八日御状今月七日到来」「官途事無相違遂所存候、一向御奉行候故候」 | 貞和三年十一月十六日除目で任筑前権守は平兼泰（『園暦』十一月十七日） |

## 巻五

| 張 | 年月日 | 差出人 | 受取人 | 内容 | 備考 |
| --- | --- | --- | --- | --- | --- |
| 1 | ― | ― | ― | 「明春早々可参賀候」「面拝之時ニ頼令申候替物相違事候」 | |
| 2 | (貞和3)11・17 | 師躬 | ― | 「聞書二通注進候、如例可令伝進給候乎、御私一通同令注進候」 | 『日』十―九六〇頁 |
| 3 | ― | ― | ― | 煎薬の作り方を記す | |
| 4 | ― | ― | ― | 「天下静謐上下安全之条可為今春候、五郎殿南方御向無其儀候哉、返々御心安候」 | 『分脈』(二)―五一七頁、二階堂行周男五郎「行脩」余五郎「行恒」あり |
| 5 | ― | ― | ― | 「五郎殿定御発向候歟、無為御事祈念ニ」「造営料所万石村去々年被宛行伊勢勘解由左衛門□候、将軍御判武州施行無相違候」 | |
| 6 | ― | 師躬 | ― | | 封紙 |
| 7 | □・1□ | 師躬 | ― | 「今日評定始候之間、欲参仙洞候」笠持仕丁の借用を請う | |
| 8 | ― | 師躬 | 二階堂伯耆入道殿 | | 封紙 |
| 9 | 11・25 | 道光(花押) | 中御門殿 | 「自奉行飯尾修理進入道許…」「三郎兵衛殿」 | 室町幕府奉行人表によれば「飯尾修理進入道」は法名「宏昭」暦応二～貞和二年在職。折紙 |
| 10 | 12・11 | 証信 | ― | 「返抄分明候者、後訴にて□之と相存候」 | |
| 11 | ― | ― | ― | 「御少瘡何様御事候哉」「良薬一種調進候、小瘡随分効験之物候」 | |
| 12 | (貞和4)正・2 | 師躬 | ― | 「今年叙位被停止候、依神木御事候」仕丁返進を報じ謝辞を述ぶ | 神木の事により叙位停止の事『園暦』貞和四年正月五日に見ゆ、『日』十一―二九六頁 |
| 13 | | | | | 白紙 |

| 張 | 年月日 | 差出人 | 受取人 | 内容 | 備考 |
|---|---|---|---|---|---|
| 14 | (貞和4・正・13) | — | — | 「白馬節会散状注進候、神木昨日帰坐之由」 | 神木帰坐は貞和四年正月十二日丑刻(『園暦』)『日』十一—三四七頁 |
| 15 | 12・13 | 証信 | — | 「□可令勘付給」 | |
| 16 | 2・□ | 玄照 | — | 「御小瘡近日何様御事候哉」「九条大納言入道辺罷向事候」馬の借用を請う | |
| 17 | 12・朔 | 思淳(花押) | 御宿所 | 「預御教書候之様ニ御沙汰候者本望候、官途所望人自関東御吹挙」「箱根兵士数輩一宿御雑事」 | 『神』四二八六 |
| 18 | 11・23 | 院尊(花押) | — | 「目安御与奪之由恐悦候」「御違例久御渡候事歎入候、且者当寺之不運候」「茶一裹進候」 | |
| 19 | 2・13 | 道本 | (真性) | 「自他可為此式候」 | 勘返状。答者「真性」 |
| 20 | 正・7 | 証信 | — | 「寒中御旅宿于所々其費多候歟」 | |
| 21 | (貞和4)正・17 | 師躬 | — | 「去夜節会散状注進候、神木去十二日丑刻帰坐候」 | **五—12、14**参看。『日』十一—三四七、三六二頁 |

## 巻六

| 張 | 年月日 | 差出人 | 受取人 | 内容 | 備考 |
|---|---|---|---|---|---|
| 1 | — | — | — | 系図(大江広元以下) | 佐藤論文五〇九頁に引用 |
| 2 | 4・12 | 証信 | — | 「鹿毛御馬件日申請之条何様候哉」 | |
| 3 | 7・3 | 和義(花押) | 伯耆入道殿 | 「官途事今日可有御沙汰候乎、随御左右可令出仕」 | **七—8**と関連あらん、**十二—5**に同一人の花押あり |
| 4 | — | — | — | 「官参ハ明日ハ候ハんすらん」 | |

| | | | | | |
|---|---|---|---|---|---|
| 5 | — | — | 人々中 | 歳末年始雑事日時勘申 | 支干によるに貞和元、二年に亘るもの |
| 6 | | | | | 白紙 |
| 7 | 12・11 | 胤房 | 左兵衛督殿 | 「家領安堵間事書一通進覧之候」 | |
| 8 | 6・6 | 良海(花押) | — | 「真実〱御興隆之至」 | |
| 9 | 6・15 | 忠朝 | — | 「彼後室落飾候」「御縁者女性落飾候」 | |
| 10 | 2・20 | 円性(花押) | — | 「時正之間勤行無隙候」 | |
| 11 | — | — | — | 「件日故定光朝臣一廻之間、仏事等為聴聞罷向候」「外記入道者連々参拝之由語」 | |
| 12 | — | — | — | 系図（平子）「掃部允望申」 | |
| 13 | — | — | — | 「息前美濃守行通一級事」「行弥自擾乱之始至靜謐之今、云軍功云奉公其忠可謂異他」*「建武三年御教書」「*暦応二年御教書」 | *七―12に案文の全文あり、佐藤論文四九五頁は貞和年間とす。『日』五―一四三頁 |
| 14 | 貞和2・正・7 | — | — | 「評定目録」神宮領武蔵国忍御封、石清水八幡宮領豊前賀来庄 | 佐藤論文四八四頁は幕府評定とす。折紙 |
| 15 | 貞和3・11・ | □田出羽三郎氏重 | — | 「欲早任先例蒙御免許拝任判官代門事」言上状 | 副進文書中に「系図」あり |

**巻七**

| 張 | 年月日 | 差出人 | 受取人 | 内容 | 備考 |
|---|---|---|---|---|---|
| 1 | — | — | — | 「系図」「氏弘建武五年改暦応元三月十五日於渡辺討死」の文あり | 『日』四―七四三頁 |

| | | | | | |
|---|---|---|---|---|---|
| 2 | | | | | 封のあとのみ |
| 3 | — | — | — | 「御移遠所」「引付番文事曾不申請候」 | |
| 4 | 貞和4・6・19 | 山門衆徒 | — | 「山門衆徒烈参申詞」「日吉社小五月会右方馬上役難渋不可然間事」 | 『日』十一—五八八頁 |
| 5 | 6・22 | 全皎（花押） | 大炊御門殿 | 「海松五合令進之候」 | |
| 6 | 建武3・9・5 | 足利尊氏袖判 | — | 「開田左近大夫遠長軍忠…可有恩賞」 | 案文『日』三—七八九頁は「壬生文書」とす |
| 7 | 12・11 | 本兼 | 伯耆入道殿 | 「家門事胤房申状進覧之候、可令申沙汰給候乎」 | |
| 8 | 4・24 | 和義 | 御宿所 | 「無物忩之御沙汰様、被懸御意候者可悦入候」 | |
| 9 | — | — | — | 事書「関東奉公人々官途所望可有御吹挙之由御教書事」その他 | 「貞和四カ」の近代の付箋あり。折紙。『神』四二八八 |
| 10 | — | — | — | 系図（孝能～孝兼） | |
| 11 | — | — | — | 那須氏系図（資隆～「資忠、訴人」） | |
| 12 | 建武3・6・3 | 足利尊氏御判 | 二階堂信濃入道殿 | 「度々合戦事嫡子大夫判官行親…等打死自身被疵」「早可有恩賞」（案文） | 「信濃入道」は行朝（『分脈』二—五〇五頁）『日』三—二四頁 **六—13**と関連あらん、『日』五—一四二頁 |
| | 暦応2・2・17 | 同右 | 同右 | 「践祚御即位立坊御禊大嘗会事為奉行令申沙汰」「可令抽賞」 | |
| 13 | 6・13 | （花押） | — | 「目安令進之候」 | |
| 14 | | | | | 白紙。（異筆）「宝典第七」 |

## 巻八

| 張 | 年月日 | 差出人 | 受取人 | 内容 | 備考 |
|---|---|---|---|---|---|
| 京A | 5・14 | 証信 | ― | 「老躰弥窮屈仕候」 | |
| 1 | ― | ― | ― | 「進之候」と左端にあるのみ | |
| 2 | （貞和3・正・26） | ― | ― | 春宮興仁親王御読書始記 | 『園暦』『中院一品記』と見合すに、貞和三年正月廿六日松殿忠嗣記なり |
| 3 | 6・25 | 宗氏 | ― | 除服日時勘文 | |
| 4 | 25 | （花押） | ― | 「此庭花も盛候間入見参度候」（歌一首あり） | 仮名混り文 |
| 5 | ― | ― | ― | 「昨日竹召給候之条畏入候」 | 勘返状。答者は証信 |
| 6 | 12・20 | 道本（花押） | 性全上人御房 | 「八木拾石借給候」 | 二―32と関係あらん、毀面 |
| 7 | ― | 長法寺院主 法眼宗信 | 西万木政所殿 | | 封紙 |
| 8 | ― | 師躬 | ― | | |
| 9 | | | | | 白紙 |
| 10 | 貞和□・2・30 | ― | ― | | 封紙 |

## 巻九　（欠）

## 巻十

| 張 | 年月日 | 差出人 | 受取人 | 内容 | 備考 |
|---|---|---|---|---|---|
| 1 | ― | ― | ― | 「家領等事不堪愁吟」「加賀国大桑庄」「丹後国岡田御厨事去月廿一日評定」「寿永二年十二月廿八日木曾義仲朝臣下知状候」 | 『守光公記』等に拠るに、大桑庄・岡田御厨共に甘露寺家領 |
| 2 | 9・29 | □□ | ― | 「御宿家主上洛候歟、又、此所御移住其煩候歟」「此宿所事尤不可有子細候之処、自去月入道上洛候て在京仕候間、一間も無其所候」 | |
| 3 | 9・16 | 泰□ | ― | 「地震事、先日候しと覚候、小動之間…占文又不勘進候」 | |
| 4 | 10・10 | 秀房 | 西洞院殿 | （書留文言のみ） | |
| 5 | ― | 師躬 | ― | | 封紙 |
| 6 | ― | ― | ― | 「□名又二郎事□可有御奏聞候」「信仲□御教書□近可有除書候」「安芸殿賢息」 | 折紙 |
| 7 | ― | ― | ― | 「蒙仰候鳥目事二千疋借進之候」「折節寺家も闕如之間」「替状事承候了」 | |
| 8 | 10・13 | 円道 | ― | 「理心坊御光臨難有存候」 | |
| 9 | （貞和4・10・22カ） | ― | ― | 「今日任官節会候、明日神祇官行幸候」 | |
| 10 | 9・24 | □□（花押） | ― | 「不可及参候之条、其恐不少候」 | |
| 11 | ― | ― | ― | 「変異事太白犯心宿之例康保以来（以下欠）」 | 貞和四年九月のものか |
| 12 | 2・4 | 沙門思淳（花押） | 御宿所 | 「仏殿并御等身薬師像近日可始企」 | 『神』四二八三 |
| 13 | 7・12 | 証信 | ― | 「□京之時可令申候、謹言」 | |

## 巻十一

| 張 | 年月日 | 差出人 | 受取人 | 内容 | 備考 |
|---|---|---|---|---|---|
| 1 | | | | | 白紙 |
| 2 | 10・7 | 一□ | — | 「都聞只今他行候」 | |
| 3 | — | 左衛門尉政秀請文 | 御奉行所 | | 封紙 |
| 4 | — | — | — | 「前槐被借進候帝王系図第二三第四一帖、已上二帖、又私ニ申請候百練抄五六七三帖慥令返納候」「風土記葉室中納言少々所持」 | |
| 5 | — | — | — | 「蒙仰候記録事ハ自是可進候」 | 十二―6と同筆か |
| 6 | — | — | — | | 『宝典』の面に「師躬」とあり、懸紙 |
| 7 | — | □衛門尉御免 | 伯耆入道殿 | | 封紙 |
| 8 | — | — | — | 「遠所御移住無念候」「御所畳六帖能々可令申含」 | |
| 9 | — | — | — | 「官途之事御免恐悦至極候、但所望国以何様子細相違候乎、不審令存候」 | |
| 10 | 10・11 | 師躬 | — | 「二巻返賜候了、何哉秘書も可返給候、書写一巻忩可終功之由加下知候、早々可進候」 | |
| 11 | 8・30 | 証信 | — | 馬の借用を請う | |
| 12 | 10・3 | 沙弥道範（花押） | 伯耆入道殿御宿所 | 「愚息直範権州所望事内奏与奪之由承及候」「被切寄東福寺候者殊以恐悦候」 | 「道範」は一色満範 |
| 13 | 10・6 | □□ | — | 「御宿移事」「武蔵殿御借物」 | 「武蔵殿」は高師直カ |

| 張 | 年月日 | 差出人 | 受取人 | 内容 | 備考 |
|---|---|---|---|---|---|
| 14 | ― | ― | ― | 「追申功銭名国司権守八省大輔助少輔、功程員数存知仕度候、可注給候」 | 礼紙 |
| 15 | 10・6 | □□(花押) | ― | 「須賀左衛門尉清秀名国司所望御教書賜候了」 | |
| 16 | 9・16 | 沙門思淳(花押) | 伯耆入道殿 | 「官途所望人数注進今月五日御沙汰分一合進之候、先度分未承御左右候得共、以急速預御披露候者、当寺造営可進行候」 | 『神』四二八五 |
| 17 | 9・15 | □(花押) | 人々御中 | 「寿福寺修造料□功事関東御注進凾一合渡進之候」 | 折紙 『神』四二九〇 |
| 18 | ― | ― | ― | 「彼訴訟事昨日廿八日其沙汰候之由雖承候…」 | |

## 巻十二

| 張 | 年月日 | 差出人 | 受取人 | 内容 | 備考 |
|---|---|---|---|---|---|
| 1 | ― | ― | ― | 青木氏系図(実保～武房) | |
| 2 | ― | □長 | 西洞院殿 | | 封紙 |
| 3 | ― | ― | ― | 「就右府家領事不可説之次第等候之間、失面目之上者、進退相谷之由被申候」「累代異他候之間歎入候」 | |
| 4 | | | | | 白紙 |
| 5 | 10・11 | 和義(花押) | ― | 「就万寿寺領事以使者申旨候」 | |
| 6 | 9・24 | 行隆(花押) | ― | 「御八講記一両日□到来候、進之候、御書写之後可返給候」 | |
| 7 | 10・28 | 師躬 | ― | 「坊官除目聞書三通注進候、如例可伝進給候」 | 貞和四年十月七日直仁親王立太子 |

| | | | | | |
|---|---|---|---|---|---|
| 8 | 10・22 | 道晋(花押) | ― | 「降参之内名人十人之注文付御使進入候」 | |
| 9 | 9・12 | 和義(花押) | ― | 「明日可有御内談候者可令参候」 | |
| 10 | 9・16 | 泰□ | 御宿所 | 「紀州無為属静謐候哉」「此時分占文之漏脱六借候欤、然而自元書置候之間令進候」 | |
| 11 | 9・13 | 岡洞 | 五郎殿御方 | (書留文言のみ) | |
| 12 | ― | ― | ― | 馬の借用を請う「入道殿御方(以下欠)」 | |
| 13 | ― | 沙門思淳 | 伯耆入道殿 | | 封紙 |
| 14 | ― | ― | ― | 招請に対する断状 | |
| 15 | ― | ― | ― | 「無術之故障等候之間公方出仕不容易候」「去比変異(以下欠)」 | |
| 16 | 9・22 | 玄性 | 御宿所 | 「(検非)違使補任事承候、愚本未書続候…以近代聞書此間可書続」 | |
| 17 | ― | ― | ― | 「梶原次郎衛門殿名国司所望之功事当寺造栄(マヽ)料其沙汰得便宜」 | |
| 18 | □・□ | 師躬 | ― | 「被定代くわん事…安堵仕候、以此分可申問答奉行人候」「又一巻事仰師仲」 | |
| 19 | ― | ― | ― | 「紅葉廿籠令進覧之候」 | |
| 20 | 9・11 | 興基(花押) | ― | (書留文言のみ) | |
| 21 | (貞和4)9・2 | 筑後守頼尚(花押) | 伯耆入道殿 | 「官途事申御沙汰無相違候条恐悦候」 | 貞和四年八月十日小除目で任筑後守藤頼尚(『園暦』八月十一日条) |
| 22 | 10・3 | 左衛門尉貞元(花押) | 伯耆入道殿 | | 礼紙 |
| 23 | 10・26 | 師躬 | ― | 「此物忩已後委可尋聞進候」 | |

## 二　二階堂伯耆入道道本と足利直義の関係

『宝典』紙背の文書を眺めている間に思い附いたのは、二階堂道本と足利直義の関係である。以下その事について述べてみたい。

佐藤進一氏は、二階堂道本について、左の諸点を明らかにされた。即ち、

①道本は康永三年（一三四四）三月廿一日編成の五番制引付方の五番方に属し、同時の編成とみられる三方制内談方のⅠ方に属する事、[4]

②康永～貞和頃、任官（官途）奉行であった事、[5]

③これ等の引付方・内談方・任官奉行は、全て足利直義の管轄下の幕府機関であった事、

しかし、道本は、単に直義方に属する幕府機関の一員に過ぎなかったのであろうか。直義と道本は、もっと深い関係にあったのではなかろうか。この様に推定した一つの根拠は、左の文書が、『宝典』の紙背に存することである（**六—7**）。

（前欠）家領安堵間事、□書一通進覧之候、可然之様得御意候乎、恐惶謹言、

十二月十一日　胤房状

謹上　左兵衛督殿

宛所である「左兵衛督殿」は云うまでもなく足利直義であろうし、何の変哲もない書状であるが、私が問題にしたいのは、この書状が『宝典』書写の料紙として利用されている事の意味である。別稿で述べた様に、『宝典』の料紙の大

部分は、二階堂道本に宛てられた書状である。その中に一通乍ら足利直義宛のものが混じっているのは何故か、と設問せざるを得ないのである。

　この書状は前を欠くが、内容は某家領の安堵に関する事柄である。従って道本が安堵奉行であったのならば、職務上、直義から回付されたものと考えられるが、佐藤氏の明らかにされた職員表の「安堵方」の中に、道本の名は見えないのである。この事は、道本が、直義の所に来た書状を、反故として利用し得る立場にいた事を暗示する。この事を更に具体的に示すのが、次の(A)・(B)二通の勘文である。

(A)（二―25）

□（推）中歳末年始雑事日

　歳末御祈日

　　今月廿一日己丑外典、将軍家同之、

　　廿六日甲午内外典、　廿六日止之、　廿三日辛卯外典、入之、

　始煤払日

　　十四日壬午　十四日止之、

　　廿三日辛卯　廿三日同、

　御髪上日

　　廿六日甲午　同、

　年始成吉書并開御倉日

正月一日戊戌　一日止之、時巳午、
二日己亥　二日同、　時巳午、
御歯固日
一日戊戌　将軍家二日・三日、
二日己亥
比目始日
一日戊戌　比目二日・三日、
二日己亥
御行始日
同日己亥　同之、
三日庚子
御湯殿始日
四(日脱)　辛丑　同、
御祈始日
同日辛丑内外典、同之、
八日乙巳外典、
御評定始日

四―辛丑　同之、
八日乙巳
弓場始日
九日丙午
十四日辛亥　同之、
十五日壬子
御会始日
十四日辛亥　将軍家十二日・十四日・十八日
廿日丁巳
御社参日
廿一日戊午　同之、
廿二日己未
（以下欠カ）

(B)（六―5）

推申歳末年始雑事日
歳末
御祈日

今月十七日丁卯外典、
〃廿日庚午内外典、
〃廿一日辛未内外典、

髪上日
〃廿日庚午

炲煤払日
〃廿一日辛未

年始

成吉書并開御倉日
〃正月二日壬午　時巳午

御歯固日
〃同日壬午

比目始日
〃同日壬午

御行始日
同日壬午
〃三日癸未

御湯殿始日
　〳〵三日甲申
御祈始日
　二日壬午内外典、
　三日甲申外典、
　八日戊子外典、
御評定始日
　〳〵七日丁亥
　八日戊子
弓場始日
　〳〵九日己丑上御所、
　〳〵十五日乙未下御所、
御社参日
　〳〵十九日己亥
　廿日庚子
　廿六日丙午

人々中

(A)(B)二通は、筆蹟も同一で、勘申項目も殆ど同一（(A)にある「御会始日」が(B)には見えない）であるから、同一人が、或る家の年末年始に行われる「雑事」の日時を勘申したもので、ただ年次を異にするのみであると考えて誤りあるまい。而して干支から推して、(A)は康永元年（一三四二）歳末〜同二年年始の雑事の日時勘文であり、(B)は貞和元年（一三四五）〜同二年のそれである事が知られる。(6)

この勘文を見て、差当り私の興味を惹いたのは、(A)の歳末の御祈日に「将軍家同之」、年始の御歯固日に「将軍家二日・三日」、御会始日に「将軍家十二日・十四日・十八日」と注記されている事である。これ等の行事を行う主体は、将軍家即ち尊氏ではないが、しかし尊氏家の行事について顧慮しなければならない立場の人であると考えられる。当時の状勢を考えると、その様な立場の人としては、将軍尊氏の弟であり、殆ど政治の実権を握っていた直義ではないかと推定しても、さして異論はないと思う。この事を更にはっきりと示すのが、次の文書である（**六—14**）。

芸州　作州

□定目録 貞和二年正月七日

□神宮領武蔵国忍

□御封雑掌吉勝申

□任之事

（斎藤）利泰

□清水八幡宮領豊前

□賀来庄雑掌久明
□年貢事
　　同前
□□寺勾当法眼
□□被申御祈禱事
　　同前

この「□定目録貞和二年正月七日」の闕字を、佐藤氏は「評」とされ、この文書を「貞和二年正月七日評定目録」と解しておられる。(7) 若し同氏の推定の如くであれば、前掲(B)勘文の「年始」の行事のうちの左の記事と関連が出て来る。

御評定始日
　七日丁亥
　八日戊子

(B)勘文は、上述の如く貞和元年歳末から同二年正月の雑事日時勘文であるから、(B)の年始は貞和二年正月の事である。その「御評定始日」の候補「七日丁亥」と「八日戊子」の両日のうち、七日の方に勾点があるという事は、この行事の主催者が七日を選んだ事、換言すれば、貞和二年正月七日に「御評定始」を行う事が予定されていた事を示し、前掲「評定目録」の存在は、それが予定通り行われた事を物語っている。佐藤氏の云われる如く、評定が「直義の親臨の下に行われた」もので、しかも「評定所が外ならぬ直義の邸内に設けられて」いたものとすれば、(8) (A)(B)二通の日時勘文は、足利直義邸に於けるものである事が判明する。而してこの直義邸に於ける行事の勘文が、『宝典』の料紙

として使用されており、その『宝典』の書写については、二階堂道本が深い関りを持っているのであるから、二階堂道本が直義の家政に関与していたと推定しても強ち不当なものでもなかろう。

以上の考察によって、最初に述べた推論、即ち二階堂道本は、単に直義方に属する幕府機関の一員であったのみでなく、直義ともっと深い関係にあったことが明らかになったと思う。私は、道本を足利直義の家政機関―政所―の一員であったと推定したいのである。かく考えれば、左の文書（十二―9）の意味も諒解し易いのではないか。

（前略）抑明日可有御内談候者可令参候、早旦承御左右候者為悦候、恐々謹言、

九月十二日　　和義《（石橋）》（花押）

この「御内談」が、佐藤氏の明らかにされた、直義管下の三方制内談方の会合を指すとすれば、この会合の有無を問合せた此の書状は、直義の家司に宛てられたものであり、その家司とは、道本を指すと考えられる。

以上により、二階堂道本が足利直義の家政に与っていたと推定しても強ち不当ではない事を証し得たと思う。

佐藤氏の研究により、直義邸で評定や内談という、幕政に関る重要な会議が行われている事が明らかとなった。この様な重要会議を開催するには、そのメンバーへの開催の通知や、その出欠の取纏め等の実務担当機関が必要であろうし、直義家の家務を担当する機関も必要であったと思われる。この様に考えると、どうしても直義邸にも政所があったと想定せざるを得ない。勿論、足利家の家務機関としては、尊氏の下に政所があり、高師直の一族がその執事であった事は、余りにも有名であるが、それはあくまでも将軍家政所であり、尊氏家の政所である。しかし建武二年十月、兄尊氏と共に鎌倉に於て後醍醐天皇の勅命に抗して以来、実際の政務に当り、従三位左兵衛督という官職位階を帯する直義が、自己の家政機関として、また評定・内談等の幕政に関する重要会議の実務担当機関として、政所を

置いたとしても、怪しむに足らないのではなかろうか。管見の限りでは、直義家に政所があったと説いた人はないが、私はその存在を推定し(9)、その主要メンバーの一人として、二階堂道本を宛てたいと思うのである。

## 結びにかえて

本稿では、前田本『玉燭宝典』紙背文書の概要を紹介し、その中の数通の文書から、足利直義家の政所の存在と、その主要メンバーの一人が二階堂道本であろうという事を述べた。直義は室町幕府の初期から、幕政の実際を担当し、そのために尊氏の政所執事である高氏一族との間がうまく行かなくなり、一度は高氏一族を滅亡に追い込んだが、結局、自らの身をも亡ぼす事になってしまった。亡び去った者の側の史料は残りにくいものであるが、『玉燭宝典』の紙背であったがため、偶然に残ったものである。しかもこれは、師直等一族と直義の関係が悪化の一途をたどって行く貞和年間のものが大部分であり、これを分析して行くことによって、観応の擾乱前夜の直義方の動きも明らかになるのではないかと考えているが、今は取敢ず上記の点を明らかにして擱筆することにしたい。

〔注〕

(1)「京大古文書室蔵『旧抄本経書』をめぐって」(「國學院雑誌」第八十巻十一号、昭和五十四年十一月刊、本書に再収)。なお昭和五十二年五月開催の國史學会昭和五十二年度大会に於て「京都大学国史研究室所蔵『令集解』断簡とその包紙をめぐって」と題し、その一部を口頭発表した。

(2)昭和十九年尊経閣刊。原本を拝見する暇がないので、本稿は専らこのコロタイプに依拠して草したものである事をお断

りしておく。

(3)石母田正・佐藤進一編『中世の法と国家』(東京大学出版会、一九六〇年三月刊)所収。後、佐藤進一『日本中世史論集』(岩波書店、一九九〇年刊)再収。特に断らぬ限り、以下の記述で佐藤氏の論文とは、全てこれを指す。

(4)「方」の表記法は、佐藤氏に倣う。

(5)但し佐藤氏によれば、康永と貞和の間には、石橋和義が官途奉行であった事が指摘されている(「建武三―観応二年間主要職員表」の(6)「其の他」)から、康永~貞和の間は、連続はしていないのかも知れない。

(6)(A)の歳末御祈日は、勘申日の「廿六日」に勾点があり、下に「廿六日止之、廿三日辛卯外典、入之」と注記されている。始煤払日以下も、勘申日が二日ある場合、一方に「止之」とあり、他方に「同」乃至「同之」と注記されている。これは、「同」乃至「同之」と注記された日に、その行事が実行された事を示すものではなかろうか。従って(A)は、勘申日と実行日の関係を示すために、後年の勘文に添えて提出されたものであるとも考えられる。

(7)佐藤氏前掲論文四八四頁。

(8)同右四八三頁。

(9)**三―10**に、

恒例御祈禱御巻数一枚令進上候、恐惶謹言、

十二月八日　長法寺院主法眼宗信(花押)

進上　西万木政所

なる文書があり、また**八―7**に、その封紙と思われる

進上　西万木政所殿　　長法寺院主法眼宗信状

と記した紙がある。或はここに見える「西万木政所」が直義家の政所の名称ではなかったかとも考えられるが、直義は「錦小路殿」或は「三条坊門殿」等とは云われたが、「西万木殿」と呼ばれたという史料は見出し得なかった。識者の御

示教を得たい。

# 前田本『玉燭宝典』紙背文書に見える典籍

今江廣道

## はしがき

前田本『玉燭宝典』紙背文書二百余張の中には、典籍に関する貸借や書写に関するものがあるので、本稿に於いては、これ等についていさゝか考察を加え、あるいは所感を述べたいと思う。

## 一　『風土記』に関する史料

先ず、風土記に関する史料から紹介したい。それには次の二通の書翰がある（①②等は、説明の便宜のために付したものである）。

①二—35（「史料篇」の文書番号を指す。以下同じ）

（前略）

抑公私申請候し御本等、此間

書写最中候、忩可返進候、
風土記事、内大臣殿ハ無御所持候、
他所□〔随カ〕有御方便、可被□之□、
被仰下候了、旧冬世上事、□
（後欠）

②十一―4
（前略）
抑前槐被借進候帝王系図第二三・
第四一帖、已上二帖、又私ニ申請候百練□〔抄〕
五・六・七三帖、慥令返納候、此次御本同
可申請候、為勘例殊大切物ニ候けり、
兼又風土記葉室中納言少々所持□、
可借進之由、領状申候也、此間申賜
（後欠）

①②とも後欠のため、差出人も宛所も判らないが、拙稿bで考証した通り、『宝典』は貞和四・五年（一三四八・九）に書写されており、紙背もそれに近い時期の書翰であると思われる。また『宝典』は、足利直義が近臣道本（二階堂行

周、伯耆入道）に命じて書写の事務を担当させているので、この二通の年代は貞和の末年であり、宛所は二階堂伯耆入道道本であろう。①は、「風土記」の借用を差出人の主人と思われる（「殿」の敬称があるから）内大臣に申し入れたが、「無御所持」と断られたこと、しかし他にありそうな所を聞いてやろう（他所□有御方便、可被□之□）と「被仰下」たことを報じている。内大臣殿は、貞和二年二月十八日〜同三年九月十六日の間なら徳大寺公清、三年九月十六日〜五年九月十三日の間なら近衛道嗣である。

②は、差出人に、「風土記」の所持者の探索と借用を依頼していたのに対する返答で、葉室中納言が所持しており、貸し出すことを承知した旨を報じている。葉室中納言というのは、『公卿補任』に拠れば、前中納言長光である。古風土記には、常陸・出雲・播磨や豊後・肥前各国のものが現在に伝わっているが、この書翰に見えるのは単に「風土記」とのみあって、国名の記されていないのが残念である。しかし鎌倉時代中期成立の『釈日本紀』には現存しない三十数種の各国風土記が引用されているので、それから数十年しか経っていないこの頃には、まだ多数の風土記が残存していた可能性がある。

## 二　帝王系図

②には又、前掲の如く「帝王系図」と『百練抄』のことが見える。先ず「帝王系図」であるが、『本朝書籍目録』の氏族の部に

帝王系図　一巻　舎人親王撰
帝王系図　一巻　菅為長卿撰

帝王広系図　百巻　基親卿撰
帝王系図　一巻　兼直宿禰抄

とあり、同書の帝紀の部にも

帝王系図　二巻　神武以降至白川院、記代々君臣事、中原撰

と見える。この書翰には「帝王系図第二三・第四一帖、已上二帖」とあって、第一が一帖であろうから、少なくとも第一より第四に至る三帖はあったことになる。従って一巻本である舎人親王・菅為長・卜部兼直の各撰のものや、中原某撰の二巻本は、この書翰に見えるものとは異なるのかも知れないし、平基親撰の広系図は逆に厖大に過ぎる気もするが、何とも言えない。

和田英松氏の『本朝書籍目録考証』（昭和十一年十一月　明治書院刊）には、上記の諸本はいずれも現在に伝わらずと記した後、「(「帝王系図」又はそれに類する書名で）世に伝はりたるものには、左の三種あり」（三二六〜八頁）として

1　史料編纂所影写本（原本所在不明）
　後宇多天皇を「当今」とし（以後書継ぎ）、奥書に「弘安四年閏十月五日作之了、（花押）」とあるもの。
2　前田侯爵家所蔵本
　伏見天皇の御代成立（以後書継ぎ）。『続群書類従』に『皇胤系図』として所収。
3　前田侯爵家所蔵『日本帝皇系図』
　「南北朝のときになりたるもの〻如しと雖ども、鎌倉末期のものに追記したるものならんか」
4　日本皇帝系図（『続群書類従』所収）

「後宇多天皇の御代になりたるものにて、後順次追記したるが如し」の四本を挙げ、「また古書に、帝王系図と題して、引載したるもの頗る多し、今その中より鎌倉時代を下らざるもの四種を掲ぐ」（三二八〜九頁）として

1　仁和寺蔵仁平元年七月四日の故宰相阿闍梨法文目録に「帝王系図一巻」とあるもの。

2　勧修寺寛信撰の帝王系図。東寺長者次第に引載。

3　鎌倉時代初期に、顕昭法師の著作『袖中抄』『顕注密勘』『万葉時代難事』『古今集註』に帝王系図として引載のもの。

4　『公卿補任』天平宝字八年の道鏡禅師の頭書に引載のもの。

を掲げ、更に続けて「この外、『尊卑分脈』嵯峨源氏の条、及び『河海抄』夕顔の巻、『花鳥余情』の末摘花の巻・若菜の巻・総角の巻等にも帝王系図」が引載されていることを指摘し、「此等の帝王系図は、同名異書なりや、おなじきものなりや、いづれもその一部のものゝみなれば、判別し難し」とされ、同氏編（森克己校訂）『国書逸文』（昭和十五年四月刊）二四一〜三頁に、上記中の『顕注密勘』『袖中抄』『河海抄』『花鳥余情』『古今集註』所引の『帝王系図』、『袖中抄』『古今集註』『万葉集時代難事』『醍醐寺雑事記』所引の『帝皇系図』の原文が引載されている。

②の書翰に見える「帝王系図」は書名が判明するのみで、原文は残っていないから、前記の逸文が残る『帝王（皇）系図』との異同も確認できない。ただ『帝王系図』といわれるものが、単なる系図ではなく、その各天皇の御代毎に大事を記入し、大臣以下の顕官の補任を記した、いわゆる「年代記」的なものがあり（平田俊春「扶桑略記の研究」）、その典型が東山御文庫本『一代要記』（流布本の祖本）である（拙稿「一代要記について―東山御文庫本を中心として―」（『書

陵部紀要』11)。従って②に「帝王系図」とあっても、帝王系図を含んだ年代記の可能性もある。

## 三　百練抄

②に「又私ニ申請候百練□五・六・七三帖、慥令返納候、此次御本同可申請候、為勘例殊大切物ニ候けり」とある。「百練」の下は欠けているが、「抄」であろう。この書は『国史大系』にも入っているが、その書名を「百錬抄」としている。これに対し太田晶二郎氏は「百練抄か百錬抄か」(「国史大系月報」27　昭和四十年八月)で、「練」字の方が正確であることを証された。この書翰でも糸偏に作っており、太田説の正しいことが判る。

さて「百練抄」は全十七巻の私撰国史で、始めの三巻を欠き、冷泉天皇安和元年(九六八)より正元元年(一二五九)の亀山天皇の即位礼迄の十四巻が現存する。平田俊春氏の詳しい論考があり(同氏著『私撰国史の批判的研究』昭和五十七年四月　国書刊行会刊　七四五〜一〇七二頁)、起筆は神武天皇紀に始まること、成立年代は、その擱筆の正元元年十二月より、金沢文庫本の写された嘉元二年(一三〇四)の間であること(平田氏は、前掲書一〇六八頁で、その下限を「嘉元二年二月」とされたが、巻十七の書写奥書の日付は、同年正月十五日であるから、成立はそれ以前となる)、その編纂には公家の勧修寺家一流の関与の大きいことなどが明らかにされている。

②の書翰では、借用した五(後三条〜鳥羽)・六(崇徳)・七(近衛〜六条)の三巻をお返しします、というのであるが、それは差出人自身の個人用として借りた(「私ニ申請候」)ものであるが、この次には「御本」即ち差出人の主人用として借用したい。百練抄は「為勘例殊大切物」だから、というのである。これによって、この頃の『百練抄』に対する評価が判ると共に、②の受取人(伯耆入道道本またはその主人である足利直義)の許に『百練抄』が所蔵されていたこと

が判る。

なお現存の『百練抄』の写本は、鎌倉幕府の要人金沢貞顕が嘉元二年に写した本の系統しか残っていないが、それは第一～第三の三巻を欠いている。②で貸借している本が五・六・七の三巻であるため、第一～第三の三巻を欠くものであるのか否か判然としないのは残念である。

## 四　検非違使補任

③十二—16に、次のような文書がある。

（前欠）

違使補任事承候、愚本未書
続候之間、雖諸方尋試候、つや〳〵不尋得
候、以近代聞書、此間可書続之由相存、
書調候者、早々可進入候、事々期
面拝之時候、恐々謹言、
　九月廿二日　　　玄性
御宿所

③は前欠文書で、「違使補任」で始まっているが、これは「検非違使補任」のことと考えて誤りないであろう。③の差出人である玄性は、自分の所持している本は書き継ぎを行っていないので、あちらこちらと書き継ぎを行ってある

本を尋ね探したが、まだ見つからないので、除目聞書を見て近代の分を書き継いだ後に進上したい、と云っている。

検非違使補任の存在は、『通憲入道蔵書目録』（『群書類従』雑部所収）に

一合　第九十七櫃

検非違使補任　三帖

同　　補任　五巻不見、

とあり、『本朝書籍目録』（同上所収）官位の部にも著録されている。而して『続群書類従』補任部には

検非違使補任第十

として、宝治二年（一二四八）～文永四年（一二六七）の、別当・佐・大少尉・大少志・府生の補任が納められている。平安時代末期に三乃至五巻であったが、鎌倉時代中期には、少なくとも十巻になっていたことが判る。和田英松氏は『本朝書籍目録考証』の「検非違使補任」の項で、東京大学史料編纂所に「鎌倉時代中期の古文書の紙背に記した」古写本の存することを紹介しておられるが、これを見ると『続群書類従』所収本の祖本と思われるが、現在は巻首（「検非違使補任第十」という題と宝治二年の部分）を欠き、建長元年の途中から始まっている。

③に「愚本未書続候」といい、「以近代聞書、此間可書続之由相存」とあるが、差出人玄性の持っている本が文永四年以降に及んでいるか否か定かでないが、「以近代（除目）聞書、此間可書続」と云っているから、書き継ぎが何十年にも及ぶとは考えられない（文永四年から貞和年間までは約八十年である。その間の除目聞書を落ちなく集める事は大変であろう）。恐らく「愚本」は鎌倉時代末期位まではあったのではなかろうか。ただ玄性は「検非違使補任」を所持し、且つ「近代（除目）聞書」を見得る立場にあったのだから、外記局の関係者ではなかろうか。

## 五　夢中問答

④十一―13に次のような文言がある。即ち

（前略）

夢中問答可申付候、又
武蔵殿御借物共、如法為中
人到来候得者、雖少分候、連々
御沙汰候者、可宜候、恐惶謹言、

十月六日　□□

④の差出人名は墨が薄くて良く読めないが、文中に「夢中問答」とある。禅僧夢窓疎石に同名の著書のあることは良く知られている。同書は足利「直義が夢窓に、折にふれて、仏教及び禅について問を発したのに、夢窓が一々答えたものを、筋道をつけて整理して、世間の信心の志ある人々の参学に資するため、全篇仮名書を以て一書の体裁をなし、刊行したもの」で、「従来は、夢窓の宗教思想を見るに好個の書」「また直義の夢窓への参禅帰依の深さを示す証拠」とされていたものである（玉村竹二「足利直義禅宗信仰の性格」、同氏著『日本禅宗史論集　下之二』所収）。玉村氏は、この書出版の事情を検討された結果、夢窓の他の著書と異なり、その生前の出版であり、しかもその出版に夢窓の門弟は一人も関与せず、俗人の参学の弟子大高重成が刊行の発起人になっている。この重成は、かつては尊氏の麾下で、夢窓の門人であったが、のち次第に政治的には直義に傾き、宗派も後半生は古林一派の竺仙梵僊の直弟大年法延を信

仰するなど、政治的立場・思想ともに表裏して変化をとげた人である。この人が恐らく、直義に近侍して、夢窓との問答を筆録したのであろう。したがってこの書の原写本は、夢窓国師の手許にはなかったもので、文章、段落の再治も、国師がどこまで関与したかわからない。即ち本書は、成立のはじめから問者である直義側の手によると察せられる。以上のことを勘案すると、直義が本書を公刊した真の目的は、「疑問を解いた回答にはなく、換えって設定された質問の性格にあり、その質問は、予め計画された試問の性格をとり、回答はそれに対する答案」である。「答案の公表により、世人をして、答案筆者の能力を判定せしめ、暗に質問者側の優越を感得せしめるに在った」、即ち「直義は、許多の問答によって、夢窓の宗風を勘験し、批判した」のではないか、とされている。

④に見えるのは単に「夢中問答可申付候」とあるのみなので、果たして直義と夢窓との問答を記した『夢中問答』であるか否かは明らかではないが、『宝典』の紙背文書全体が、直義乃至その家臣二階堂伯耆入道道本に関連したものであるから、④の「夢中問答」が即ち『夢中問答』である可能性は極めて高いと言わねばならない。特に『夢中問答』には竺仙梵僊の「時康永改元、歳在壬午、重陽後十日」付と「甲申（康永三年）十月初八日」付の二つの跋文があるが、その開版の時期は明確ではない（『大日本史料』第六編之八　康永三年十月九日条に「康永元年ノ跋ニ鏤版トアルモ、本年ノ再跋アルヲ見レバ、是ニ至リ始メテ開版セルナラン、但シ其年月日ヲ詳ニセズ、姑ク跋文ノ日ニ掲グ」とあり）。「可申付候」の一句が本書の開版に関わる可能性もあると思われるので、専門家の考究をお願いしたい。

## 六　その他

『宝典』紙背文書に見える典籍で、書名の判る主要なものは以上の通りであるが、その他にも典籍の貸借や書写に関

連する語句の見える書翰は多い。例えば（要点のみ記したものの全文は、拙稿C及び本書「史料篇」参照）**十一―6**（年月日未詳条々事書）に「校合事、先一巻可行候、可見合候」とあり、**二―7**（十二月七日付、貞□書状）に「（前欠）一巻謹返献之候、借預候、返々畏入候」と見え、**十一―10**（十月十八日付、〈中原〉師躬書状）に「兼又一巻返賜候了、何哉秘書も可返給候、書写一巻忩可終功之由、加下知候、早々可進候」とあり、**十二―18**（某月某日付、師躬書状）に「兼又一巻事、仰師仲候之処、自去比赤痢病所労事候て、懈怠候云々、忩可終功之由、可仰含候也」とあり、その追而書にも「此秘抄随分物候、曾不可有御外見候、御一見候ハ、即可返給候」とあるの等がそれである。外記局の中原師躬との間で盛んに書物の貸借の行われている様子が窺われる。また**十一―5**（年月日未詳書状）に「兼又蒙仰候記録事ハ、自是可進候（後欠）」、**十二―6**（九月廿四日付行隆書状）に「抑御八講記一両日□〔前〕到来候、進之候、御書写□〔之〕後、可返給候、且自是□〔可〕進之由存候之処、付進御使候、背本意候」とある。「御八講記」はいつのものか判らないが、貞和四年四月六日から後伏見天皇十三回忌の法華八講が行われているので、それと関係があるのかも知れない。

なお中原師躬からは、除目の度毎に聞書が送られてきている。即ち**一―19**（尾部は**一―26**、三月廿八日付）に

県召除目聞書二通注進候、如先々可令伝進給候歟、御私一通同進候也、昨日陣之儀及遅々候之間、今日諸方書進候、可得此御意候歟、

とあり、**五―2**（十一月十七日付）もほぼ同文である。また**十二―7**（十月廿八日付）の「坊官除目聞書三通注進候、如例可令伝進給候哉」とあるのも同じであるが、これは貞和四年（一三四八）十月廿七日の北朝第三代崇光天皇践祚、直仁親王立太子に伴う坊官除目に関するものである。聞書が伝進用として二通送付されているのは、恐らく尊氏と直義の料であり、「御私一通」は伯耆入道道本（これらの書状の宛所）の料に当てるためで、それは道本が室町幕府の官途奉

行として、朝官の任官者を把握しておく必要があったからであろう。

ここに至る経緯については、『師守記』康永元年五月卅日条に拠れば、「三条坊門左兵衛督直義朝臣為使者」て中原家に来た道本は、師夏に対面の上、「(除目)聞書・宣下類、任関東例可注給」きことを申入れた。これに対し師夏は

　任先例聞書毎度進入、先々付進執事之処、不輙之間、以長井前大膳権大夫広秀伺申之処、可付上杉弾正少弼之由、被仰之間、毎度将軍・武衛分付進之由、

を返答した。これに対し道本は、「聞書已下存知度之由」を上申した処、「可申局務之由被仰」れたので参上したのだと答えている。即ち尊氏・直義の分は、従前は将軍家政所執事を通じて進上していたが、うまく行かないので、幕府にその由を申し出た処、上杉朝定を通じて進上するようになったという。一方、道本は官途奉行としての職掌上、聞書以下を知っておきたいと上申した処、局務に申出る様に言われたというのである。しかしこの方式は、同記同年七月十三日条に拠れば、変更になっている。即ち同日の記事に

　今日為三条坊門使者、二階堂伯耆入道道本参入、有御対面、聞書両殿分、向後可被付道本云々、

とあり、尊氏・直義の分とも、道本を介して進上することになったのである。除目聞書関係には三—8（二月八日付）に「貞和元・二・三聞書三巻慥借預□□□□一見之後、早々可返賜候」もある。

また『宝典』紙背の書状の中で女性のものは二通（一—29・一—31）のみであるが、恐らく筆者は同一人であると思われる。後者の文中に「勅撰云々」の語句があるので参考に掲げ、専門の方の御教示を得たい。

□〔こ〕のたひは、とりあへす下り
□〔候〕ほとにかやらん、御なこりおほ

き心地し候て、心ニかゝりて
□し給候へ、いのちつれなく
□〔候〕はゝ、九月にはのほり候て、
勅撰の事もうかゝひ候
□〔ハ〕ヽやとおほえて候、さても
四王うてん殿、ありかたく
もてなされ申て候しも
ほとに、すくには申れす候、
　梅津の庵主□けみし候て
(以下、袖書)
とけ候ハヽ、たゝ歌一首を
さまておもひいてとも
おほえす候歌二三首も入
□らはん、
□り候はゝ
□〔か〕しこまり思候
へく候、
□□〔すみ〕よしの大明神との

□せ給候へはと、たのみ申て候、
□月のしんかう
□しく候はしと、おほえ候、
□く候、こものたひのろんきに申入候へく候、
□と□めたち申事□□
（後欠）

## 結びにかえて

以上、前田本『玉燭宝典』紙背文書の中に見える典籍について、若干の考察を行った。その結果、除目聞書の如く職掌上の必要から送られたものもあるが、それ以外にも様々な典籍を書写したり、貸借していることが判った。「序にかえて」にも書いたように、これらが南北朝時代極初期における武家社会をリードした足利直義とその家司と思われる二階堂伯耆入道道本の教養の一端を知り得る貴重な資料であろう。鎌倉時代に既に北条氏一門の金沢貞顕の如く多数の典籍を書写し所蔵した人があるが、直義もその天命を全うしていたら、『玉燭宝典』のみでなくもっと多くの典籍が残ったかも知れない。しかし彼はこの数年後に鎌倉で横死したのが惜しまれる。

# 鎌倉・室町初期の名国司
## ――その出現と変遷――

佐藤健一

## はじめに

名国司は、鎌倉時代に現れる「国守に申任されるけれども、国務に預かることも、俸料を自己の収入とすることもできないもので、仮名（けみょう）国司とも」呼ばれていたと従来説明されている。[1] 知行国は平安時代半ば過ぎの十世紀末以降から見られる制度であり、国主である高貴な公家が、子弟や被官を国守に申任して国務を担当させると共にその国の所得を獲得する制度であるが、[2] 鎌倉期になり、この国守が国務に預からなくなり、俸料を収入としない名義ばかりの国守となり名国司と呼ばれたという理解である。

近年この通説的理解に加えて、鎌倉後期以降は幕府を介した成功によって御家人が名国司に任官する事例が紹介されている。[3] この名国司を含めた幕府による組織的な御家人の成功任官が、足利直義が政務を執っていた観応二年（一三五一）まで見られることも判明している。[4] つまり、鎌倉後期以降においては幕府を介した御家人の成功任官可能な官途の一つとしての名国司の在り方が知られるようになったのである。

また遠江守など国守は、中世の官位制研究の中で「受領官途」・「受領名官途」と称されて重要視されてきた。(5) とくに、鎌倉幕府と国守（受領官途）との関係については、以下の諸点が述べられた。(6)

①源頼朝の時期、頼朝の血族や有力な源氏一門など最上層の御家人のみが、五位の下級貴族たる国守（受領）に達することができた。また源氏将軍期には侍層の受領任官は禁止されていた。②承久の乱後、比較的多くの武士が国守（受領）に任じられるようになった。その際、成功によらずに受領に任官したため、幕府の成功中心の任官原則と幕府の身分秩序が動揺した。③幕府はこの動揺に対処するため、前任官途の成功額の高額化などで御家人の受領任官を統制し、受領の指標的価値とそれを軸とした身分秩序を維持しようとした。

このように「受領官途」は、武家官位の独自性を見出すための重要な指標とされた。その際、武家官途としての「受領官途」の独自性は、平安・鎌倉期の朝廷・公家が、官位相当制など律令制定以来の官位制を変えることなく維持し続け、国守（受領）についても同様であったことを前提に説明されてきた。先行研究では、律令制定期から鎌倉期にいたる国守の質的変化などはほとんど考慮に入れていないのであり、また鎌倉期の武家官位の独自性を「古代以来変わらぬ律令的官位制」との比較の中で説明しており、これらの点に問題がある。

そこで小稿は、名国司自体を主題に取り上げ、その出現や中世における変遷を具体的に述べ、官位制の中世的変容の一事例としたい。名国司・国守の中世的変容を解明することで、武家が帯びた「受領官途」の特質もより正確に把握できると考えるからである。そして、小稿における考察を通じて、中世から近世にかけての武家官位制の研究の更なる発展のためには、その評価の比較対象となる時期毎の官位制の実態把握が必要であることを確認したいと思う。

またその結果を通じて、武家政権と名国司との関係、国司制度崩壊過程における名国司の位置付け、当該期におけ

る名国司と受領の区分の有無なども、小稿における課題としてあわせて考えたい。

考察に入る前に名国司の読みを確認する。通説的な読み方は「みょうこくし」で、(7)ついで多い読み方は「なこくし」である。(8)「みょう」は名の呉音だけれども、いずれの読み方も根拠となる史料は確認できない。

名国司の読みを史料に求めると「めいこくし」がある。『島津伊作家文書』によれば、島津久長は、正和三年（一三一四）六月二十五日に「めいこくし御めんのくわんとうみけうそ《（名国司御免関東御教書）》」を発給されたのを受け、(9)同年十月十一日・十二月二十三日の二度にわたって「名国司功銭」を支払っている。(10)「めいこくし」は名国司に相当する。「めいこくし御めんのくわんとうみけうそ」という語句は、「元亨三年三月十三日」の日付け（元亨四年は一三二四年）を持つ「めいこくし《（名国司》いけの御もんそ《以下御文書）》の目録」に見える。(11)史料作成の時期が小稿で扱う時期と一致することから、小稿では名国司を「めいこくし」と読む立場をとる。

## 一　鎌倉期の名国司

### 1　「名代国司」と「仮名之国司」

最初に問題とすべきは、名国司の出現の時期とその背景である。

既に先行研究において、平安後期から鳥羽・後白河院政期頃にかけての時期に、知行国制や院分国制の普及と共に国守（受領国司、親王任国では介）が名義ばかりの存在へと変質することは指摘されていた。(12)それに加えて、受領や知行国主、知行国での国守が発給した国務文書から、形骸化していく国司制度の変遷を論証したのが富田正弘氏の研究

である。[13]富田氏は、十二世紀後半から十三世紀前半には、①国司が発給する国司庁宣（庁宣）に、知行国主が袖判を加えるようになり、②知行国主の命令を奉じた国宣が、国守を経由することなく在国する目代や留守所などに下達され、国務文書の伝達手続きから国守が疎外されるようになることを指摘され、知行国制度の中で国守が形骸化していく過程を明らかにした。

確かに国務に関する文書の発給状況などを見ると、富田氏の指摘通り、国務文書の伝達手続きから国守が除外されていく傾向を認めることができるけれども、その一方で、知行国・院分国の国守がなお一定の役割を果たしていたのも確実である。

治承三年（一一七九）正月二日、「内御方台盤所菓子六十合」が「国所課」として、内大臣平重盛の知行国越前に賦課された。その際、奉行が使者を国主平重盛の従兄弟である越前守平通盛の許に遣わしており、[14]朝廷による諸国所課が、伝達手続きとしては国守を窓口になされていたことが窺える。また同月六日には、東宮での饗膳に関する諸費用が諸国に充てられているけれども、その際「内殿上垸飯〈遠江守盛実朝臣調進、件国大宮権大夫入道俊盛知行〉」と、藤原俊盛の知行国遠江では俊盛の子遠江守盛実が調進した。[15]同日には、知行国主が諸国所課を調進するのではなく、国守の名で調進していた事例をいくつか確認できる。

これらの事例からすると、知行国や院分国で発給された国務文書では排除されて名目化していた国守が、朝廷の公的側面においては依然として賦課の受命者であり、また諸国に賦課された負担を果たしていたことが判明する。実質的には諸国所課は知行国主の負担と同義であったはずだけれども、治承年間では国主が国守に代わって朝廷の公的な手続きに未だ組み込まれておらず、そのため公的なシステムに組み込まれている国守は一定の機能を保持していたの

だと思われる。

同じ十二世紀後半、「仮名之国司」や「名代国司」といった表現も用いられるようになる。

まず「仮名之国司（けみょうのこくし）」は、文治二年（一一八六）に周防国が造東大寺の寺院知行国となった際の経過を書きとめた九条兼実の『玉葉』の中に見える。[16]その際に問題となったのは、東大寺の寺院知行国となる周防の国司の存廃であった。

後白河院は摂政九条兼実に使者を送り、以下のことを尋ねた。周防の前国主藤原実教には代わりとして丹波国を給与して、子で周防守の公基を丹波守に任じようと思うがどうか。一方、ポストの空いた東大寺知行国の周防守には、同じく前国主藤原実教の子で、周防守公基の兄でもある藤原公頼を任ずるべきかどうか。[17]

これに対して九条兼実は、①新国主東大寺に「済物免除宣旨」を下付したのだから「国司専不可罷入歟」と、周防守による国務関与に否定的な見解を答え、②「但為後代、尚被置仮名之国司、又何難有哉」と、後代のことを考慮すれば、国務に関与しない名ばかりの国司である「仮名之国司」を置くことも出来るのではないかと返答している。

結局、後白河院は「丹波国司事、只以公頼可任丹波、周防事忽不可有沙汰、元国司不可改之故也」と、前周防国主藤原実教の国守藤原公基が「元国司不可改之故也」という理由で、周防が東大寺知行国となっても周防守に留任し、候補に上がっていた兄公頼を、父実教の新知行国丹波の国守とすることに決定した。

この場面で、『玉葉』の記主九条兼実は、周防国の新国主東大寺と無関係な前国主の子で、しかも国務に関与しない国守を「仮名之国司」と表現した。国務に関与しない上に国主とも無関係な者を国守に任ずることの可否が問題となっており、この「仮名之国司」のような事例が文治二年当時は極めて稀であったことを窺い得る。「仮名之国司」は、

従来言われてきたような名国司の別称ではなく、国務に関与しない国守や、国主に無関係な国守が通常では存在しない段階で、兼実が例外的に東大寺知行国周防の国守を形容するために用いた表現なのである。

同じく名国司の別称とされる「名代国司」（みょうだいこくし）も、[18]同じ九条兼実の『玉葉』の中に見ることが出来る。後白河院没後の建久四年（一一九三）、「旧院御分国」（後白河院の院宮分国）の一つ備前国が源頼朝の奏請によって造東大寺の寺院知行国として重源に付された際、重源と国守に内定している一条能保、及び時の朝廷の権力者九条兼実の間で問題となったのが「名代国司」の国務であった。[19]

頼朝は書状を兼実の許に送り、東大寺造営料国の播磨と備前の国守を吹挙した。その際、国守の国務については「両寺造了まては各不可□国務、上人可沙汰」と国守は国務に関与しないとしながらも、「被任国司ハ、猶国司行吏務ハ、所出可注造寺之用途歟」と国守の吏務は造寺用途の弁進である旨が記されており、矛盾をはらんでいた。[20]そのためか、東大寺の大勧進重源と国守に申任された一条能保との間で、九条兼実を介して、国守の国務について調整が図られている。

〈史料一〉『玉葉』建久四年四月十日条

此日召東大寺大仏上人春乗房重源、今ハ号南無阿弥陀仏也、并彼寺長官左大弁定長等、備前国可被付東大寺之由仰之、①但件国可給能保卿、遂可知行人也、仍可申任国司云々、然而大仏殿造営之間、能保卿一切不可口入、上人一向可沙汰云々、上人申云、②トあひさたハ凡不可叶事候、一向被仰付、蓋成不日之功哉云々、重仰云、③自元如仰只名代国司也、依可被改任国司、遣先使事ハかりハ、定納言致歟、於自余国務者、一切不可知、上人一向可被沙汰也者、上人申云、然其試可相励大厦之功歟、④不可煩庄園并済者、皆可被免之由、於永宣旨召物者、可済之由仰也、各以承諾退出了、

重源と造東大寺長官藤原定長を召した九条兼実は、大仏殿造営終了後には備前国を一条能保の知行国とする予定であるから能保を国守とするけれども、造営期間中は一切の国務に介入しない旨を伝えている（傍線部①）。

これに対し重源は、国守能保と相並んで国務を沙汰するは不可能で、専ら東大寺側に国務の沙汰を仰せ付けて欲しい旨を訴えている（傍線部②）。頼朝書状にもあった国守による国務の沙汰が、大仏殿造営の妨げになると重源は考えていたのではあるまいか。

その重源の懸念を払拭するため兼実は、能保は「名代国司」であり、「改任」された際に「先使」を派遣することのみ「納言」能保が沙汰し、その他の国務はすべて重源が沙汰するのだと（傍線部③）、「名代国司」の国務について具体的に言及した。

この重源と兼実のやり取りからすると、それ以前の知行国における国守は名義上のみの国守であったとは考えにくく、国主の下で国務に関与していたものと想像される。つまり知行国制における国守が国務に関与していたからこそ重源は国守一条能保との合沙汰はできないと主張し、一方の九条兼実は、国守一条能保が関与できる国務のうちから先使派遣に限定したのである。

このように、九条兼実が、建久四年では先使派遣以外の国務に関与しない国守を「名代国司」と呼び、そして先に見た文治二年では造東大寺料国周防の国守を「仮名之国司」と呼んでいることは重要である。いくつかの日本史辞典や国語辞典で、「仮名之国司」・「名代国司」を『玉葉』の小稿で掲げた箇所からのみ引用していることからもわかるように、「仮名之国司」・「名代国司」といった言葉は、『玉葉』の記主である九条兼実が、その問題に関与した周防と備前の名義的な国司を表現するために用いたものであることを理解しなければならない。この二つの言葉は、当時、名

義的な国守を表現するために一般的に用いられた語句ではなかったのであり、よって他の史料から見出すことが出来ないのである。となれば、「仮名之国司」・「名代国司」とは、名国司の別称であるとする従来の通説も疑問視される。

そもそも、九条兼実が『玉葉』に「仮名之国司」・「名代国司」を記した時期の史料からは、名国司の名を見出すことが出来ないのである。名国司の初見が『検非違使補任』の宝治二年（一二四八）の記事であり[21]、史料によるかぎり、名国司という言葉が世間で通用するようになったのは、おそらく宝治・建長年間前後以降である。それより五〇年以上も前の『玉葉』に見える「名代国司」・「仮名之国司」が名国司の別称であったと理解すること自体が到底無理なのである。しかも「名代国司」・「仮名之国司」が『玉葉』の記主九条兼実の存命期においても、一般的に広く使用された言葉ではなく、兼実一人の表現であったのだから尚更である。

「名代国司」や「仮名之国司」とは、国務に関与しない名国司が普及する以前の段階で、しかも知行国・院分国の進展の中で国守の名義化が進みつつも、依然として国守が一定の機能を果たしていた時期において、例外的に生まれた国務に関与しない国守についての九条兼実の形容だと理解できる。ただし、九条兼実が個人的に使用した表現ではあるけれども、「仮名之国司」・「名代国司」は、知行国における国守が、国務に関与した国守から国務に関与しない名国司へと変質する過程で現れた、過渡的かつ先駆的な現象であったとも言える。

この史料一で見た「名代国司」をめぐるやり取りの結果を、兼実は一条能保に連絡している。

〈史料二〉『玉葉』建久四年四月十日条

其後余以使者此次第仰遣能保之許之処、答云⑤、上人申云、毎事万石ヲ能保可沙汰給、其外事不可知云々、与今仰相違如何、即上人欲退出ヲ召留テ尋問候之処、⑥於殿下テハ可成済物之由依有仰、辞申国務之由所申候也云々、次

第勿論、上人虚言歟、能保卿之妄言歟、只依頼朝申状、致沙汰許也、其上事不可知之由答了、不足言云々、

この兼実の連絡に対して一条能保は、以前に重源とは、「万石」は能保の沙汰であり、その他の国務には関与しない旨を相談していたのに不審であるとしている（傍線部⑤）。この能保の言葉を聞いた兼実が重源にその態度の変化の原因を尋問した。その尋問に対し、「済物」の弁済を九条兼実が仰せになったから、国務を辞退したのだと重源は答えている（傍線部⑥）。この重源返答中の兼実の仰せとは、先に掲げた史料一の傍線部④に当たり、荘園を妨げてはならないと同時に、「永宣旨」による召物賦課や済物については免除されない旨を兼実が提案している。おそらく重源は、名代国司一条能保が「万石」を得分とする上、済物も負担しなければならないとなると、東大寺造営に当てる分が減少することが明らかであった点に不満を持ち国務を辞退したのであろう。ここで「名代国司」一条能保が「万石」を得分としていたことは、後の名国司と大きく異なる特徴である。

当時の「万石」は相当な収入だった。『大外記師遠記』大治二年（一一二七）六月一日条によれば、永承年間（一〇四六～五三）の安芸守は「毎年所得米万石」や「雑穀八千石」を蓄財し、治暦から延久年間（一〇六五～七四）の淡路守は「米毎年六千石、塩百余石」、承暦から応徳年間（一〇七七～八七）の土佐守は「米毎年三万石、軽物卅疋」などを得分としていたことが知られる。「名代国司」一条能保の得分「万石」は、平安期の受領（受領国司）に匹敵するほどの収入だったのである。

よって国務に関与しない、もしくは国務への関与を著しく制限されていたという側面において、「名代国司」は名国司の先駆的存在と言えるけれども、収入面で「万石」といった実質的利益をともなっていたことからすれば、まったく名義化した国守である名国司とは異なる性格のものだと言える。

以上のように、鳥羽・後白河院政期から鎌倉初期にかけての時期、知行国や院分国の広がりにともなって、国務文書の伝達手続きから疎外されるなど名義化しながらも、知行国の国守の多くは公的側面での役割・機能を保持しつづけ、また国務にも関与していた。しかし、同時期の寺院知行国において、九条兼実が「名代国司」・「仮名之国司」と表現したように、国主の東大寺と関係を持たない人物で国務に関与しない国守が登場するようになるが、これは名国司が一般的に普及する段階の一二歩手前の段階にあたる現象といえよう。

また、名義化しつつあったとはいえ、実際に国守が国務に関与するからこそ、国主はその子弟や家司を国守に申任する必要があったことも指摘できる。国主に服さない国守が国務に関与すれば、国主との間で利害の衝突が起こる可能性が存在する。鎌倉期に治天の君による院宣や綸旨によって知行国が給与されるようになっても、国主が国守を申任したのは、かかる利害の衝突を未然に防止するためである。実際に国務を行なう国守を国主の利益を確保する代官とするためには、国主の支配下にある家司や子弟・一族の者を国守として申任することが依然として必要だったのである。(22)

## 2　名国司の普及と朝廷の対応

鎌倉期の知行国及びその国守に関する先行研究では、知行国給与の方法が、「治天の君」の綸旨・院宣による給与へ変化する点が指摘されている。(23)特に遠藤基郎氏は、知行国の発生した当初は「国主となる人物が自らの子弟・家司を国守に申任することで国務を掌握」し、除目の場において国守を申任する方法が「知行国獲得の唯一の法的保証」であったけれども、承久年間以降南北朝期にかけては治天の君による院宣・綸旨によって知行国給与がなされたことを

指摘した。[24]

これによれば、治天の君の発給する綸旨・院宣による知行国給与は、知行国を獲得するための国守申任の制度的必要性を喪失もしくは減退させたと推測できる。少なくとも、知行国を獲得するために、国守に子弟・家司等を申任することが絶対に必要であったそれまでの知行国制から、国守申任を必ずしも必要としない制度へ変化したといえる。このような状況下での国守について興味深い史料がある。

〈史料三〉弘長三年（一二六三）八月十三日宣旨[25]

一可撰其人任諸国守事

仰、頃年以降、封戸・職田之禄、已依陵遅、維月仙雲之客、偏致国務、申任其宰吏、称之名国司、或挙家僕不撰品秩、或依任料不嫌凡卑、自今以後、撰其仁可挙之、又一任之中、莫改任之、

これは知行国主による国守申任の濫用に対して出された法令である。多くの国主が、本来ならば国守に任官できるはずもない「家僕」を申任してあるべき身分の秩序（「品秩」）を乱し、また、身分が低い上に家中の者ではない者「凡卑」から任料をとって国守に申任した。さらに任料をより多く獲得するため、国主である期間に一人でも多くの国守を申任していたのである。このように治天の君の院宣・綸旨による知行国給与は、子弟やしかるべき家司を除目の場で国守に申任して国務を担わせる必要性を喪失せしめ、「維月仙雲之客、偏致国務」とあるように国守に国務を任せることなく国主自ら担い、任料増収のために「名国司」申任を濫用するといった状況を現出させた。つまり知行国主「維月仙雲之客」に任じられた国雑掌や目代が国務を沙汰するようになるに伴い、国務に関与しない国守としての「名国司」がこの頃までには一般化していたことを窺うことができる。[26] この弘長三年の新制で問題視された知行国主によ

る名国司申任は、一方であるべき身分秩序を乱し、また一方では知行国の国守を国務からまったく離れた名義ばかりの名国司に転化させてしまったのである。

鎌倉期に顕著になった国主による国守申任の濫用、およびそれに伴う国守の形骸化＝名国司の一般化に対して、史料三に見るように朝廷はその禁止を唱えることで対処した。しかし、その八年後の文永八年（一二七一）には、朝廷は新たな策を講じていたことが知られる。(27)

同年三月七日、伊勢外宮仮殿遷宮用途調達のための成功について、「功人名国司所望事」などの奏聞を受けた治天の君の後嵯峨法皇は、①「除目之時可挙申功人」、②「名国司事、差申其国不可然、可為四千疋者、可被任」の二点を答えた。ここで注目すべきは、名国司が成功によって任官可能な官途となっている点である。

それまでの名国司は、史料三で見たように、濫用されつつも国主によって申任されていたけれども、それに加えて、成功を通じて所望者を募った上で、朝廷が認可して任ずる方式が行なわれるようになったのである。それ以前にも国守に関しては、国守に任じられると寺社や内裏造営事業を請け負う成功や、遷任功・重任功といった受領の成功、同様に知行国の獲得や再任のためになされる成功といったものがあった。けれども、鎌倉期に作成された各官途の成功額の勘例などにも名国司の名を見ることは出来ず、(28)この文永の記事が、成功官途としての名国司を知ることが出来る初見史料なのである。

これに対して、知行国主が成功によって知行国を獲得・継続した際に、国主の被官や子弟などが国守（名国司）に補任されたり、再任されたりしたことを以て、これも名国司の成功とする考え方もあるかもしれないけれども、それは知行国の獲得や継続が第一の目的であって、名国司といった官途の獲得自体を目的とするものではないから、それ

と文永の名国司の成功とは区別しなければならない。

このように成功任官可能な官途に名国司を位置付けたことで、朝廷が成功任官希望者の中から「品秩」を撰び「凡卑」を嫌って人選することが可能となり、朝廷は名国司任官者を管理できるようになった。(29)

もちろん任料を徴収した知行国主の名国司申任が横行していたのだから、当時は任料を払ってでも名義だけの国守である名国司を所望する需要が大きかったと容易に想像でき、成功を介することでこの需要を朝廷の財源に取り込むことも狙ってのことであったろう。

そして、知行国制度の産物ともいえる名国司を、国主の手から切り離すことが可能だった前提には、知行国制の変質があった。知行国給与の方法が、除目での名国司申任という名国司の存在を絶対に必要とする形から、治天の君による綸旨・院宣発給へと変化していたのである。また国主による知行国支配の面では、先の名国司申任の濫用にも見られた如く、国守が国務に関与することなく名国司と呼ばれるような存在となり、実際の国務は国雑掌や目代によって担われていたのである。(30)

その名国司を実際に成功で運用するに当たって後嵯峨院は、②「名国司事、差申其国不可然」と、特定国の名国司を指定・所望して成功に募ることを禁止し、諸国の名国司を一律四千疋相当の官途とした。

周知のことだが、律令官制では国司といっても、大国・上国・中国・下国といった等級があり、大国の国守が従五位下相当の官途であるのに対し下国の国守が正七位下相当であるように、その位階には大きな差があった。この後嵯峨院の②の決定は、律令官制に従えば対等に位置付けできない諸国の国守（名国司）を、律令官制（官位相当制）を無視して一律に「四千疋」相当の官途として成功の対象にしたことになる。これにより律令官制上ではより上位にある

名国司を所望したがる成功応募者の、特定国の名国司を所望する根拠を喪失せしめ、同時に名国司を所望する成功応募者の諸国名国司の割り振りを容易にした。A国の名国司もB国の名国司も同じ「四千疋」相当の、同等の何等差のない名国司であるから、特定国の名国司を所望する理由もないとして禁じたのである。(31)

この後嵯峨院の決定は、名国司申任を濫用しがちな知行国制度から名国司を切り離し、成功制度に組み入れたものの未整備だった運用方法・基準を確立するためになされたものであったろう。そして、このような成功による任官可能な官途としての名国司のあり方は、凡下・侍・諸大夫などといった身分秩序をある程度維持できたかもしれないが、一方では律令制的な官位相当制に基づく国司の秩序を崩壊させた。知行国制度での名国司が実際には国務に関与しなくなっていた現状を否定するのでなく、その現状を肯定したかのように、国務に関与することのない名国司を制度化したのである。

この名国司の成功制への組み入れは、知行国主による名国司申任の濫用への朝廷の対処としての側面ばかりではない。成功が朝廷の財源調達方法の一つであることを思えば、この点にも名国司が成功に組み込まれた原因がある。

成功には用途を進納する形態と造営事業を請け負う形態があり、また国司制度と成功については、受領（国守や親王任国の介）への任官を目的とする受領功と、現任受領が重任・遷任を目的とする重任功・遷任功とがあることなど既に多くのことが先学によって明らかにされている。(32) 特に上島享氏によれば、この受領の成功は大規模な事業の請負や多額の用途納入といった比較的大規模なもので、十二世紀中葉には、済物や臨時召物を免除されて成功に要する費用は任国から拠出されるようになり、造営を一国の経費で賄う造国制が見られるようになる。(33)

このように院政期以降、国司制度は受領成功を通して国家財政の中で重要な位置をしめていたのであるが、公家の

知行国も受領の成功制度に組み込まれていた。例えば、文治二年三月、藤原親雅は「豊前功」として閑院宮修造の用途一万五千疋の進納を条件に豊前国を拝領し、子の頼房を豊前守に申任している。[34]

鎌倉期に入ると「諸国逐日て庄薗者増加仕候、国領者減少候へハ受領之力も皆被察候」とあるように、[35]受領・国主の支配力が弱まり、大嘗会用途割り当て分の諸国未済や、[36]成功（造国）による寺社造営の遅滞など、受領や国主の負担能力が低下する。[37]鎌倉後期にいたっては、「大嘗会用途事、何様可有沙汰哉之由有沙汰、重任受領功等可為正理歟、此分御即位御禊之時被召了、如一州可被付其足、而可然之国近日難事行歟」[38]とあるように、朝廷は依然として重任功・受領功に財政的に依存しているのだが、受領の成功の多用が限界に達していたことが窺える。

このように財政が不足がちだった朝廷は、新たな財源の一つとして名国司を成功制度に組み入れた。朝廷は、受領功と同様に知行国主にも事業の造営費用などを負担させた一方で、[39]名国司も成功官途として財源に組み入れたのである。

文永年間までに名国司が成功制度に組み込まれた背景には、①知行国給与の方途が国守の存在を必要としなくなったことと、②知行国制度下での国守が名義ばかりの存在へと形骸化していったことが前提としてあり、これら①・②の上に、③知行国主による名国司申任の濫用に伴う弊害への対処といった側面と、④国司・知行国主の諸国支配能力の低下などに伴う朝廷の財源不足に対応する新財源の必要といったものが挙げられる。[40]

誤解を防ぐために付言すると、文永年間頃に名国司成功が導入されるようになった後も、知行国主による名国司の申任も、[41]知行国主をも対象にした受領成功は存続しており、[42]これらと並行して名国司成功は鎌倉後期に展開する。

## 3　関東知行国における国守

前節では鎌倉期における国守の変遷を公家の側面から概観したが、本節では同時期の関東知行国（将軍家知行国）における国守の展開について考察したい。

鎌倉期の関東知行国については、佐藤進一氏[43]による提言と石井進氏[44]の分析による成果が通説的理解を形成している。石井氏は、幕府が源氏一族や有力御家人に対する国守（名国司）吹挙権を有する国、つまり前代以来の知行国主と同様の権限・形態をとっていたと考えられる国を関東知行国とした。[45]さらに知行国主と国守（名国司）との関係について「北条執権期の将軍知行国において、知行主たる将軍と名国司との中間に国務に当たる人物が介在し、北条一門の有力者がその地位についていた場合（武蔵・越後等）」があったと指摘された。

この関東知行国における国主―名国司制から、国主―国務―名国司制への形態の変化についての石井氏の指摘は、公家知行国での名国司制の展開と似た国守の形骸化現象であるだけに興味深い。そこで本節では、関東知行国の形態的側面の解明のためにも、この関東知行国における国守・名国司と国務の関係についてみていきたい。

時期によって数に差異があるものの、源頼朝が多くの知行国（関東知行国）を有したことは広く知られている。また頼朝知行国とはいえ一般の公家知行国と同様に内裏造営などを負担したことも同時に知られる。文治二年（一一八六）八月、頼朝は朝廷に「諸国被付功之中諸寺及大内等修造可被充頼朝知行国事」を申し入れた後に[46]、新斎宮用途と閑院修造の成功を請負った。[47]翌三年十一月には、閑院修造賞としての「武蔵国重任」と、斎宮群行用途料としての「相模国重任」を認められている。[48]同様な事例は実朝期にも見られ、建暦三年（一二一三）二月の内裏新造に際して、「実朝

卿知行国遠江・駿河・武蔵・相模等也、其内以相模被定造宮国了」[49]とあるように、受領成功と同様な知行国の成功を行なっている。

頼朝から実朝にかけての源氏将軍期、将軍家知行国はその他一般の公家知行国や受領の国と同様に内裏造営などを請け負ったり、費用を拠出するなどし、その功によって国守の重任をうけることで知行国の維持・継続を達成できた。

ではこの時期の知行国の国守について見ると、建久元年（一一九〇）四月十九日[50]、源頼朝は「造太神宮役夫工米地頭未済事」について、信濃・越後国においては「前国務沙汰人」に、伊豆・駿河国においては「国沙汰人」に命じて究済させたことが知られる。

この信濃・越後の「前国務沙汰人」とは、前任の信濃守加々美遠光（甲斐源氏）と、前越後守の安田義資（甲斐源氏、義定の子）であり、両国の現任国守が頼朝輩下の武家でなかったため、関東御分国であり旧頼朝知行国でもあった両国に対して、頼朝知行時の旧国守に沙汰が命じられたものと思われる。

また伊豆・駿河の「国沙汰人」とは、先の信濃・越後の例から考えて、国務沙汰人のことであると考えられ、当時両国は頼朝知行国であり、伊豆守山名義範（新田）と駿河守源広綱（源頼政の子、仲綱猶子）とを指している。

このように建久年間の頼朝知行国では、「国務」を国守が担い、実際にその国の支配を行なっていたことが窺える。頼朝は、成功（重任功）によって維持・継続を可能にした知行国の国守に、一族や子弟、家人（家司）を申任してその国の支配に当たらせたのである。この面でも頼朝の知行国だけが特別なのではなく、やはり一般の公家知行国と同様の性格を帯びていたと考え得る。[51]

このような関東知行国における国司と国務の関係に変化が見られるのは、三代将軍実朝の頃からである。建永元年（一二〇六）正月十三日の県召除目で、北条朝房は武蔵守に任じられているが、[52]それから一月を経た翌二月二十日には「去月十四日任武蔵守之間、国務事、任故武蔵守義信之例、可被沙汰之旨、被仰下」と、将軍実朝が武蔵守朝房を武蔵の「国務」に任じていることが知られる。[53]

このことより実朝期の関東知行国では、国守（武蔵守）が同時に国務を意味するのではなく、関東知行国の国守は知行主将軍が推挙した者を朝廷が任命したものであり、国務は知行主将軍よりその国の支配を命じられた者であったと推測される。この建永元年の北条朝房の場合、知行国主である将軍実朝の推挙に基づき、除目によって武蔵守に任じられた上で、関東知行国武蔵の国政担当者である国務に実朝から任じられたのである。実朝期の段階では、国主実朝が朝廷に推挙して申任した国守が、実朝より国務に任じられたように、国守と国務はほぼ一体的なものであった。

同様な事例は、実朝没後においても見ることができる。寛元四年（一二四六）六月十三日、関東知行国越後の国守名越光時が北条時頼排除を企てた罪により伊豆に配流された際、「越後国務以下所職之大半」を「収公」されている。[54]光時が帯びていた官途越後守は幕府によって直接的に収公できる性質のものではないため、ここでは「国務以下所職」が幕府によって収公された。これも幕府（知行主将軍）の推挙によって国守に任官した者が、幕府から国務職に補任された一事例と見てよいだろう。

関東知行国の国守は、除目での任官のみでは任国支配に関与できず、国主将軍（幕府）による国務職補任をまって初めて国政に関与できた。国守の形骸化が公家の場合と同様に進展していたのである。

このように関東知行国における、ⓐ国守は国主将軍の推挙に基づいて朝廷によって叙任され、ⓑ国務は国主将軍に

よって補任されるという在り方は、実朝没後の北条執権期にも継承され、次第に国守と国務の分離の傾向が徐々に現れてくる。

少し時期が前後するけれども延応元年（一二三九）六月六日、[55]「武蔵国請所等用途事」を「地頭沙汰」として毎年「京進」させる「国務」を執行するように、武蔵守である北条朝直でなく、[56]修理権大夫北条時房に将軍藤原頼経が命じている。国守ではない他の者が、将軍に命じられて「国務」を担当していたのだ。

さらに康元元年（一二五六）十一月二十二日、執権北条時頼が赤痢病のために、「家督」時宗の「幼稚之程眼代」として執権を武蔵守北条長時に譲った時、[57]北条長時は執権職と共に「武蔵国務、侍別当、并鎌倉第内同」を預けられている。長時は既に同年七月二十日には武蔵守に任官していたにも関わらず、[58]この執権となった十一月二十二日までは「武蔵国務」の職に無かったことがわかる。また「武蔵国務」とは侍所及び鎌倉第内の別当と同様に幕府によって任免されるものだったことが確認できる。この時期になると関東知行国の国守と国務とが別人となり、幕府の推挙により国守に任官せずとも、幕府より任じられた国務が知行国の国政を掌るようになったと考えられる。

このように北条執権期の関東知行国では、国守が将軍（幕府）によって朝廷に推挙された後に除目によって任じられ、[59]一方、国務は将軍（幕府）によって任じられるという形がとられていた。また、必ずしも国主将軍（幕府）によって申任された国守が、国務にも任じられるとは限らなかった。つまり関東知行国の国守は、将軍（幕府）より国務に任じられなければ国政を掌れなかったのであり、鎌倉期の関東知行国における国務職とは、知行国主である将軍によって命じられた国政権のことであった。[60]このことは、国守を申任する一方で別人を眼代や国務に任じて支配を担当させた公家知行国と同様の現象であると言い得る。[61]それと共に、関東知行国の国守が国務に関与しないようになるという

形骸化つまり名国司化も、公家知行国における国守が名国司へと変質するのと同様な現象である。現に『勘仲記』の記主藤原（勘解由小路）兼仲は、弘安七年（一二八四）八月八日の小除目について、「関東申請名国司」と関東知行国の駿河守北条政長らを記している。(62) 彼の認識では関東知行国の国守は名国司と同様であったのであろう。

4　御家人の名国司任官

前節では北条一門が国守に任官することが多かった関東知行国の国守（受領・名国司）の展開について既説したが、本節では鎌倉幕府の御家人が任官した国守について考察する。

貞永式目の制定以前、将軍による推挙や成功などを通じて、関東知行国以外の国守に任官できる御家人もいた。承元三年（一二〇九）、侍所別当の和田義盛が将軍実朝に対して上総国司（上総介）への推挙を願い出た際に、実朝は「故　将軍御時、於侍受領者可停止之由其沙汰訖、仍如此類不被聴」という母北条政子の言葉を容れて却下している。(63) この記事より、将軍の推挙によって関東知行国以外の国守（受領）に御家人が任官できることが窺えると共に、その際には御家人でも侍身分の者は推挙しない方針が採られていたことを知ることが出来る。

また式目制定の前年にあたる寛喜三年（一二三一）、公卿勅使神宝用途について朝廷から功を召された幕府は、多額の用途を納入している。(64) その中には「関東成功」として「出羽重任功万疋内五千疋当時所済、五千疋追可済由之、今」と「薩摩同功六千五百」といった、出羽守・薩摩守に御家人が再度任官するための成功銭も含まれていた。この出羽守・薩摩守重任は、名国司としての成功ではなく、受領成功としてなされた重任功であったろう。(65) 国務に関与しない名義上だけの官途である名国司への任官を希望するのは地位や身分の獲得のためである。既に名国司に任官した者にとって、多額の金銭を支

払って同じ国の名国司に重任されることは全く無意味である。この重任功によって薩摩守や出羽守に任官した御家人が、国務に関与しない名ばかりの国守であったかもしれないけれども、名国司への任官自体を目的とした成功制度が存在しない段階では、国務への関与の有無を問わず受領の成功と区別なく扱われたに違いない。

そのほか、御家人の野本時員が、成功ではなく六波羅探題の北条時盛（一二二四年より一二四二年まで南方探題）の「内挙」によって能登守に任官している例がある。(66) 式目制定以前の段階では、成功のほかに臨時内給（内挙）を通じて御家人が国守に任官できたのである。

貞永式目が制定されると、その第三九条において、挙状廃止と成功任官の原則が確認され、また「受領・検非違使」の所望者については「理運」にかなっていれば、「御挙状」ではなく「御免」によって任官できるとした。(67) 式目では、御家人の任官は成功が原則であるとしながらも国守（受領）をその対象外とし、国守に任官するには将軍の「御免」が必要だとしたのである。

式目制定後の建長二年（一二五〇）、先の野本時員の子である野本行時が、「不付成功、直令拝除之上者、如彼例、可為臨時内給」と、父の任官手続きを先例として名国司を所望した。これに対して幕府は「被堅法之後者、不足為例之間、輙難及許容」と、法（式目カ）が制定された現在の段階では認められないとして却下した。さらに幕府は「又臨時内給事、於三分官等者、依事躰可被申請之、至名国司以上者、可被停止其競望」と、掾など三分官以下の臨時内給による任官は認めるけれども、名国司以上については認めない旨を定めている。(68)

この『吾妻鏡』の建長二年の記事は、宝治二年の名国司の初見史料に次ぐものであるが、この建長年間頃（一二四九～五六）までには国務に関与しない国守を名国司と呼ぶことが一般的となり、また名国司が広く存在するようになっ

ていたのであろう。貞永式目の制定によって御家人の国守（受領）任官を制限したはずの幕府は、身分上昇や地位の獲得を目指した御家人が臨時内給を通じて名国司に任官するという新たな風潮に対処するため、臨時内給から名国司を除外したのであろう。ここに御家人たちの国守への根強い志向性と共に、それに制限を加えて阻止しようとする幕府の強固な意思をも窺える。

このように鎌倉幕府は、当初より侍身分の御家人が国守に任官することを制限し、将軍・幕府が主体性を持つ国守推挙や関東知行国の国守申任についてはは人選することができた。その他の国守に任官する方途について幕府は成功による国守任官を貞永式目で制限し、ついで臨時内給から名国司を除外することで制限を加えたのである。

だからといって式目制定以後、先の受領成功以外に御家人が国守に任官することがまったく不可能となったわけではない。青山幹哉氏や金子拓氏によって解明された御家人の官途昇進ルートの中には、①衛門尉―（検非違使）―叙爵・国守、②近衛将監―叙爵・国守、③式部丞―叙爵・国守、④民部丞―叙爵・国守、⑤諸司助―叙爵・国守、⑥外記―叙爵・国守、といった御家人が国守に任官するまでのルートも含まれていた[69]。これら国守の前任官途の内、⑥の外記を除いた官途は、すべて朝廷では成功によって任官可能な官途であった。成功によって直接名国司に任官できないものの、御家人は成功によってこれら官職に任官できれば、巡などにより国守に任官できたのである。

但し青山・金子氏が「受領任官統制政策」と呼ぶ、幕府による御家人の国守任官に対する統制が存在していた。仁治四年（一二四三）二月二十五日、それまで「靭負尉功」に准じて高額な一万疋（百貫文）で任官できた③式部丞と⑤諸司助について、「侍」による両官途の所望停止と、成功額を二万疋とすることが幕府によって定められ[70]、実質的に一般の御家人が③・⑤のルートで国守に達することが不可能となり、北条氏一門および一部の有力な御家人だけが

③・⑤のルートを踏んで国守に任官できるようになる。[71]

また②近衛将監のコースも、実際は北条一門にほぼ独占され、近衛将監を経た後に関東知行国の国守に任官している。[72]成功を必要としない⑥についても、三善氏・中原氏・清原氏といった法曹官僚に独占されている。[73]そして、①の衛門尉は、常に成功額が最も高価な官途であり、嘉禎四年（一二三八）までは一万疋以上もしていたため、一般の御家人では任官し難い状況であった。[74]

これより北条氏の執権政治期及び得宗政治期、一般御家人との差別化をはかる北条氏の統制によって、侍層に属する一般の御家人が、名国司を含めた国守に任官することが非常に困難な状態にあったことが確認される。

このように国守任官への道をほとんど絶たれた一般の御家人たちに対して国守任官の道を広げたのは、名国司を成功で任官できる官途に位置付けた、文永頃の朝廷の政策だと思われる。正和年間（一三一二～一六）、島津久長は名国司に任官するため久米寺修造の成功に応募し、幕府より「関東御教書」の発給を受けた後、久米寺に成功銭を支払って請取状を受け取っている。[75]これが鎌倉幕府で唯一の成功による名国司任官事例である。先述した朝廷の成功政策から考えても、文永以前、成功による名国司任官はあり得なかったであろう。

文永年間頃から朝廷が名国司を成功官途に組み込んで、受領成功に代わる朝廷の財源の一つとすると、幕府の方でも、御家人が成功をつうじて任官できる官途の中に名国司を組み込み、御家人が名国司に任官できる道が広げられたのである。

この鎌倉幕府による名国司成功の運営の実態などについては史料がなく明らかにし得ないので、幕府を介した成功により多くの武士が名国司に任官した事例を多く確認できる室町幕府開創期について章を改めて考察し、その結果を

もって鎌倉末期の実態を類推することにしたい。

## 二　室町幕府開創期の名国司と知行国

室町幕府の開創期、成功による御家人の官途推挙が足利直義によって管掌され、直義の失脚に伴って幕府の成功を通じた官途推挙が見られなくなることなどは、金子氏によって既に明らかにされている。(76) 室町幕府開創期は、成功が運用された最後の時期であり、武士が幕府仲介の成功を通じて名国司に任官できる最後の時期である。また当該期は知行国が見られる最後の時期でもある。よって本章では、直義が主管した成功における名国司および当該期の知行国の具体像を考察したい。

### 1　足利直義管下の成功にみる名国司

足利直義が管掌した官途沙汰では、成功を通じた官途推挙も扱われており、多くの武士が名国司に任官したことが知られる。まず表1に見るように、佐竹・三浦・宇都宮など先代以来の守護クラスの有力御家人の外、梶原や二階堂氏など奉行人クラスが成功を通じて名国司に任官している。そのほとんどが、先代の鎌倉幕府の下でも父祖が国守に任じられた先例を有している。(77)

前田本『玉燭宝典』紙背文書は、直義の被官と思われる二階堂道本（法名、実名は行秀）の許にあった文書群であるけれども、(78) この中には直義管下の官途沙汰や成功に関する文書も多く、名国司に関する史料もいくつか収めている。鎌倉期には成功額の勘例などに列挙された成功官途の中に名国司の名を見ることはできなかったけれども、前田本

『玉燭宝典』紙背文書十一―14によれば、権守・八省大輔・助・少輔とともに成功任官可能な官途として名国司の名を見ることができる。直義管下の官途沙汰で処理される成功による官途推挙では、名国司も成功任官可能な官途として制度化されていたのである。先に示したように鎌倉末期の御家人が成功を通じて名国司に任官した事例もあることから、鎌倉末期には名国司の任官を目的とした成功制度の運用が朝廷・幕府の連係の中でなされていたと考えられる。

その他、前田本『玉燭宝典』紙背文書の名国司関連文書としては七―11の那須氏の系図がある。これは成功を通じた名国司任官を所望した那須資忠が、直義管下の官途沙汰に申状を提出した際に、先代の鎌倉幕府において歴代先祖が肥前守や加賀守といった国守に任官していた由緒を証明するものとして添えられた系図である。この名国司を所望して申状・系図を提出した当時は越後権守だった「訴人」那須資忠は、『園太暦』によれば貞和三年（一三四七）十二月二十七日の小除目で北禅寺造営功によって安芸守に任官している(79)。直義管下の官途沙汰における成功では、金銭を納めれば誰でも名国司に任官できるわけでなく、先代において既に国守に任官した経歴のある家柄であることを証明する必要があったことが窺える。直義ら幕府は先代の武士社会における官途秩序の維持に努めていたのである。先述のように直義管下の成功による官途推挙により名国司に任官した武士の父祖が先代において国守相当の官歴を有しているのは、鎌倉幕府において既に御家人の官途秩序を維持しようとする姿勢のもとに成功が運用され、開創期の室町幕府もそれを継承したことに由来しているのであろう。

また国司制度と成功制度との関連から見れば、室町幕府開創期に成功を通じて国守に任官した者は、すべて名国司に任官した者である点が大きな特徴である。「名国司」を所望した須賀左衛門尉清秀が正親町長講堂修造功によって壱岐守に任官し(80)、同じく「名国司」を所望した梶原次郎左衛門尉景寛が覚園寺造営功によって美作守に任官しており(81)、

表1

| 年月日 | 名前 | 官途 | 位階 | 成功種目など | 出典・備考 | 大日本史料 |
|---|---|---|---|---|---|---|
| 康永3・7・29 | 平　宣茂（和田） | 越前守 | ？ | 法勝寺造営功 | 『園太暦』 | 6-8-P329 |
| 12・29 | 平　景広（梶原） | 河内守 | 従五位下 | 法勝寺造営功 | 『園太暦』 | 6-8-P562 |
| 〃 | 源　義長（佐竹） | 和泉守 | 従五位下 | 天竜寺造営功 | 『園太暦』 | 6-8-P562 |
| 〃 | 三善信顕 | 飛驒守 | 従五位下 | 平野社神宝功 | 『園太暦』 | 6-8-P562 |
| 〃 | 三善時資 | 薩摩守 | 従五位下 | ？ | 『園太暦』 | 6-8-P562 |
| 貞和元・3・19 | 源　貞政（武田） | 上野介 | 従五位下 | 法勝寺造営功 | 『園太暦』 | 6-8-P878 |
| 8・16 | 平　行連（三浦） | 遠江守 | 従五位下 | 天竜寺造営功 | 『園太暦』 | 6-9-P224 |
| 〃 | 平　直重 | 出羽守 | 従五位下 | 天竜寺造営功 | 『園太暦』 | 6-9-P224 |
| 貞和元・8・29 | 高階行氏 | 常陸介 | 従五位下 | 天竜寺造営功 | 『園太暦』 | 6-9-P254 |
| 11・4 | 藤原範種 | 肥前守 | 従五位下 | ？　11・14 除目で叙爵 | 『園太暦』 | 6-9-P423 |
| 貞和2・2・21 | 源　頼基（土岐カ） | 長門守 | 従五位下 | 春日社造替遷宮？ | 『園太暦』 | 6-9-P832 |
| 貞和3・3・29 | 藤原政元 | 能登守 | ？ | 久米寺造営功 | 『園太暦』 | 6-10-P573 |
| 12・27 | 藤原義房 | 三河守 | 従五位下 | 天竜寺造営功 | 『園太暦』 | 6-11-P63 |
| 12・27 | 平　泰能 | 伯耆守 | 従五位下 | 吉田社四社壁以下功 | 『園太暦』 | 6-11-P63 |
| 〃 | 藤原資忠（那須） | 安芸守 | ？ | 北禅寺造営功 | 『園太暦』『玉』7-11 | 6-11-P63 |
| 貞和4・10・7 | 藤原光範 | 三河守 | 従五位下 | 大原社修造功 | 『園太暦』 | 6-11-P884 |
| 〃 | 平　景寛（梶原） | 美作守 | 従五位下 | 覚園寺造営功 | 『園太暦』『玉』12-17 | 6-11-P884 |
| 12・24 | 藤原時久 | 近江守 | 従五位下 | 護念寺造営功 | 『園太暦』 | 6-12-P218 |

| | | | | | | |
|---|---|---|---|---|---|---|
| 〃 | 藤原貞元 | 出羽守 | 従五位下 | 園韓神造営功 | 『園太暦』『玉』12－22 | 6－12－P218 |
| 〃 | 平　清秀(須賀) | 壱岐守 | 従五位下 | 正親町長講堂修造功 | 『園太暦』『玉』11－15 | 6－12－P218 |
| 貞和5・8・13 | 藤原氏綱(宇都宮) | 下野守 | 従五位下 | 天竜寺造営功 | 『園太暦』 | 6－12－P845 |
| 〃 | 源　重頼 | 若狭守 | 従五位下 | 寿福寺造営功 | 『園太暦』 | 6－12－P845 |
| 12・28 | 源　義茂 | 安房守 | 従五位下 | 正親町長講堂造営功 | 『園太暦』 | 6－13－P172 |
| 観応2・4・16 | 藤原行種(二階堂) | 遠江守 | | 覚園寺造営功 | 『園太暦』『結城文書』 | 6－14－P958 |
| 〃 | 源　秀時 | 信濃守 | 従五位下 | 北野社修造功 | 『園太暦』『結城文書』 | 6－14－P958 |
| 〃 | 源　貞嗣 | 長門守 | | 覚園寺造営功 | 『園太暦』『結城文書』 | 6－14－P958 |

この二人と同様に当該期の除目聞書に「天竜寺造営功」などと尻付のある国守任官者は、成功を通じて名国司に任官した者であると判断できる。この二人ばかりでなく、その他に成功を通じた名国司任官を所望したことが判明する者も、東中務丞・土岐判官頼基・佐々木豊前次郎左衛門尉顕清というように、(82) 彼らが名国司を所望した時点に帯びている官途がみな「○○守」でないことからも明らかであり、当該期の成功を通じた国守任官者は、鎌倉期まで見られた遷任功や重任功といった受領成功でなく、名国司に任官すること自体を目的とした成功に応募した者であることが判明する。つまり、室町幕府開創期までに、国司に関する成功では、遷任功や重任功といった受領功がまったく姿を消し、代わって文永頃に始まる名国司に任官すること自体を目的とする成功へと変質していたのである。

その他『園太暦』に散見される除目聞書によれば、成功を通じて名国司に任官した者の多くは同時に従五位下に叙爵しており（表1）、その他の国守任官者との違いが顕著である。そこではⓐ近江守（大国、従五位相当）やⓑ上野介・

常陸介（大国、次官は正六位下相当）、さらには©能登守・若狭守（中国、正六位下相当）や⓭和泉守・壱岐守（下国、従六位下相当）などといった官途は一律に従五位下に叙されており、官位相当制が無視されている。このことから、直義管下の官途沙汰が、名国司の成功額の一律四千疋への公定や所望国名の指定を禁じた文永の後嵯峨院の決定と類似していることに気づく。直義の官途沙汰は後嵯峨院の決定を原則とした上で運営されていたのである。また、鎌倉末期の功銭請取状に「嶋津下野彦三郎左衛門尉殿名国司功銭事」(83)とあることや、開創期の室町幕府での直義の官途沙汰でも「須賀左衛門尉清秀名国司所望御教書」（十一―15）や「梶原次郎衛門殿名国司所望之功事」（十二―17）とあることから、末期鎌倉幕府とそれにつづく室町幕府では、武士は特定の国を所望して官途沙汰に申請するのではなく、名国司所望として申請していたことを確認でき、この点においても、所望国名の指定を禁じた後嵯峨院の決定を原則としていたことがわかる(84)。

このように直義管下の官途沙汰は文永の後嵯峨院の決定を原則として踏襲し、成功を通じた武士の名国司任官を処理していた。おそらく成功を通じた名国司任官を認めた後期の鎌倉幕府でも同様であったろう。

この所望国名指定の原則禁止は、名国司だけでなく、直義管下の官途沙汰で成功官途として運用された権守にも適用されたらしい。成功を通じた権守の任官を所望した武士が直義管下の官途沙汰に申請する際、「愚息直範権州所望事」（十一―12）といったように名国司同様に国名を指定せずに所望した場合や、「下野権守所望事、為高山寺修造召功内、所挙申也」(85)と直義発給の官途挙状に見えるように国名を特定して申請する場合があった。鎌倉幕府末期の官途挙状には「被挙申諸国権守」とあることから(86)、室町初期においても直義管下の官途沙汰が、国名を指定せずに官途挙状を発給した可能性がある。

また、成功を通じて権守に任官した者の多くが、任官と同時に従五位下に叙爵されたのも、名国司と同様である（表2）。このように名国司・権守がともに、国名指定の所望を禁止され、一律に従五位下相当の官途とされたのは、諸国の名国司・諸国の権守の分配をスムーズにするためであり、除目において欠員が生じた国の国守・権守に任じるためであった。このような措置が可能だったのは、ともに国務に関与せず、実質を伴わない形骸化した官途だったた

**表 2**

| 年月日 | 名前 | 官途 | 位階 | 成功種目など | 出典・備考 | 大日本史料 |
|---|---|---|---|---|---|---|
| 康永3・12・29 | 藤原親連 | 尾張権守 | 従五位下 | 安国寺造営功 | 『園太暦』 | 6-8-P562 |
| | 藤原祐藤(伊東) | 備前権守 | 従五位下 | 正親町長講堂修造功 | 『園太暦』 | 6-8-P562 |
| 貞和元・3・19 | 藤原高光 | 美作権守 | 従五位下 | 正親町長講堂修造功 | 『園太暦』 | 6-8-P878 |
| | 源　幸俊 | 肥前権守 | ？ | 鴨社造営功 | 『園太暦』 | 6-8-P878 |
| 8・16 | 藤原直盛 | 丹後権守 | 従五位下 | 東大寺八幡宮神輿造替功 | 『園太暦』 | 6-9-P224 |
| | 源　武光 | 阿波権守 | 従五位下 | 正親町長講堂修造功 | 『園太暦』 | 6-9-P224 |
| 8・29 | 平　重知 | 備中権守 | 従五位下 | 天竜寺造営功 | 『園太暦』 | 6-9-P254 |
| 貞和2・4・22 | 藤原貞家 | 筑後権守 | 従五位下 | 安国寺造営功 | 『園太暦』 | 6-9-P890 |
| 10・16 | 藤原利顕 | 能登権守 | 従五位下 | 護念寺造営功 | 『園太暦』 | 6-10-P170 |
| 貞和3・11・16 | 藤原家秀 | 長門権守 | 従五位下 | 北野社修造功 | 『園太暦』『玉』3-12 | 6-10-P948 |
| | 平　兼泰 | 筑前権守 | 従五位下 | 北野社修造功 | 『園太暦』『玉』4-19 | 6-10-P948 |
| 貞和5・3・25 | 源　信顕 | 越中権守 | 従五位下 | 筑紫宮造営功 | 『園太暦』 | 6-12-P570 |
| 8・13 | 平　茂実 | 下野権守 | 従五位下 | 高山寺造営功 | 『園太暦』 | 6-12-P845 |

めだろう。

このように共通性の多い名国司と権守だが、当然、差異もあった。三―3の直義管下の官途沙汰での評定事書を見ると、既に官途沙汰での「権守御免」を蒙った諏訪上宮大祝頼嗣が名国司をもとめて官途沙汰に訴え出たことが知られる。また先述の那須資忠は越後権守だったが、成功を通じて安芸守に任官している。この二つの事例は、位階の上では従五位下相当として同等の成功官途であるにもかかわらず、名国司を権守よりも上位に位置付けていた武士たちの認識を示している。前者は、官途沙汰において、所望した名国司ではなく権守推挙の御免を蒙ったことを不満に思ってなされた訴えだと推定される。所望した名国司でなく権守に推挙されたことに不満を抱いた諏訪、所望のあった名国司でなく権守に推挙した直義管下の官途沙汰、この両者の認識は名国司を上位に位置付けている点で共通している。後者の越後権守だった那須資忠の場合も、名国司をより上位なものとして認識していたからこそ、金銭を支払ってまで名国司を所望したのである。

以上のように、文永の後嵯峨院の決定や鎌倉幕府の原則を継承しながら、室町幕府開創期までには名国司は成功官途として制度化された。律令的位階では従五位下は同等であるにもかかわらず、武士は官途によって上下・差異を設けるなど、独自の官位意識・官途秩序を形成しつつあったことが窺える。

## 2　室町初期の公家知行国と名国司

これまでの考察によって、室町初期までに名国司が成功官途となっていたことは明らかである。名国司が、知行国の国守の名目化によって生まれたものであることを考えれば、当該期の知行国と国守（名国司）の関係を明らかにす

る必要がある。よって本節では、室町初期の知行国について概観し、名国司との関係を考察したい。

後醍醐天皇の建武新政権が、鎌倉期に相伝知行した上野国を中院家から召し上げたことはよく知られている。室町幕府が成立すると、建武五年（一三三八）に足利直義主導下の幕府によって上野国も中院家に返付されている。

〈史料四〉光厳上皇院宣写(87)

院宣案

上野国可令知行給之由、院御気色所候也、経顕恐惶謹言、

建武五年七月廿日　　按察使判

進上　三条坊門《（中院通冬）》殿

この史料四のように、知行国の給与は鎌倉期と同じく治天の君が発給した院宣や綸旨によって行なわれており、除目で名国司を申任することで知行国を獲得するということはなかったらしい。

それでは名国司上野介（親王任国のため）はどのように扱われたのであろうか。中院家に上野国が返付されてから八年近く経た康永四年（一三四五）三月十九日の臨時除目で、源貞政が「法勝寺造営功」により上野介に任官していることが知られる(88)。その際の経緯が、臨時除目の上卿として奉行の役に当たっていた上野国の知行国主である中院通冬（当時は大納言）の筆になる『中院一品記』の同日条に詳述されている。

〈史料五〉『中院一品記』康永四年三月十九日条

①又上野介源貞政為花山院定雅公名字押、②雖可直付、武家任人先々無左右無沙汰之間、以職事頼為奏此趣、先々如此事上卿参議雖令自専、武家任人之時、後日有其便事等之旨伺申入候、可為何様哉之由申入之、③傾之帰出云、為

武家任人無左右不可改、追可有其沙汰上者、先可書載旨被仰下、此上者不能左右、令書之、召名書了、

この除目では上野介に任官する源貞政の名前の読みが鎌倉時代の公卿花山院定雅と同じ「サダマサ」である点が問題にされている（傍線部①）。本来、高貴な公卿の名の読みに通じることは憚られるので、この「武家任人」源貞政の名の記載を訂正すべきであった。しかし訂正されていないので職事葉室頼為を通じてその処置について天皇の裁可を仰いだ（傍線部②）。その天皇の返答は、源貞政は「武家任人」であるから改めることはせず、そのままで召名に記載するようにとの仰せであった（傍線部③）。

このことから、源貞政は幕府の推挙によって任官した「武家任人」の一人であることがまず確認できる。幕府が朝廷に推挙した際に、名前の読みが通じることを憚るべき過去の尊貴な公家・皇族を調べることを怠ったまま推挙して朝廷に伝達したために、このような問題が生じたのだろう。これら史料からすれば、幕府が組織的な成功を通じて朝廷に官途を推挙した中の一人に源貞政も含まれ、貞政が成功を通じた名国司任官を所望して幕府に申請し、幕府の推挙を経て除目で任官されたことが判明する。(89)

史料五の記述からすると、上野国の知行国主中院通冬から見て上野介源貞政は「武家任人」であって、国主として名国司上野介を申任していなかったのである。また名前に関する憚りの問題についても、中院通冬は国主の地位に加えて、本来ならこの種の問題を「自専」できる除目の上卿であったにもかかわらず、名国司の源貞政が「武家任人」であったために自ら処理できなかったことも、当該期の知行国主（知行国）と名国司の関係を象徴する事柄である。

室町初期、知行国の公家への給与は前代と同じく治天の君が発給した院宣や綸旨によってなされ、知行国の国主となった公家は国守（名国司）を申任しないようになった。名国司は、知行国主とはまったく関係のない成功任官可能

な官途として位置付けられ、成功を通じた任官を所望する武士を幕府が朝廷に推挙し、その後朝廷が除目で任じるといった手続きも採られるようになったのである。

また実際に上野国で国務を担当していたのは眼代であって、承久の乱の際に後鳥羽院の武力の中心でもあった藤原秀康の弟秀能の子孫の一流が任じられている。[90] 鎌倉後期の藤原秀能流は、持明院統代々の下北面として活動する一方、中院家など諸公家の家侍としての活動も見られ、[91] 建武新政時に中院家が知行国上野を没収される以前から眼代に任じられていた。[92] これより鎌倉後期から室町幕府開創期にかけての中院家知行国上野では、国主が名国司上野介を申任することなく、国務はもっぱら眼代が担っていたのである。

室町初期の知行国は、治天の君が発給する院宣や綸旨によって給与された点では鎌倉期の知行国と共通し、また眼代が国務を担った点では、鎌倉期の知行国や関東知行国と共通する。しかし、国主が国守を申任するのではなく、国主とは関係のないところで、幕府の運用する組織的な成功を通じて、多くの御家人が名国司に任官する点が新たに確認できる。

このような在り方は、直義が官途沙汰を管掌していた室町幕府開創期に新たに出現したものではないだろう。その端緒は、文永年間頃、知行国主による名国司申任の濫用に対処するため、朝廷が名国司を成功官途に組み込み、名国司を知行国および国主から独立した存在へと変質させたことにあるだろう。その後、それまで御家人の国守任官を制限していた北条氏専制下の鎌倉幕府が、名国司を成功による任官可能な官途に位置付けたことで成立した在り方であり、それを室町幕府が継承したのだろう。

## おわりに

小稿では冒頭、⑴名国司の概観、⑵鎌倉・室町初期における名国司と受領の区分、⑶武家政権と名国司・官位制の関係、⑷国司制度崩壊過程における名国司の位置、といった四点の解明を課題として掲げた。これら課題にそくして以下に拙論を述べ、最後に⑸今後の課題を述べてまとめに代えたい。

⑴名国司（めいこくし）は、鎌倉時代、知行国の名目化した国守を名国司と呼ぶことから始まる。知行国主によって推挙された子弟や一族などが朝廷の除目で国守に任官したけれども、次第に名目化して名国司と呼ばれるようになる。この国守の名目化は、公家知行国ばかりでなく関東知行国でも進行した。やがて国主が「凡卑」な者から任料をとって朝廷に推挙するなど、国主による名国司申任の濫用によって官位・身分秩序が乱れるようになった。朝廷はこの事態に対して、初めは国主による国守申任の濫用を禁じたが、後嵯峨院政期の文永年間頃には、名国司を成功官途とすることで対処した。朝廷が名国司を成功官途にすると、それにつづいて鎌倉幕府も御家人が成功を通じて任官できる官途とした。この成功官途としての名国司については、所望国名の指定禁止や諸国一律の成功額や一律従五位下相当とする原則が定められた。この原則は、鎌倉期の公武ばかりでなく、室町初期の足利直義管下の官途沙汰にも継承された。直義の失脚とともに成功官途としての名国司も見えなくなる。以後、御家人は将軍の推挙によって名国司に任官し、戦国大名が家臣を名国司に任じたりもするようになる。

⑵これまでの武家官位制研究では、遠江守など諸国の国守は「受領官途」と称されて一括されてきたが、小稿で考察を試みたような名国司・国守の変質や、名国司と受領の差異などはまったく考慮されてこなかった。

しかし、鎌倉幕府および足利直義の官途沙汰は、名国司と受領について識別をしていたようである。当該期の成功に関する幕府および御家人の史料を見ると、鎌倉期では「嶋津下野彦三郎左衛門尉殿名国司功銭事」[93]、「めいこくし御めんのくわんとう御けうそ」[94]、室町初期では「須賀左衛門尉清秀名国司所望御教書」(十一―15)、「梶原次郎左衛門殿名国司所望之功事」(十二―17)、「東中務丞名国司所望事」[95]など、任官自体を目的とする成功によって任官できる国守を名国司と呼ぶことで終始一貫している。これは武家だけに限ったことでなく、『吉続記』の記述に、後嵯峨院が「功人名国司所望事」について「名国司事、差申其国不可然」などと決定したことが見えるように、公家・朝廷側でも同じであった。

このように知行国における名目化した国守を名国司と呼び、任官自体を目的とする成功官途として国守も名国司と呼ぶのは、そこに連続性があったからである。知行国主による名国司申任の濫用への朝廷の対処として成立したように、任官自体を目的とする成功官途としての名国司は、知行国制の名国司に起源があり、よって両者はともに名国司と呼ばれたのである。

となると、鎌倉幕府の追加法や発給文書に見える名国司は、受領などの表記と区別して考えるべきであり、また、名国司と受領の差異を考慮することなく進められた、鎌倉幕府による受領官途の任官制限に関する先行研究についても、再検討が必要であろう。

(3)そこで鎌倉幕府と国守の関係を、先行研究の成果と、小稿で考察した受領・名国司の別など国司制度の変容を踏まえて概説すると以下のようになる。

成立期から貞永式目制定頃までの幕府は、御家人の受領任官を制限しようとした点に特徴がある。平安後期の桓武

平氏・清和源氏といった武家の棟梁でさえ、諸国の国守を歴任する受領層であったことを考えれば、当初より鎌倉幕府が国守（受領）任官を侍層については禁止し、源氏一門など有力御家人のみに制限したのはごく自然な流れだと言える。また国守が受領として任国支配の実力を有した時期では、遠江守安田義定のように幕府からの自立性が高い受領は、幕府からみれば危険分子であったのである。

その後、知行国主による名国司申任の濫用の風潮にともなって、幕府御家人の中からも名国司に任官する者が増加する。(96) 侍層の受領任官を禁止する幕府の政策があるにもかかわらず、野本時員が臨時内給によって名国司に任官できたのは、御家人側にも受領と名国司について明確な区分の意識が存在したことを示すであろうし、受領への任官に注意を払ってきた幕府の官位政策が名国司の普及という事態に対応しきれていない事情を示しているのであろう。

式目第三九条では「申受領検非違使之輩、於為理運者、雖非御挙状只御免之由、可被仰下」と規定したものの、野本時員の子時行が、父と同じ臨時内給による名国司任官を所望したのも、同様な事情からであろう。この所望を却下した際の幕府の主張は、「不付成功、直令拝除」ことを禁じた法に背く点に根拠がおかれたように、式目でいう「御免」を蒙るか否かに根拠がおかれていない。「内挙」といった幕府の挙状を伴う臨時内給によって名国司に任官したいという御家人の申請に対して、幕府は受領に関する式目規定を適用出来なかったのであり、また、式目の「被召成功之時、註申所望人者既公平也、仍非沙汰之限、為昇進申挙状事、不論貴賤、一行可停止之」という、挙状による任官禁止と御家人の成功任官といった原則を根拠に却下するしかなかったのである。

その後、名国司任官について幕府は、侍層は成功、諸大夫は成功不要という政策をとり、建治三年になって侍・諸大夫ともに成功が必要な官途とした。このように幕府が名国司に関する法整備が可能となったのは、任官自体を目的

とする成功官途として、朝廷が名国司を制度化しつつあったからだと思われる。

また、幕府の名国司に関する政策は、公家知行国での名国司申任の濫用を制限しようとする朝廷の動向と共通していた。国主の申任濫用によって名国司に任官した者の多くには幕府御家人ら武士が含まれており、名国司の濫増のために官途・身分秩序が混乱したのである。公武ともにこの現象に対処する必要があり、名国司の成功官途化がなされたのである。

この視点に立つと、朝廷の成功では官途の単価が引き下げられていく傾向にあるのに対して、高い成功額を維持した幕府独自の御家人官途政策は「非公武協調型」(97)であるとする従来の評価も再考する必要がある。朝廷では、零落しつつある中下級の公家・官人などから少額の成功銭を徴収しても、成功任官者が官途秩序を乱す可能性を低く抑えることができた。一方の幕府は、先行研究で指摘されているように、得宗など北条一門の多くでさえ相模守や武蔵守であったから、幕府固有の事情として御家人の名国司任官を制限する必要があった。加えて、成功を通じて名国司などに任官し、官途秩序全体の混乱を招く可能性が最も高かったのが御家人であった。これに対処するためにも、幕府は成功額を高額に設定する必要があったのだろう。

成功額のみ見れば、公武は好対照な政策をとっているようにも見えるが、成功制の運用を通じて官途・身分秩序を維持しようとする点では公武の官途政策は共通する。このような認識に立った幕府が、成功を運用して御家人の名国司などへの任官を制限しようとすれば、公家よりも成功額が高額となるのは当然の成り行きだったのである。

鎌倉幕府の官途政策は、先行研究で指摘されているように独自な面を有する一方、国守など律令的官職の中世的変容や朝廷の官途・身分政策にも規定され、またそれに対応していた面も同時に有していたのである。

⑷国司制度崩壊に関する先行研究では、以下に掲げる三つの有力な見解が示されている。ⓐ武家による名国司の成功任官とその濫増が、国司制度崩壊の一因となったとする通説的な理解。[98] ⓑ官位相当制に基づいた国守申任を伴う知行国制を抑え、さらに知行国制下で進んだ国務の私領化を否定したと、建武政権による国司制度改革を評価した佐藤進一氏の説。[99] ⓒ佐藤進一氏が説くような建武の国司改革は、「国主―国守」といった官位相当制に規定された「知行国の形式」を否定したに過ぎないと批判し、一方、国衙領からの収益を公家に付与するための「政治制度としての知行国制」を継承発展させたのが、建武政権下の国司制度であると説く遠藤基郎氏の説。[100]

ⓐ説では、知行国主の申任濫用への対処としての名国司の成功官途化、ⓑ・ⓒ説では、名国司の成功官途化と知行国制からの離脱化という鎌倉末期の状況、といった点を見落としており、ⓐⓑⓒ説ともに首肯し難い点がある。また、知行国制と同様に国衙領からの収益を獲得する制度にほかならない建武の国司制度は、「政治制度としての知行国制」だと評価する遠藤氏の説にも従い難い。受領も知行国主も、また建武政権期の国守も、各国の国務を掌握し、国衙領から利益を得ようとする点で共通するのだから、遠藤氏の説に従えば、これら全てが「政治制度としての知行国制」となってしまう。三者の差異は形式や任命手続きなどであり、それら差異が政治的・社会的な背景に起因している点こそ重要なのではないだろうか。国守以外の第三者に一国を給与するのが知行国制なのであり、この点に受領や建武期の国司との差異があるのだ。

以上のように先行研究にも成立し難い点がある。そこで試みに私見を以下に述べたいと思う。

まず議論の前提として、律令官制上の国司つまり国守が、国務に関与しないようになることを以て国司制度の崩壊

とする考え方をひとまず保留し、それに代わる新たな国司制度として知行国制を想定する。鎌倉期の知行国制では、国主が知行国を支配して利益を得、成功や諸国所課を負担するなどの機能を果たしていたからである。

そのように考えると、後嵯峨院政期ごろの朝廷は、形骸化しつつあった名国司を国務に関与する国司へと復帰させるのではなくて成功官途に組み込み、一方では現実に機能している知行国制を継続させたのだと理解できる。[101]

この新たな国司制度である知行国制は、鎌倉末期まで広範に見られるのに対し、室町初期にはまったく衰退してしまうことが明らかである。よって室町期に国司制度が崩壊したと考えることができる。

そして、この室町期の知行国制の消滅は、建武政権の影響を強く受けたと考える。具体的に言えば、一つは建武政権による国司制度において、知行国の没収が行なわれ、代わりに官位相当制を無視した国守補任がなされたため、知行国制が中断した影響である。一つは建武政権の倒壊と北朝（持明院統）の擁立が足利尊氏ら武士の力によって達成され、北朝には鎌倉期の治天の君が有していた支配者たる実力が失われた影響である。

建武五年七月二十日、建武政権を倒した室町幕府は、「武家知行国衙等、如旧可為公家御沙汰」の旨を奏聞して、公家に「武家知行国衙」を返付した。[102]そしてこの時、史料四の光厳院の院宣によって、中院家に上野国が返付されたことが知られるように、北朝において知行国制が復活した。

しかし実際には、「如旧」と、鎌倉期への復帰という意図で幕府の返付がなされたため、この時に返付されたのは「五代相続重任」や「当家重任異他」といった相伝の由緒をもつ中院家など少数の公家だけだった。[103]両統迭立期の皇統交代のたびに大幅な国主交代があった多くの諸国については、返付の対象となるような由緒を有する公家が存在しなかったのであり、知行国制の復活は部分的なものに過ぎなかった。

さらに、建武政権倒壊後に幕府によって擁立された北朝は、鎌倉期の治天の君のように、公家に知行国を分配・給与できるような自立的な実力を喪失していた。そのため効力のある給国をできず、室町期になると知行国制度が崩壊・消滅するのである。結局、建武の知行国制中断が、室町期の知行国制復活を困難にした要因となったのである。

以上のように、小稿では、名国司の成立が律令官制上の国司制度崩壊の原因となったと理解するけれども、朝廷による諸国支配や把握のための手段たる国司制度の崩壊とは考えない立場をとる。そして、律令官制上の国司制度に代わる新たな国司制度と捉え得る知行国制が、室町初期に消滅するのを以て国司制度の崩壊と理解する。

(5)小稿では名国司を中心とした国司制度の分析に終始したため、残した今後の課題も多い。ここに官位制に関する課題をⓐ・ⓑ二つ掲げる。

ⓐ個々の官職の中世における変化の分析や、その結果の集積・総合によって、中世官位制の具体像や特質を解明することが必要である。時期毎の官位制に関する知識なくして、武家官位制の評価は正確性を欠くと考えるからである。

ⓑ律令的官位制から見た、武家政権成立の意義や、武家（武士）が帯びた官位の意義などは、今後、追求すべき問題ではなかろうか。[104]

〔注〕

(1)『国史大辞典』十三巻五一八頁の「名国司（みょうこくし）」（時野谷滋執筆、吉川弘文館）。その他の日本史辞典もほぼ同内容である。

(2)時野谷滋「名国司（みょうこくし）」（『国史大辞典』十三巻五一八頁）。

また知行国については多くの論稿を参照したが、代表的な橋本義彦氏と時野谷滋氏の論稿を以下に掲げる。

橋本義彦「院宮分国と知行国」(『平安貴族社会の研究』吉川弘文館、一九七六年)、「院宮分国と知行国再論」(『続律令国家と貴族社会』吉川弘文館、一九七八年)。

時野谷滋「御分国・知行国制度の研究」(『律令封禄制度史の研究』吉川弘文館、一九七七年)、「再び知行国制の成立について」(『日本歴史』三七八、一九七九年)。
(3)正和三年十月十一日久米寺雑掌代僧唯寂功銭請取状(「島津伊作家文書」〈『鎌倉遺文』三三―二五二五七〉)など。金子拓「鎌倉幕府の御家人任官統制政策」(『歴史』八〇、一九九三年、のち同著『中世武家政権と政治秩序』第一部第一章〈吉川弘文館、一九九八年〉に所収)。
(4)金子拓「室町幕府初期における官途吹挙と武家官途」(『日本史研究』三八六、一九九四年、のち金子氏前掲注(3)書の第一部第二章に所収)。
(5)二木謙一「室町幕府の官途・受領推挙」(『中世武家儀礼の研究』吉川弘文館、一九八五年、初出は一九八一年)。金子氏前掲注(3)・(4)論文。田中修實「中世後期受領名官途の在地効果―備中守の事例を中心に―」(『法制史研究』三九、一九九〇年、のち『日本中世の法と権威』〈高科書店、一九九三年〉に所収)。同「赤松氏守護管国における在国・隣国受領名官途の権威と構造―美作守・備前守の事例を中心に―」(『立命館史学』五一九、一九九〇年、のち前掲書に所収)。青木幹哉「王朝官職からみる鎌倉幕府の秩序」(『年報中世史研究』一〇、一九八五年)。今谷明『戦国大名と天皇』第二章「官位をめぐる相剋」(講談社学術文庫、二〇〇一年、一九九二年に福武書店より出版された同題本の文庫版)など。
(6)おもに、金子氏前掲注(3)論文、青木氏前掲注(5)論文、上杉和彦「鎌倉幕府と官職制度―成功制を中心に―」(『史学雑誌』九九―一一、一九九〇年、のち『日本中世法体系成立史論』〈校倉書房、一九九六年〉に所収)の三論文の成果を参照。
(7)名国司を「みょうこくし」と読むものを以下に掲げる。『国史大辞典』十三巻五一八頁。『岩波日本史辞典』一一〇四頁

（岩波書店、一九九九年）。『日本史広辞典』二〇六一頁（山川出版社、一九九七年）。『角川日本史辞典』五八〇頁の「受領（ずりょう）」の項（角川書店、一九九六年）。『日本国語大辞典』十八巻六八〇頁（小学館）。金子氏前掲注(3)書の「索引Ⅰ　人名・事項」の九頁の「み」。

(8)瀬野精一郎「庁宣（ちょうせん）」（『国史大辞典』九巻六〇〇頁）。『古事類苑』総目録・索引。和田英松（所功校訂）『新訂　官職要解』一六五頁（講談社学術文庫、一九八三年、初版は明治書院より一九〇二年）。『岩波日本史辞典』一一〇四頁。『日本史広辞典』一六一九頁。『日本国語大辞典』十五巻二三三頁。吉井功兒氏は「名国守」を「なこくしゅ」と呼んでいる（『建武政権期の国司と守護』三五四頁、近代文芸社、一九九三年）。

(9)元亨四年三月十三日付島津伊作家文書目録（「島津伊作家文書」〈『鎌倉遺文』三七―二八六九八〉）。

(10)正和三年十月十一日付久米寺雑掌代唯寂功銭請取状（「島津伊作家文書」〈『鎌倉遺文』三三―二五二五七〉）など。

(11)前掲注(9)目録。

(12)吉村茂樹『国司制度崩壊に関する研究』（東京大学出版会、一九五七年）など。

(13)富田正弘「国務文書　付大宰府文書」（『日本古文書学講座』第三巻古代編Ⅱ、雄山閣出版、一九七九年）。

(14)『山槐記』治承三年正月二日条。『勘仲記』弘安十一年三月十五日条の伏見天皇即位の際における太政官庁修造の記事に「登籠伊予国、西園寺大納言沙汰、」や「北門伊豆国、大炊御門大納言沙汰、」とあるように、後になると、成功などの諸国に賦課された負担を担う主体が国守でなく知行国主になる点を比べると、治承年間の知行国における国守の特徴がより鮮明となるであろう。

(15)『山槐記』治承三年正月六日条。

(16)『玉葉』文治二年四月十三日条。竹内理三「寺院知行国の消長」（『寺領荘園の研究』吉川弘文館が一九八三年に復刊、初版は一九四二年）。

講談社学術文庫『新訂　官職要解』一六五頁では、仮名之国司を「かなのこくし」と読んでいる。国語辞書などの類によれば、「かな」は真名に対する平仮名・片仮名といった仮名（かな）で用いる。一方、仮名之国司とは、仮りの名称

を意味する仮名（けみょう）で国司を修飾して成り立っている言葉だと考え、「けみょうのこくし」と読む立場をとる。

(17)『玉葉』文治二年四月十三日条。

(18)『玉葉』建久四年四月十日条。講談社学術文庫『新訂　官職要解』一六五頁では名代国司を「なだいこくし」と読んでいる。名代国司は、代理をつとめることや代理人、身代わりを意味する「みょうだい」で国司を修飾して成り立っている言葉だと考えられるので、小稿では「みょうだいこくし」と読む。

(19)東大寺造営料国の国守（名代国司）とはいえ、後白河院の分国からの移行であり、また将来的には国守（名代国司）一条能保が国主となる知行国へ移行することが約束されているその互換性を考えれば、この国守（名代国司）は知行国のそれとほぼ同様であると考える。

(20)『玉葉』建久四年四月九日条。

(21)「検非違使補任」（『続群書類従』第四輯下）。次に名国司が見られる史料は『吾妻鏡』建長二年十二月九日条である。尚「検非違使補任」にはその他、建長六年に一例、同八年（康元元年）に三例、文永二年に一例、文永三年に一例、名国司を見ることができる。

(22)この建久四年の東大寺造営料国備前と播磨両国について、頼朝が両国守を申任したのもこのような事情に起因していると思われる。頼朝は東大寺造営料国としての機能の障害とならない国守を保証し、それを確たるものにするため、国務に関しても調整しやすく自分とゆかりの深い一条能保を国守に申任したのであろう。『玉葉』建久四年四月十六日条で、九条兼実の調停により、国守一条能保による「先使」＝「前使」派遣を重源が承認した後に「申可給証文之由、仰合能保卿、仰宗頼遣御教書於長官定長卿之許了、其旨仰上人了」とあるように、国守の国務をめぐる兼実・能保・重源の交渉結果を証文の形で残したのも同様の事情であろう。ただし、このようなことは例外的で、子弟などを国守に申任していた当時の知行国一般には見られなかったものと思われる。

(23)遠藤基郎「鎌倉後期の知行国」（『国史談話会雑誌』三二、一九九一年）、橋本氏前掲注(2)の「再論」。

(24)遠藤氏前掲注(23)論文の表2を参照。

(25)内閣文庫『公家新制』（佐藤進一・百瀬今朝雄・笠松宏至校注『中世政治社会思想』下、四〇頁〈岩波書店、一九八一年〉）。

この宣旨の文末にある「又一任之中、莫改任之」の部分について、時野谷滋氏はこの「部分の具体的意味を、私は長年解釈出来ないでいたが、これは知行国の改給を禁じたものと考えれば、十分説明がつくと思う」と解釈されている（時野谷滋「再び知行国制の成立について」〈『日本歴史』三七八、一九七九年〉）。しかしこれは時野谷氏が説かれているような、ある国を知行する公家に対して、その知行国にかえて新たに別の知行国を給与する「改給」を意味しているのではなく、拙稿本文中で説明しているように、知行国主がその「一任中」に、任料取得などのために何人もの人間を国司（名国司）に申任することを禁じたものである。当条の事書に「可撰其人任国守事」とあるように、この条文の主意は知行国主に名国司申任の濫用を禁ずることにあるから、「莫改任之」とある「改任」の主体は知行国主の「維月仙雲之客」であり、改め任ぜられる客体である「之」とは事書の「任国守」の国守（名国司）である。以下に意訳を掲げる。

一　可撰其人任諸国守事

仰、①頃年以降、封戸・職田之禄、已依陵遅、②維月仙雲之客、偏致国務、申任其宰吏、称之名国司、③或挙家僕不撰品秩、④或依任料不嫌凡卑、⑤自今以後、撰其仁可挙之、⑥又一任之中、莫改任之、

事書…（知行国主が）人を選んで国守（名国司）を申任すべきこと。

本文…①近年、封戸・職田之禄がすでに廃退したため、②高貴な者でも国務に関与するようになり（国を知行するようになり）、宰吏（国守）を申任するようになった。これを名国司と称す。③その際（国主となる高貴な者は）、身分（品秩）をかえりみずに家僕を名国司に推挙したり、④任料を取って、卑しい身分の者（凡卑）もかまわずに推挙したりしている。⑤今後、（知行国主となる高貴な者は国守として申任する人物について）厳格に人選して推挙すべきである。⑥また、（国を知行している）任期中、（知行国主は）国守をまた新たな別人に改任すべきでない。

(26)国雑掌の活動については本郷恵子氏の著書に詳しい（『中世公家政権の研究』東京大学出版会、一九九八年）。吉村茂樹

氏は「知行国に於て知行主と知行国守乃至目代との間に更にその国務を行ふべきもの」がある点などについて指摘されている（吉村氏前掲注(12)書の第三編第五章「領国知行制の進展」）。

(27)『吉続記』文永八年三月七日条。

(28)上杉氏前掲注(6)論文などを参照。

(29)本郷氏前掲注(26)書によれば、官方・蔵人方の担当者が成功任官所望者を探して奏聞し、それを受けた上級貴族層の評議によって人選や任官・叙位にいたる処遇などが審議され、それによってコントロールされる。

(30)本郷氏前掲注(26)書、及び吉村氏前掲注(12)書。

(31)名国司が成功によって任官可能な官途になった時期を特定することは困難である。但し、文永二年になって初めて具体的な運用原則が後嵯峨院によって決められたように、文永年間をそれほどさかのぼらないように思われる。

足利直義が官途沙汰を管掌し、多くの武士が成功によって名国司に任官した室町初期の除目聞書には、「北野社修造功」などの尻付の記載が見られる。この尻付は、『勘仲記』正応元年（一二八八）七月二十四日の除目聞書が初見のようである。同日の除目聞書には「安芸権守源時清外宮仮殿遷宮功」と「筑前守藤原景継北野大政所功」とあり、これについて記主藤原兼仲は「国守并権守加階輩等、内々者雖済功物、被載尻付之条、近例不及見歟、奉行職事之違失也」と記している。これによれば、除目聞書では成功によって国守に任官した者については「〇〇功」と尻付を記載することは通常なかったようである。その他の左衛門尉など既に名目化した官途については尻付の記載がなされていたことを考えると、この記載上の変化は、国守の成功に関する性格が、受領成功から名国司の成功へと変質したことに由来するものかもしれない。

(32)吉村氏前掲注(12)書の第三編第三章「売官並びに成功の制」。吉村氏はその著書中で「成功によって所謂名国司の濫増、殊に武家にして成功による名国司たるものが多く生じた事は、成功の弊の最もなるものである」と指摘されておられる。的を射られた指摘であるけれども、本文中に述べている如く名国司の増加の原因を、ただ成功のみに帰すべきではなく、名国司を成功官途に組み入れる契機ともなった知行国主による名国司申任の濫用などにもその原因を求めるべき

である。

その他、成功については、竹内理三「成功・栄爵考」（『律令制と貴族政権　第Ⅱ部』吉川弘文館、一九五八年）、難波文彦「「成功」の特質とその意義」（『国史談話会雑誌』二七、一九八六年）、上島享「成功制の展開」（『史林』七五―四、一九九二年）などがある。

(33)上島享「受領成功の展開」（井上満郎・杉橋隆夫編『古代・中世の政治と文化』思文閣出版、一九九四年）。

(34)『玉葉』文治二年十月三日・十一日条など。

(35)『吾妻鏡』文治五年三月十三日条、その他「弘長三年八月十三日宣旨」の「可興行諸国正税減失事」・「可興行同公田減失事」（内閣文庫『公家新制』〈前掲注(25)書に所収〉）や『明月記』寛喜二年二月八日条など。

(36)白川哲郎「鎌倉期王朝国家の政治機構」（『日本史研究』三四七、一九九一年）、「平安末～鎌倉期の大嘗会用途調達」（『ヒストリア』一三四、一九九二年）。

(37)「建久二年三月廿二日宣旨」（国会図書館『三代制符』）、「弘長三年八月十三日宣旨」の「不可諸社諸寺造国徒送年序事」（内閣文庫『公家新制』）。ともに前掲注(25)書に所収。

(38)『吉続記』正安三年十一月六日条。このような受領功の低額化や遅滞などについては既に多くの先行研究で触れられている。

(39)『公衡公記』正和四年四月二十五日条の日吉神輿造替例。

『勘仲記』正応元年二月二十九日に「諸国受領功」として坊城俊定に給与された河内国と共に受領成功の対象の知行国とされた加賀・長門の国守は、三月六日の小除目でそれぞれ叙任されていることが確認され、知行国主による申任が継続されていたことが窺われる。

(40)本郷氏は前掲注(26)書の中で、成功は、地下の官職を対象とする任官功と、知行国主の地位を対象とする受領功に大別され、そのうち任官功が「諸国所課未済を埋める、最も確実な資金調達方法として多用された」点を指摘されておられ

る（一七一・二〇二頁）。このような現象は「諸国所済不足之間、靫負尉行事官挙申」（『勘仲記』正応元年八月二十七日条）などで確認できる。

　このような受領および知行国主による経費負担能力の減少は、諸国所課ばかりでなく受領功にも及んだのは先行研究の通りである。これらを背景にした鎌倉後期から室町初期にかけての時期に見られる、受領功からの名国司成功への変化は、任官功が任官自体を目的とする成功でもある性格に留意すると、受領功から任官功の一つとしての名国司成功への変化という側面があったとも言い得るのではないだろうか。

(41)「隠岐国可知行之由」を記した院宣によって隠岐国を給与された国主の藤原（勘解由小路）兼仲は（『勘仲記』弘安九年四月二十七日条）、自らは「隠州眼代」を「補任」し（四月三十日条）、さらに小除目で「隠州国司」を申任している（七月十一日条）。

(42)『勘仲記』正応元年二月二十九日・三月六日条。

(43)佐藤進一「関東御分国考」（『法制史研究』一、一九五一年、法制史学会第一回東京部会発表要旨）。佐藤氏は鎌倉幕府将軍家知行国（一般にいう関東知行国）と関東御分国との相違について、①関東御分国は幕府の東国行政権が及ぶ諸国であり、②将軍家知行国（関東知行国）については直接言及されていないものの、「将軍家以外の者の知行国」という表現をなされているので、一般の知行国と同様なものと考えておられるようである。

(44)石井進「鎌倉幕府と律令国家」（石母田正・佐藤進一編『中世の法と国家』所収、東京大学出版会）。同氏「鎌倉幕府と国衙との関係の研究」（『日本中世国家史の研究』岩波書店、一九七〇年）。

(45)石井氏前掲注(44)論文。石井氏によると、関東知行国とは、①幕府が一国平均役の徴収権を持ち、②軍事指揮権等の幕府の特殊権限を行使でき、③幕府が寺社の修理造営や興行などを行なうことができ、④幕府が国衙在庁を指揮できたなどの性格を有する、また頼朝挙兵以来の実力による支配に基づいて、それを承認する寿永二年十月宣旨によって確定した「東国」であるとする。

また、石井氏が指摘された、知行国主である将軍と名国司との中間に国務にあたる人物が介在したという説は、それ以前に吉村茂樹氏が前掲注(12)書中に「国守の挙申権は鎌倉幕府将軍にあり、その補任権が朝廷にあった事は言ふまでもないが、当該国に於ける国務の支配権はすべて鎌倉幕府にあって」と同様な指摘をされている。さらに吉村氏は鎌倉期の公家知行国についても、「知行主と知行国守乃至目代との間に更にその国務を行ふべきものがあって」と同時期の公家知行国でも同様な現象が見られた点を指摘されている。

第二章の第二節でみる南北朝期の中院知行国上野の事例のように、鎌倉期においても国守（名国司）とは別に国務や目代が存在して実際に国務を担当していたことが知られる（『三長記』元久三年四月十七日条など）。

但し、その場合、知行国主と国守(名国司)・目代の間に国務が存在すると考えるのではなく、国守（名国司）が形骸化・名目化して、知行国主より任じられた目代や国務が実際の国務を担当するようになったと考える方が適当だと思われる。目代や国務が同一知行国に存在しても、それは何かしらの役割分担が存在したか、その知行国主の家における知行国支配の習慣から目代の形骸化が進行して国務がおかれるようになったかのいずれかだと想像する。いずれにせよ、目代や国務は、律令官制である国守（名国司）とは基本的に性格が異なる点や、ともに国主が私的に任ずるものである点を重視する（本郷氏前掲注(26)書二〇五～二〇八頁参照。また注(91)に本郷氏の指摘部分を引用）。

(46)『玉葉』文治二年八月十九日条。吉村氏前掲注(12)書では「関東分国」（将軍家知行国・関東知行国のこと）が一般知行国と形態や性質において何等異なる所がないものである点も指摘されている。

(47)『吾妻鏡』文治三年十月二十五日条など。

(48)『玉葉』文治三年十一月十三日条。

(49)『遷幸部類記』所収「光親卿記」建暦三年二月二十七日条。

(50)『吾妻鏡』建久元年四月十九日条。

(51)その他、頼朝知行国武蔵に関しては次のような事が知られる。

『吾妻鏡』建久四年六月一日条…曾我五郎の弟僧の母が武蔵守平賀義信に再嫁すると、この母子は武蔵国府にあったとある。これより頼朝知行国の武蔵国の国守の家族が国府に住居したことが窺え、国司が実際に国務に関与していたことが察せられる。

『吾妻鏡』建久六年七月十一日条…「武蔵国務」に関し、武蔵守平賀義信の成敗が「民庶雅意」にかなった良政であったことを聞いた頼朝が、義信に「御感御書」を与えた。これより武蔵守平賀義信が「在庁」を指揮して「国務」を掌ったことが知られる。

(52)『明月記』建永元年正月十三日条。
(53)『吾妻鏡』建永元年二月二十日条。
(54)『吾妻鏡』寛元四年六月十三日条。
(55)『吾妻鏡』延応元年六月六日条。
(56)「関東評定衆伝」(『群書類従』第四輯)。
(57)『吾妻鏡』康元元年十一月二十二日条。
(58)「関東評定衆伝」(『群書類従』第四輯)。
(59)『吉続記』文永十年七月一日条には「被行小除目、頭中将(滋野井実冬)奉行也、関東挙申武蔵国司」とあって幕府の推挙によって小除目が行なわれているのが窺える。この時連署の北条義政が武蔵守に任官した。
(60)「関東評定衆伝」(『群書類従』第四輯)によると、正嘉元年、将軍家知行国の一つ越後守は北条実時であったにもかかわらず、連署で武蔵守であった北条政村が同年五月七日に「越後国国務」を賜っていたことが知られる。

また『平戸記』寛元三年十月十五日条には「故朝時法師」(越後国守護北条朝時)が送った使について、「其使越後目代」と注記されている。越後守が国務を担っていたのではなく、守護北条朝時が目代などを用いながら国務を担当していたらしいことが窺える。

(61)前掲注(45)参照。
(62)『勘仲記』弘安七年八月八日条。
(63)『吾妻鏡』承元三年五月十二日条。
(64)『民経記』寛喜三年十月二十一日条。この関東成功の詳細については上杉氏前掲注(6)論文を参照。
(65)名国司の任官自体を目的とする成功では、重任功や遷任功が見られないことは第二章第一節に後述。
(66)『吾妻鏡』建長二年十二月九日条。
(67)佐藤進一・池内義資編『中世法制史料集』第一巻　鎌倉幕府法　二三頁（岩波書店、一九五五年）。
(68)『吾妻鏡』建長二年十二月九日条。
(69)青山氏前掲注(5)論文。金子氏前掲注(3)論文。
(70)『吾妻鏡』寛元元年二月二十五日条。鎌倉幕府法追加法二〇四条（『中世法制史料集』第一巻一四二頁）。
(71)青山氏前掲注(5)論文。
(72)青山氏前掲注(5)論文。金子氏前掲注(3)論文。
(73)青山氏前掲注(5)論文。
(74)上杉氏前掲注(6)論文。また北条一門に便宜がはかられていた鎌倉幕府の官位政策ではあったけれども、『勘仲記』正応元年八月二十七日条には「被行小除目、上卿参議、武家南方人丹波守任料」と、六波羅探題（南方）の北条盛房が丹波守に任官するために任料を払っていたことも知られる。
(75)「島津伊作家文書」。島津下野彦三郎左衛門尉久長は、正和三年（一三一四）六月二十五日に「めいこくし御めんのくわんとう御けうそ」（名国司御免関東御教書）の発給を受け（『鎌倉遺文』三七—二八六九八）、同年十月十一日に「捌拾貫文」（同三三—二五二五七）、十二月二十三日に「玖拾捌貫文」（同三三—二五三八一）、翌四年九月十日に「二貫文」（同三三—二五六一四）、五年十月三日に「伍十貫文」（同三四—二五九四五）、文保元年（一三一七）十一月二十八日に「柒

十貫文」（同三四―二六四四四）と、名国司任官のために計五回にわたり、総額三百貫文（三万疋）の成功銭を支払い、元応二年（一三二〇）年十一月六日になって初めて大隅守に任官したことが確認できる（同三六―二七六二五）。靱負尉・諸司助・式部丞で百貫文前後、権守で六十五貫文、掃部丞で四十五貫文など、幕府における諸官途の成功額と比較すると、名国司の高額さが抜きんでていることがわかる。

(76)金子氏前掲注(4)論文。『吉田日次記』貞治五年十月二十九日条に「今日町野遠江前司信方送当社召功御免御教書上杉式部大夫名国司事、」とあり、直義死後においても成功による官途推挙の事例が一例見られる。但し、組織的な成功任官は、やはり直義失脚と共に消滅すると考える。

(77)康永二年十二月二十九日に従五位下・河内守となった「平景広」、貞和四年十月七日に従五位下・美作守となった「平景寛」は共に梶原氏であり、また別人である。中元幸二氏より御教示を賜った。尚、梶原氏の詳細については『寒川町史』6 通史編 原始・古代・中世・近世（一九九八年）の中元氏執筆の第三章「南北朝・室町時代の寒川」（二六一～二九二頁）、及び市村高男「室町・戦国期における関東奉公衆の動向―梶原氏を事例として―」（『栃木史学』六、一九九二年）などを参照。

(78)今江廣道「前田本『玉燭宝典』紙背文書に関する覚書」（『国史学』一〇三、一九七七年）、「京大古文書室蔵『旧抄本経書』をめぐって」（『國學院雑誌』八〇―一一、一九七九年）、「前田本『玉燭宝典』とその紙背文書について」（『國學院大學紀要』三三、一九九五年）、「前田本『玉燭宝典』紙背文書に見える典籍―付 翻刻：巻七～巻十二紙背文書―」（『國學院大學大學院紀要』二七、一九九五年）。以上の諸論文は全て本書研究篇に収載され、文書も史料篇に翻刻されているので、本稿の『玉燭宝典』紙背文書の引用はその史料番号のみを示す。

(79)『園太暦』貞和三年十二月二十七日条。

(80)『宝典』紙背文書十一―15。『園太暦』貞和四年十二月二十四日条。

(81)『宝典』紙背文書十二―17。『園太暦』貞和四年十月七日条。梶原次郎衛門尉が景寛であることについては中元幸二氏よ

り御教示をいただいた。

(82)康永四年八月九日　春日社造替遷宮料足成功任官武家御教書請取状（『春日社文書』）。荻野三七彦「春日社と成功」（『日本歴史』四六四、一九八七年）、および金子氏前掲注(4)論文に引用紹介。

(83)「島津伊作家文書」（『鎌倉遺文』三三―二五二五七）。

(84)『宝典』紙背文書十一―9には「所望之国以何様子細相違候乎」とあって、内々に官途奉行に対して国名を指定して名国司を所望しても、官途沙汰ではその所望通りの決定がなされるとはかぎらなかった。また本文では、直義管下の官途沙汰も、文永の後嵯峨院による名国司成功に関する決定の方針を継承していたと述べたけれども、成功を通じて御家人を国守（受領・名国司）に推挙する際に、諸国の国守をすべて同等なものとして扱ったかどうかは疑問である。

室町後期の『大館常興書札抄』（『群書類従』第九輯）には、①武蔵守・相模守・陸奥守は「受領」の最上位に位置して修理職・京職・大膳職の長官である大夫と同等であり、②讃岐守・伊予守・阿波守はそれに次ぐランクで左右の衛門佐と同等、③尾張守・安房守・上総介・淡路守・播磨守・伊勢守・摂津守といった七カ国は八省の輔と同等であるといった国司の序列意識が存在したらしいけれども、表1を見ると、安房守の一例を除き、成功でこれら諸国の名国司に任官した者が見られない。つまり、室町期に見られる国守（受領・名国司）の格差意識が、室町期とはまったく同じとは思われないけれども、室町開創期にも存在した可能性がある。

まず後に最上位とされた①武蔵守・相模守・陸奥守といった三カ国については、まったく成功による名国司任官者の名を見ることは出来ない。おそらく、先代の鎌倉期においてこれら三カ国の国守には得宗など北条氏一門でも有力者が帯びていた官途であり、建武新政期以降には尊氏・直義も任官した国守であったため、室町初期においても成功で任官できる名国司から事実上除外されていたのであろう。

その他、②・③は室町期を通じて成立した官途秩序や意識だと思われ、鎌倉期から室町開創期にかけての時期にこれら諸国の国司が上位に観念づけられた原因を求めることは困難なように思われる。だが、名国司任官者には②③の諸国

がほとんど含まれないことも明らかであるから、室町期に成立する官途意識に先行するものがあったのかもしれない。

よって、直義が管掌した官途沙汰では、成功官途である名国司については同等であることを原則に処理していたけれども、武蔵守・相模守など武家支配者層が帯びた前代以来の由緒がある国の名国司については格差を設けていたと考えられる。

(85)貞和五年五月十三日足利直義御判御教書（『三浦和田文書』）。

(86)嘉暦四年八月十六日関東御教書案（『相模鶴岡神主家伝文書』〈『鎌倉遺文』三九—三〇六九六〉）。

(87)『中院一品記』建武五年七月二十日条。

【中院家略系図】

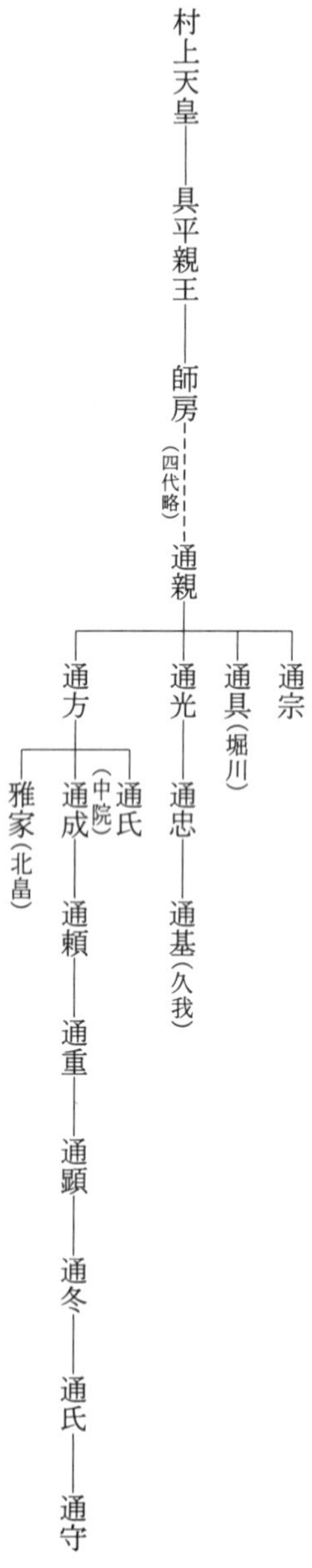


この光厳上皇院宣によって上野国を給与された「三条坊門」とは、中院通冬（正三位、前参議、当時二十四歳）である。しかし、実質的な上野国の知行国主は、通冬の日記『中院一品記』に「家君」と表現される父・中院通顕（建武五年当時は出家、法名は空乗）である。父・通顕は、六波羅探題が足利高氏らによって攻略され、光厳天皇・花園・後伏見両院が京都から近江に逃れた正慶二年（元弘三、一三三三）五月八日に出家している。後掲注(90)で引用した『中院一品記』に「眼代被仰秀治」とあるように、知行国を給与された通冬とは別人が上野の眼代を任じたことが知られる。通冬

に敬意を表され、また上野の眼代を任じ得た者こそ、父の「家君」中院通顕である。通顕が死去する康永二年（一三四三）十二月二十日まで、上野の実質的な知行国主は父通顕であり、建前上は通冬であった。

(88)『中院一品記』・『園太暦』康永四年三月十九日条の臨時除目聞書写。

(89)源貞政を当該期の武士に求めると、室町期に甲斐・若狭・安芸の守護に任じられた武田氏の一族で、建武政権期に武者所の奉行人であった武田甲斐守貞信（信貞）の息上野介貞政に比定される。

【武田氏略系図】

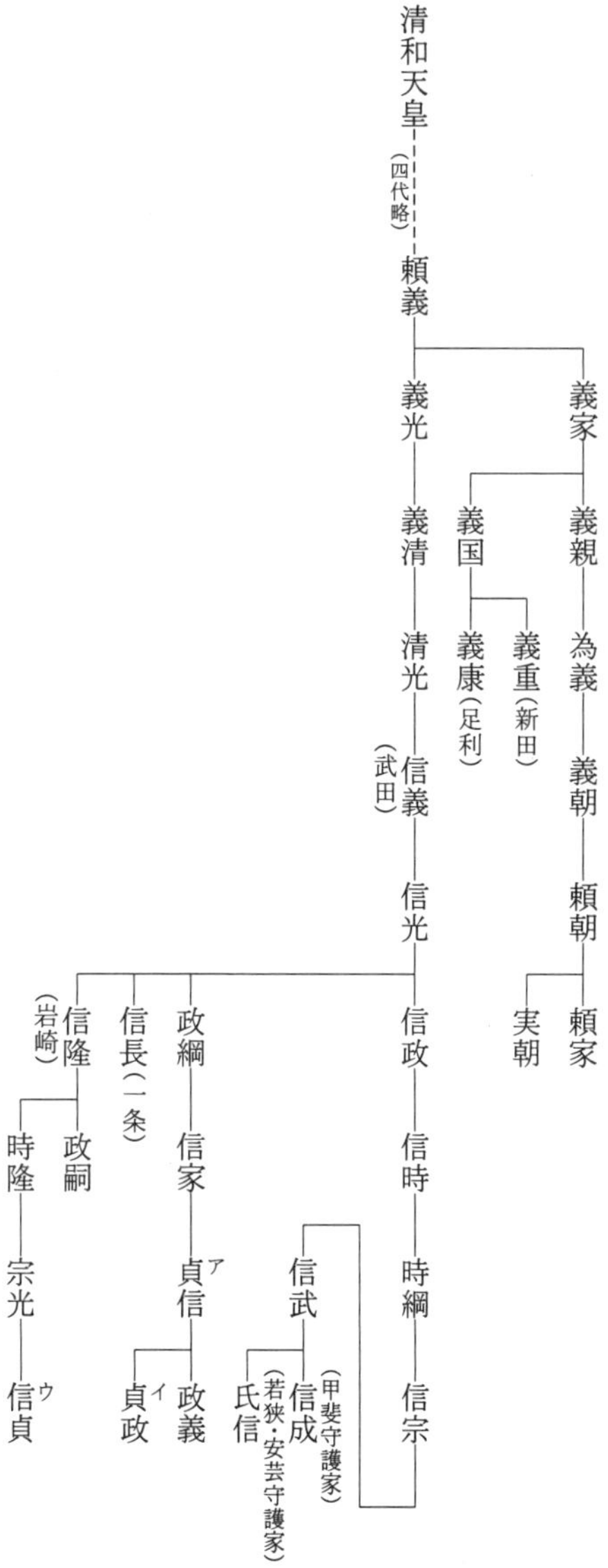


※ア…傍注に、「建武々者所」、「甲斐守」、「貞和三六卒」とある。また『尊卑分脈』によると、前田家所蔵脇坂家本・前田家所蔵

一本・国立国会図書館支部内閣文庫本では、信貞。
※イ…傍注に、「上野介」。
※ウ…傍注に、「伊豆守」、「建武々者所」、「弥五郎」、「大膳権大夫」とある。
↓『建武年間記』の武者所に見える武田信貞の官途は大膳権大夫であり、それに従えばウ信貞に比定される。しかし、ア貞信も武者所として扱われ、諸本では信貞と記述されていることから、これを『建武年間記』の武田信貞と別人と簡単には扱えない。その名前・所伝の類似性等からすると、何らかの情報の混乱などがあったのではないかと思われ、ア貞信とウ信貞が同一人物であった可能性もあるように思われる。

(90)中院家知行国上野の眼代については『中院一品記』建武五年（一三三八）七月二十日条に詳しい。以下引用する。
　眼代被仰秀治了、ⓐ秀長法師多年令知行、而依有不法事等、先年蒙御勘気、被召放、被宛行秀貞了、ⓑ其後種々歎申之間、孫秀治致奉公之間、悔先非致奉公之間、被宛行歟、父秀賢法師当時隠居、如法畏申入也、
この『中院一品記』の該当箇所より、眼代補任の経緯を以下に略述する。

ⓐ以前長きにわたって「秀長」が眼代として上野の支配に当ったけれども、「秀長」に「不法事」があったので、国主中院通顕は眼代秀長を罷免し、代わりに秀貞を目代に任じた。

ⓑその後、罷免された秀長の孫秀治が、祖父秀長の「先非」・「不法事」を反省し、中院家によく奉公した。

ⓒよって国主中院通顕は、隠居している父秀賢ではなく、秀治当人を上野国「眼代」に任じた。

『尊卑分脈』によると、これら眼代に任じられた秀長―秀賢―秀治（秀春）及び秀貞は、秀郷流藤原氏の出で、後鳥羽院の近臣であり、承久の乱では院方の武力の中心として活躍した藤原秀康の弟である秀能の子孫に比定される一族である。秀康・弟の秀澄は承久の乱で敗死し、もう一人の弟秀能は乱後に熊野で出家しその系統が存続したのである（『尊卑分脈』、平岡豊「藤原秀康について」〈『日本歴史』五一六、一九九一年〉、田中稔「承久京方武士の一考察」（『鎌倉幕府御家人制度の研究』吉川弘文館、一九九一年。初出は一九五六年）。

【秀能流藤原氏略系図】

- 藤原藤成—豊沢—村雄—秀郷—千常—文脩—兼光
  - 正頼—経清（平泉藤原氏）
  - 頼行—兼行
    - 成行（藤原姓足利氏、佐野、阿曽沼）
    - 行房（佐貫）
    - 孝綱（長沼大夫、大屋）—秀基（長沼次郎大夫）—秀忠（大屋三郎）—秀宗
      - 秀康
        - 秀盛
        - 秀信
      - 秀能
        - 秀範—秀広
          - 秀長
            - 秀賢—秀治
            - 秀景
          - 秀時
            - 秀定—秀冬
            - 秀倫
            - 秀経—秀光
        - 能茂
        - 秀茂—秀弘
          - 秀長
            - 秀賢
              - 秀春
              - 秀夏
            - 秀景
          - 秀時
            - 秀貞—秀冬
            - 秀経—秀光
            - 秀倫

※『中院一品記』建武五年（一三三八）七月二十日条による復元

秀長――秀賢――秀治　…『尊卑分脈』の秀範系統と秀茂系統の内、秀茂以下の系統に合致。

(91)中院家知行国上野の眼代を代々つとめた藤原秀能流の承久の乱後の事跡を『尊卑分脈』などを手がかりにして以下に記す。乱後、秀康・秀能の子孫で最初にその活動を確認できるのが、秀能の子秀茂である。秀茂は、文永六年（一二六九）に成立されたとされる「後嵯峨院北面歴名」には従五位下・左衛門大夫で「秀能子歟」と記されている。秀茂は『尊卑分脈』では秀能の子であり、また「式部丞従五位下」と注記されていることから、ほぼ同一人物と考えて間違いないだろう（『皇室制度史料　太上天皇　二』〈吉川弘文館、一九七九年〉、鈴木一見「後嵯峨院北面考証」〈『国史談話会雑誌』二一、一九八〇年〉）。

また秀長は、『尊卑分脈』によると秀茂の孫に当たり、後深草院・伏見院の北面であったり、左右衛門尉・河内守・伊賀守を歴任したとされ、その弟秀時は元亨元年（一三二一）に「後中院前内大臣」（中院通重）が出家した際、同じく出家したとある。その他の史料に秀長の活動を求めると、嘉元二年（一三〇四）七月の後深草法皇死去後の仏事に際し、「色紙浄土三部経一部」を結縁した下北面の一人として秀長が見える（『鎌倉遺文』二九―二一九六）。さらに「延慶二年八幡御幸記」の筆者として見える秀長もこの藤原秀長と思われる（『続群書類従』四輯上）。これは伏見院と後伏見院が延慶二年（一三〇九）に石清水八幡宮に御幸した様を記したもので、秀長は下北面の一人として供奉している。これらより、藤原秀長は後深草―伏見―後伏見院と、持明院統代々の下北面であったことがわかる。また祖父秀茂が後嵯峨院の下北面であったので、この藤原秀能子孫の一流は代々、後嵯峨院以来の下北面であり、つづく両統迭立の時期においては、持明院統に仕える下北面として活動していたことが判明する。

前注(90)引用史料中のⓐで秀長が「不法事」により罷免された後に、知行国主中院通顕より「眼代」に任じられた秀貞は、罷免された秀長の弟秀時の息子である。つまり秀長の甥に当る。この秀貞について『尊卑分脈』は河内守であったとし、秀貞の妹（秀時の娘）には「後中院入道内大臣家」（中院通顕カ）に祗候していた者がある。

同じく隠居の記事が見える秀長の子の秀賢は、『尊卑分脈』によると上野介・隠岐守などを歴任し、その妹の一人は、父秀長の罷免後に上野国眼代になった秀貞（秀賢の従兄弟）に嫁いだことが見える。また『尊卑分脈』には検非違使であったと注記があるけれども、花園天皇在位中の正和四年（一三一五）三月二十九日の検非違使庁始には左少尉の一人として藤原秀賢の名が見えている（『公衡公記』）。また同年四月二十日条の裏書にも検非違使「左尉」としてその名が見え（『公衡公記』）、同年六月六日より伏見・後伏見院等が御幸して催された無量光院御八講が八日に結願するが、その際、無量光院の「門守護官人」として秀賢が活動している（『公衡公記』）。

また建武五年（一三三八）に中院通顕に上野の眼代に任じられた秀治は、『尊卑分脈』によると左兵衛尉・左衛門尉・備前守を歴任していたとされる。

その他、秀茂の子秀国は、正安三年（一三〇一）十一月十五日、幕府より献ぜられた貢馬を亀山法皇・後宇多上皇等の面前で引いた北面（下北面）として見える「秀国」と思われる（『吉続記』）。

以上、根拠となる史料が『尊卑分脈』を中心に僅かしかなかったけれども、藤原秀能子孫は、承久の乱で後鳥羽院方の将であった秀康敗死・秀能出家という没落後、鎌倉後期から末期にかけて、再び後嵯峨院以降の院下北面として代々活動していたことが見えた。特に、秀茂(祖父)―秀長(孫)は、後嵯峨―後深草―伏見―後伏見院と持明院統代々の下北面として仕え、また秀長の子秀賢も花園天皇期の検非違使左衛門少尉であり、伏見・後伏見院御幸の「門守護官人」であったように、主に持明院統の武力として代々活動していたことが見えている。それとともに秀能流には鎌倉後期から南北朝初期にかけて、『中院一品記』の筆者中院通冬の祖父・父に当たる中院通重―通顕に仕えていた者が散見され、同流が中院家と深いつながりを有していたことがわかる。持明院統に近かった中院家は知行国上野を建武新政権によって没収されたけれども、鎌倉期に持明院統の下北面・検非違使として活動していた藤原秀能流が、その中院家の知行国上野の眼代であったのは興味深い。その他史料や『尊卑分脈』によると、その他一族中には、後鳥羽院北面や、秀国のような後宇多院の下北面である事例や、「常盤井大相国」（西園寺実氏）の家侍、「後西園寺内大臣」（西園寺実兼）の侍な

どの西園寺家をはじめ有力公家の家侍や院の下北面となっている者が見られる。承久の乱での没落後も藤原秀能流は、朝廷・院や公家の武力を担う「侍」層の一つであり続けたことが窺える。

また『尊卑分脈』によると承久の乱以前に於て藤原秀康・秀能の先祖は、「長沼」・「大屋」とも号している。さらに秀康・秀能兄弟の父秀宗は相模和田氏から養子として迎えられていることも見え、この秀宗より「長沼」・「大屋」といった注記が『尊卑分脈』から見えなくなることから、同流は他の秀郷流藤原氏の多くと同様に上野に苗字の地を有し、そこを地盤としていた在地領主であったけれども、鎌倉前期頃、秀康かその父秀宗の代には公家・院に仕える在京武士(京侍)となっていたと思われる。苗字の地を離れて在京するようになったために、秀宗・秀康らの代になると長沼・大屋といった苗字の注記が『尊卑分脈』から消えるのであろう。それ以後『中院一品記』に見える秀長—秀賢—秀春及び秀貞も在京武士として、中院家に家侍として仕え、また下北面として持明院統に仕えていた。上野の知行国主である中院家は、院の下北面など朝廷・公家社会の武力を担った京侍であり、同流がかつて関東しかも上野に苗字の地を持っていた点を生かし、同じ秀郷流藤原氏の在地領主が多く分布する上野の眼代に秀能子孫を任じて、その現地支配を任せたと考えられる。

鎌倉後期から室町幕府初期にかけての秀能流藤原氏が、一方で検非違使、下北面といった公的な公家勢力の武力としての側面と、有力公家の家侍および知行国等の現地支配への関与といった側面二つが見られる点は興味深い。

このような院の北面としても活動した目代の在り方は、五味文彦氏(『武士と文士の中世史』の「8　侍の家」東京大学出版会、一九九二年)や本郷恵子氏(前掲注(26)書の二〇五〜二〇八頁)も既に指摘されており、中院家の被官(侍)である秀能流藤原氏もその一例に加えることができる。

また本郷氏は、知行国などで国務を担った国雑掌と目代の性格をそれぞれ明確にし、目代は公家の家産経営を担っていたとし、さらに目代とは「国主の家司等の地位にあって国主の家内に喰い込んでいる、国主と私的かつ密接な関係を結んでいる者であり、さらに、国主の家領の預所として所領経営に携わり、場合によっては主人の権力を背景にして実

力を貯え、独自の地位を築」いたとその具体像を示された。これら本郷氏の指摘は、この中院家と秀能流藤原氏の関係にも当てはまることから、鎌倉期の目代の性格を正確にとらえられた指摘だと言える。

また近年、市沢哲氏は南北朝内乱期の公家大将の率いる軍団に北面の輩等が含まれ、鎌倉後期から南北朝期にかけて公家の武力が保持されていた点を指摘している（「南北朝内乱期における天皇と諸勢力」〈『歴史学研究』六八八、一九九六年〉）。氏の指摘するような公家の武力の具体的姿としてこの秀能流藤原氏の名を挙げることができると思う。おそらく秀能流藤原氏のように、下北面・検非違使となって院・朝廷に武力を以って奉仕し、知行国眼代や荘園代官など公家の在地支配の要として、また公家の京都生活における警護者として鎌倉後期に存在した「公家の武力」が、南北朝内乱期には大将となった公家とともに戦場に赴いたのだと想像する。

(92)先の秀能流の内、鎌倉末期に中院家より上野の眼代に任じられた秀長（祖父）の子であり、秀治（孫）の父である秀賢は、『尊卑分脈』によると上野介任官が記されている。秀治の中院家知行国上野の眼代拝任は、室町幕府によって旧公家知行国が返付された建武五年（一三三八）であり、当時その父である秀賢は隠居の身であったことを考えれば、秀賢の上野介在任は恐らく知行国制度が廃止された建武政権期以前の鎌倉末期のことだと考えられる。

(93)正和三年十月十一日付久米寺雑掌代唯寂功銭請取状（「島津伊作家文書」〈『鎌倉遺文』三三―二五二五七〉）。

(94)元亨四年三月十三日付島津伊作家文書目録（「島津伊作家文書」〈『鎌倉遺文』三七―二八六九八〉）。

(95)康永四年八月九日　春日社造替遷宮料足成功任官武家御教書請取状（『春日社文書』）。注(82)参照。

(96)宝治二年の名国司所見記事では、小山氏の一流笠間時朝が「長門守・名国司」に任官している（「検非違使補任」）。「検非違使補任」ではその他に、宇佐美祐泰の従五位下・「日向守・名国司」（建長六年）、足利家氏（後の斯波氏）の従五位下・「尾張守・名国司」（文永二年）などが見られ、『吾妻鏡』では野本時員が名国司としての能登守に任官している。

(97)上杉氏前掲注(6)論文。

(98)吉村氏前掲注(12)書。

(99)佐藤進一　中公文庫『南北朝の内乱』三一〜三四頁（中央公論社、一九六五年）。
(100)遠藤氏前掲注(23)論文。さらに氏は、知行国制度の国主―国守という形式に、国主―治天の君、国守―天皇という二重構造を見ており、その治天の君／天皇（太政官制）の二重構造を克服することを最大の眼目に知行国の形式が否定されたと論じるけれども、本文でも述べたように、鎌倉末期の知行国制が国主―国守という形式をといっていたとする認識自体に誤りがあると考えるので、この遠藤氏の説も成立し難いと考える。
　その他、建武政権の国司制度については吉井功兒氏の研究がある（吉井氏前掲注(8)書）。
(101)国主による知行国支配が弱まり、当該国からの収益が減少する傾向が進んでいたのも事実であり、また本郷氏前掲注(26)書で指摘されているように、国役負担や受領功が、知行国からの収益とは関係なく、有力者への賦課としての性格を強めざるを得ない状況下では、新しい財源として名国司を成功官途とする必要があったのであろう。
(102)『中院一品記』建武五年七月二十日条。なお、本文では当時の足利政権を幕府と呼んでいるけれども、足利尊氏が征夷大将軍に補任されるのは翌八月である。
(103)『中院一品記』建武五年七月二十日条。小川信氏は、この返付によって、駿河守護今川氏など守護による国衙領支配が後退し、制約が加えられたと指摘する（「南北朝内乱」〈岩波講座『日本歴史』六　中世二、岩波書店、一九七五年〉）。しかし、本文でも述べたように、この幕府による「武家知行国衙」の返付は、「如旧」く、鎌倉期の旧公家知行国を返付したものであって、関東知行国であった駿河などは返付の対象に含まれないと考える。
(104)本来、律令的官位制は、「畿内豪族の長と長との関係」や「大王と地方の首長との関係」を、「官職と位階を媒介とする関係に置きかえ」るものであり、天皇（大王）を頂点にして畿内および地方の支配者全体を序列化するものでもあった（早川庄八「古代天皇制と太政官政治」〈『講座日本歴史2』東京大学出版会、一九八四年。のち同氏『天皇と古代国家』講談社学術文庫、二〇〇〇年に所収〉）。
　平安期を経ていく間に律令制が弛緩し、地方では荘園制の発展とともに新たな有力者が台頭するけれども、この新た

な支配者層は律令的官位制の枠外に置かれたままになる。平安末期の『天養記』に見る「三浦庄司平吉次」や、『平家物語』に見える官位を帯びていない武士達の人名表記は、荘園に基盤をおいた地方有力者などを、律令的官位制がその枠内にとりこむ機能を喪失していたことを証明するものであろう。

平安末期までの律令的官位制は、その枠内にいた支配者層から庶子・庶流を枠外に排除することはあっても、律令的官位制の枠外に脱落した者や枠外にいた者の中から新たに台頭した有力者を、その枠内に取りこんで支配者層の秩序を構成することはなかったのである。また、地方では国守など受領層程度しか枠内に把握できず、京都にいる貴族階層や官人層の身分秩序を構成し、同時に彼らが帯びている官職を中心に官職機能を維持しているにすぎない状態となったのである。

そう考えると、鎌倉幕府が成立し、幕府の統制を受けながら、地方の有力者たる御家人層が官位を帯びていくことは、支配者層を秩序づける律令的官位制の機能が武家政権によって回復したことになる。武家政権による律令的官位制の受容は、ある意味において、官位的秩序を通じた支配者層の再編成という一面を有していた。これらの点に律令的官位制における武家政権の意義を見いだせるように考える。

ここでは律令的官位制における武家政権成立の意義についての見通しを述べたけれども、室町幕府の成立と消滅、織豊政権の興亡と江戸幕府の成立など、武士支配者層が交代・流動する度に、支配者層の在り方に応じた官位政策が武家政権によって行なわれたと想像される。その時期毎に応じた、律令的官位制における武家官位の意義を今後考えていく必要があろう。

# 前田本『玉燭宝典』紙背文書所収系図に関する史料学的考察

今泉　徹

## はじめに

中世史の研究において、史料学としての系図研究の必要性を説き、道を開いたのは網野善彦氏である。網野氏は鎌倉・南北朝期の系図に関する分析視角として、始祖の記述、女系の記載、婚姻関係とその範囲などの点をあげている。そして系図を一種の歴史叙述として考え、その作成意図を読み取る研究に先鞭を付けた。(1)それ以来、系図・家譜の史料的性格を検討していこうという機運が高まってきている。(2)その一方で、従来型の主として鎌倉・南北朝期の系図に関する個別研究が地道に進められてきた。(3)

こうした研究動向により系図に正面から取り組む研究が本格的に始まった。まず青山幹哉氏は、鎌倉期の武士系図を対象に検討し、系図の形式の持つ重要性を指摘した。系図は当時の人々の歴史観や当時の政治的状況から書かれた一種の歴史叙述であることから、系図に現れた当時の人々の意識として相伝の論理と出自の論理を見出だし、鎌倉幕府による法制の浸透とともにそれらが強く意識され、系図作成が活発になるという指摘をしている。(4)また、中世の

「家」に関する研究の進展とともに、これらの視点から、人名や系譜史料の史料的性格の解明や分析方法の開発が試みられている。(5) さらに黒田日出男氏は中世は「系図の時代」で中世から「系図文化」が始まったと論じている。そこでは寺社の血脈や神職の相伝次第も系図に含めて考えるべきことを指摘し、中世の系図の分類を試みられている。(6)

このような先学の研究に導かれ、前田本『玉燭宝典』（以下『宝典』と略称）紙背文書所収の六つの小系図を検討していく事で、中世史研究における系図を参考史料としてではなく、基本史料の一つとして正面から取り扱って行く方向性を探っていきたい。

『宝典』紙背文書は、今江廣道氏の研究(7)によれば、足利尊氏と二頭政治を行い、統治権的支配権を握ってその屋敷で評定を行っていた直義であるが、彼は政所を置いていた。その家司であって引付方・内談方・官途奉行を務めた二階堂道本（行秀）宛に出されたものが、この紙背文書であろうとされる。また、この文書群は貞和年間のものが大部分を占めることも明らかにされている。よって『宝典』紙背文書所収の系図は、訴訟や任官のために二階堂道本宛に、貞和年間頃提出されたものと考えられる。

いずれも南北朝期に作成された事が確実に分かる系図であるので、まず氏族名を明らかにし、これらの系図そのものを青山氏が指摘するように形式にも十分な注意を払いつつ、関連史料を援用しながら読みこんでいきたい。そして、訴訟や任官の証拠書類として作成された系図という、限定的な性格を持つ系図群ではあるが、南北朝初期における系図の特徴、機能、作成動機、さらには当時の武士の社会認識等の一端を明らかにしていきたい。

## 一　海東（中条）氏系図

### 1　海東（中条）氏について

系図一（**六—1**〈史料篇の文書番号を示す。以下同じ〉）は佐藤進一氏の論文中に、中条氏系図として引用されている。[8]『尊卑分脈』四（参考系図一）、『系図纂要』十三（参考系図二）によると、この系統の中条氏は、大江広元を祖とする海東氏の出であることがわかる。中条氏というと三河や尾張で勢力を張り、尾張国守護や幕府評定衆を務めた小野姓中条氏がよく知られている。先学の研究でも小野姓中条氏とよく混同されているが、これとは別系統の氏族である。

海東（中条）氏は鎌倉幕府初代政所別当の大江広元の子忠成より起こり、尾張国海東荘に本領を持っていた。その主流は系図一をみると忠茂より中条を称して、代々六波羅探題の吏僚として活躍したようである。森幸夫氏の六波羅探題の官僚機構の研究によれば、元亨二年（一三二二）十月に中条刑部少輔が六波羅探題引付三番頭人を務めており、嘉暦三年（一三二八）十月十四日に死去したという。[9]この中条刑部少輔とは、系図一をみると広房である事がわかる。広房とその父広茂は歌人でもあり、その和歌は『続千載和歌集』『続後拾遺和歌集』『新千載和歌集』（いずれも『新編国歌大観第一巻　勅撰集和歌集』、角川書店、一九八三年に収録）におさめられている。

次に、鎌倉幕府滅亡時の海東（中条）氏の動向をみていく。『太平記』一（後藤丹治・釜田喜三郎校注、岩波古典文学大系三六、一九六〇年、八七・八八頁。以後『太平記』の引用は、全て同大系本による）や『光明寺残篇』（『群書類従』第二十五輯）によれば、元弘元年（一三三一）八月、後醍醐天皇が挙兵し、二十七日の近江坂本・唐崎浜合戦で、海東左近将監・幸若丸父子が、比叡山の後醍醐天皇方勢力と戦って討死しているが、この海東左近将監は、系図一によれば、海

系図

## 系図一　海東（中条）氏系図（六―1）

- 広元（大膳大夫）
  - 忠成（刑部権小輔(少)）
    - 忠茂（中条美作守）
      - 広茂（因幡守）
        - 広房（刑部権小輔(少)）
          - 挙房（刑部権小輔(少)）
      - 忠元（左近大夫将監）
      - 忠広（美作四郎）
        - 広匡（左近大夫）
        - 維広（美作七郎）

## 参考系図一　『尊卑分脈』所収海東（中条）氏系図（『新訂増補国史大系』）

- 忠成（左近将監　左衛門尉　刑部少輔　海東　従四下　使母　号海東判官　続古今玉葉等作者）
  - 忠茂（美濃守　従五下　母）
    - 広茂（新後撰続千載続後拾　新千載等之作者　因幡守　母）
      - 広房（続千続後拾新千　新拾等作者　左近将監　刑部少輔）
      - 時広（二郎　母）
    - 忠元（修理亮　母）
  - 成茂（母）
  - 忠時（蔵人　順徳院蔵人　母）
    - 忠秀（太郎　母）
  - 惟忠（判官代）
    - 忠景（越前守　従五下　母　六波羅評定衆）
  - 忠仲（右兵衛尉　母）
  - 女子（頼重妻貞重母　母）

## 参考系図二　海東（中条）氏系図（『系図纂要』十三。一部改変した）

- 大江広元
  - 忠成　蔵人、左近将監、刑部少輔、従四下、号海東判官
    - 忠茂　美濃守、右近大夫将監、従五上、六波羅評定衆
      - 忠元　左近大夫将監、修理亮、従五下
      - 広茂　為嫡子、左近大夫将監、因幡守、従五下、六波羅評定衆
        - 広房　左近将監、刑部少輔
        - 時広　二郎
      - 忠泰　四郎
    - 成茂　従五下
    - （山口）忠時　順徳院蔵人
      - 忠秀　山口太郎、新蔵人
    - 惟忠　海東判官代、六波羅評定衆、備後守
      - 景忠　太郎蔵人、越前守、六波羅評定衆、判官、従五下
    - 忠仲　左兵衛尉
    - 女　長井因幡守頼重妻

東忠元に当たる。嫡子幸若丸は系図に見えないが、それはこの合戦で忠元の系統が途絶えたためと考えられる。海東忠元は、『太平記』や『光明寺残篇』に六波羅勢の有力者として描かれているため、当時海東氏内での有力者であったと考えられる。忠元は中条を称した海東氏主流とは別に、おそらく海東荘内で地頭として生きる道を選び、海東姓を称し続けたのであろう。(10)

この他に系図一には美作四郎と称した忠広の系統があるが、この系統は関連史料がないので不明である。なお参考系図二に四郎忠泰とあるのは、美作四郎忠広の間違いであろう。鎌倉期の海東（中条）氏は、このように各系統で様々な生き方をしていたのである。

南北朝期の海東氏の動向については、佐藤進一氏により、中条挙房が貞和年間に内奏方頭人、評定衆、官途奉行を務めていた事が明らかにされている。(11) また挙房は康永四年（一三四五）八月二十九日の天竜寺供養に際して尊氏に供奉している（史料纂集『師守記』）。さらに観応二年（一三五一）三月には足利義詮夫人渋川氏の御産奉行となっている（「観応二年日次記」『大日本史料』第六編之十四）。同年七月二十七日に挙房の屋敷で義詮の子千寿丸が生まれたが、文和四年（一三五五）七月二十二日に千寿丸は六歳で死んでしまった（「柳原家記録」『大日本史料』第六編之十九）。このように海東氏主流の挙房は、代々六波羅探題の吏僚を務めていた能力を買われて、室町幕府においても引き続き有力な官僚として活躍していたと言える。

一方、他の海東氏一族の動向は『太平記』三（二一〇頁）によれば、文和二年六月、南朝勢力が京都に侵攻して足利義詮を追落とし、京都を一時占領した際に、海東氏が南朝勢に加わっていたことが知られる。この南朝方の海東氏は、系図一の広匡・維広兄弟に当たると考えられる。

## 2　系図の特徴

次に系図そのものを検討をしてみる。記載形式をみると、源頼朝の幕府開府以来の祖大江広元より始まり、男子のみの系図で、代々の官途・通称を記している。よって海東氏一族の系統と所職の相続を示しているものと思われる。この系図の特徴は以下の二つである。

まず広茂の息広房と孫挙房はいずれも忠成以来の刑部権小《(少)》輔の官途を称していたことがあげられる。鎌倉・南北朝期の系図は主軸を右側に持ってくること、一行に数世代を書き、かつ同世代の人間はほぼ横一列に並べるなどの傾向がみられるという、青山幹哉氏の指摘に従うならば、広茂の系統が海東氏惣領であったといえる。

次に忠茂の子供の所で広茂、忠元、忠広の系統に分かれている事が注目される。挙房が自分の出自と所職の相続の正当性を主張するだけなら、忠広の系統を記載する必要はないわけである（忠元は前述の如く討死している）。なぜ一族忠広の系統を記載する必要があったのか、当時の法制から少し考えてみる。

「沙汰未練書」（佐藤進一氏他編『中世法制史料集第二巻室町幕府法』所収）の「安堵事」の部分には、「先本御下文并手継譲状、先祖相伝系図等、如此具書等ヲ書調、本奉行所可上之、所申無子細者、其国守護、或一門親類等、以奉行奉書、被尋問当知行之有無也、無支申仁之由、請文無相違者、被成安堵」とある。この史料から青山氏は、鎌倉幕府では系図も安堵のための証拠書類の一つとなり、一門親類等に所有の正当性を主張する者が無ければ安堵することから、一族を記載した系図はそのまま訴論人系図となりうる事を指摘している。

また貞和三年（一三四七）十一月付□田出羽守氏重申状（**六—15**）では、代々の如く「判官代」職「拝任」のため、「副進」文書として系図を提出している。よって直義の治世時も、系図が安堵や任官の証拠書類として機能していた

といえる。これらのことから、海東（中条）氏一族の記載がある系図は、その一族との訴訟を行っていた事を示すと考えられる。つまり、この系図は海東氏の遺跡をめぐって、中条挙房や海東広匡の間に海東忠元の跡職等をめぐって争いが起こり、その訴訟に際して直義の所に提出されたのではないかと推測されるのである。

その理由は、『尊卑分脈』から海東氏の部分をそのままの形で抜き出した参考系図一をみると推測できるのではないか。参考系図一には系図一にみられる海東広匡・維広の名前がない。これは広匡・維広兄弟は海東（中条）氏の中では勢力のない傍系であった事を推測させる。また、参考系図一には広房の弟として時広の名をあげている。しかし、系図一にはその記載がないのは、それを書く必要が無かったからに違いない。『尊卑分脈』は洞院公定が十四世紀末に編纂した系図集であるから、系図一とほぼ同時代の史料といえ、(12)その記載はある程度信用できるといえる。そうすると、系図一が時広の名を除いて、わざわざ広匡・維広の名を出しているのは、やはり訴訟の当事者であるからだと推測できるのである。

また近隣の領主である土岐氏との争論も同時に存在したようである。そこで次に当時海東氏が関わっていた訴訟地についても考えてみよう。結論から言うと、これは海東荘の海東忠元の跡であると思われる。観応二年（一三五一）二月七日付土岐彦九郎（頼重）宛足利尊氏袖判下文（「土岐文書」六号文書『岐阜県史史料編古代・中世四』）で、土岐頼重に「勲功之賞」として「尾張国海東左近大夫将監跡」が充行われた。頼重は当時海東庄に勢力を伸ばしつつあり、海東氏と所領争いを起こしていたのであろう。時期的に見て観応の擾乱に何らかの関係があったものと思われ、頼重に与えられたのであろう。この下文が発給されるまで、海東荘の海東忠元跡は長らく闕所地または係争地となっていた事を示すものと考えられる。

よって、中条挙房や海東広国の間に、海東忠元の跡職をめぐって訴訟があり、さらに在地で土岐頼重もこの地をねらっている状況で、この系図一がその「具書」として提出されたと考えられるのである。そしてこの争いは当時おそらく中条挙房に有利に展開しつつあり、文和二年（一三五三）に広国・維広兄弟が南朝方に付くという結果になったと推測される。このように、訴訟関係の系図に記載されている一族は、その系図の提出者と訴訟関係にある事を示すと言えよう。しかし結局は、当時の政治状況から在地の有力者である土岐氏にこの地を奪われたと考えられるのである。

## 二　平子氏系図

### 1　平子氏について

系図二（**六―12**）は平子氏の系図で、「掃部允望申」と奥に記してあるように、平子重茂が掃部允任官申請の際に、出自を示す証拠書類として提出したものである事が明白である。後掲参考系図三をみると、重茂は「掃部助」であったと書かれているので、願い通りの官途を得たのであろう。そして任官の時期は、後述するように貞和三年（一三四七）八月二日以降のことであろう。

平子氏は三浦氏の一族で、相模国平子郷に住した事から平子氏を称した。平子重経の代に源頼朝より周防国仁保荘（山口市仁保）地頭職を得て移り住み、以後、仁保氏・三浦氏と称して、毛利氏の有力家臣となっていった。平子氏関係史料としては、『大日本古文書家わけ十四』に三浦家文書として残っており、仁保の支配動向に関しては田中倫子氏の研究[13]があるので、それらを参考に考えたい。なお参考系図三は『大日本古文書』三浦家文書所収の、宝暦三年（一

七五三）八月に永田政純により作成された系図をもとに作成した。この宝暦の系図は系図の記載と三浦家文書の記載に一致する点が多いことから、三浦氏家蔵の文書をもとに作成された系図と言える。この参考系図と比較しながら、以下述べていく。

### 2　系図の特徴

系図二には三つの特徴がある。第一には、この系図が源頼朝の御家人となり、仁保に移った重経からではなく、三浦氏から分かれて初めて平子氏を称した、通次から系図が始まっている点である。つまり平子という名字の祖先を系図の最初に持ってきていることから、頼朝以来の御家人という意識よりも、名字の祖先を重視する意識が平子氏には強かったことがうかがえる。

**系図二**　平子氏系図（**六―12**）

系図

（三）□郎安房守
通次――号平子六郎
重経――同三郎左衛門尉
重資――同三郎兵衛尉
重親――十郎
重通――同十郎太郎
重茂

掃部允望申

**参考系図三**　平子氏略系図（宝暦三年八月成立「三浦氏系図」、「三浦」一八二より作成）

通継（平子三郎）―重経（太郎　木工助）―重資（三郎左衛門尉）―重貞（太郎兵衛尉）―重親（兵衛三郎　唯如）

- 重有（彦六郎　覚本）―重嗣（彦三郎）―氏重（小三郎）
- 如円（四郎入道）―親重（孫太郎）
- 維重（下蒲生　弥五郎）
- 重連（八郎）
- 重秀（九郎）
- 重道（十郎　唯円）―重茂（十郎太郎　掃部助）

第二にはこの系図は重親の所で、すぐ下に二代分を記載する余白があるにもかかわらず、罫線をわざと左横に曲げて、次の行に重通、重茂の二代を記している点である。その点について、平子氏の惣領とその所領に注目し、参考系図三や「三浦家文書」を見て考えていきたい。

正応六年（一二九三）七月廿五日付平子重親譲状案（『大日本古文書家わけ十四』所収「三浦家文書」一号文書、平子氏

本領相伝重書案の中。以下、「三浦」一のように略す。）によると、仁保荘内五箇郷地頭公文両職が嫡子重有に譲られた事がわかる。そして文保元年（一三一七）十月十六日付平子重有譲状案（「三浦」一）では、重嗣に仁保荘と多々良荘の地頭公文両職が譲られている。平子重嗣は観応元年（一三五〇）八月十二日に氏重に仁保荘・多々良荘地頭公文両職を譲るまで、平子氏の惣領であった事がわかる。つまり、重通、重茂の系統は平子氏の庶子家であり、このような関係が系図の記載形式に影響を与えているようである。

第三の特徴は、実は『宝典』紙背文書所収の六つの系図すべてに共通する事だが、極端に紙の右側に寄せて系図を書き、紙の真ん中から左側にかけて大きく余白を残していることである。系図一は一族の系図でそれが目立たないが、系図二以降のものは特に余白が目立つのである。その理由は、この系図二のように紙の中心部分に「掃部允望申」と書いて自分の主張を書くためとも考えられる。しかし後掲系図五のように「訴人」と自己の主張を書いているのに真ん中から大きく余白を残していることを考え合わせると、やはり頼朝以来の氏族の祖から代々続いており、また今後も続いていく（その結果系図が書き継がれる）という意識の反映であると考えられるのである。

それでは次に平子氏本宗家と重通の系統の関係を詳しく検討することによって、この系図を読み直してみよう。（元応元年（一三一九）六月廿八日付平子重嗣書状并伊東七郎奉書（「三浦」九）には、「当庄一分地頭平子十郎重通分関東御公事、異国警固、海賊警固已下等事、一月分勤仕之時者、相当三ヶ日候之間、如親父重有之時、寄合重嗣、相互被《（可脱カ）》勤仕候」とある。つまり平子十郎重通は惣領重有、重嗣の二代にわたってこれに属し、異国警固番役を務めた事が分かる。

また、元亨元年（一三二一）十二月十五日付平子重嗣去状（「三浦」一〇）によると、「仁保庄惣領内波山河内」の地を

「任亡父□有申置之旨、限永代所奉去渡于伯父平子十郎《(重通)》殿」とある。このように重通は惣領重嗣より所領の配分を受けるような存在であった。

　南北朝期の関係は、建武三年（一三三六）四月十五日付大内長弘宛足利尊氏御教書案（「三浦」一二）をみるとわかる。「平子彦三郎重嗣并庶子同十郎唯円《(重通)》」は、元弘三年（一三三三）、北条方と間違われて仁保庄地頭職を収公されたが、建武元年に重嗣、唯円に安堵の「勅裁」が下った。しかし、「当給人上総宮内大輔」が「押妨」を働いているので、重嗣、唯円に「沙汰付」ける事を大内氏に命じたものである。この史料から南北朝期も重通は惣領に従っていた事がわかる。

　しかし、惣領制の崩壊していくこの時期では、庶子家の独立化がみられるが、重通もその例外ではない。平子唯円は元弘三年七月廿日に足利尊氏に着到状を提出している（「三浦」一六五）。また、貞和三年（一三四七）八月二日付足利尊氏下文（「三浦」一六七）では、「平子十郎太郎重茂」に「仁保□内深野村地頭職」が勲功の賞として「備後国目賀□」に替えて「充行」われている。このように独立した武士としての動きもみせている。

　結局縦一行に続けて書かず、下に余白を明けて隣の行に続けている記載は、独立した武士としてあろうとしながらも、惣領に従わざるを得ない立場であるという、平子重茂の意識の現れであるといえよう。

## 三　某氏系図

　系図三（七―1）は、何氏のものか特定できなかった。この一族は代々の通字が氏であり、少輔という官途と輩行型仮名を合わせたものを称している。ただし、仮名が代々違うところを見ると、この氏族の職か所領の継承者を示した

系図である可能性が高い。

**系図三**　某氏系図（七―1）

□内小（少）輔 泰氏 ―― 少輔六郎 基氏 ―― 少輔八郎 氏頼 ―┬― 少輔九郎 氏弘（建武五年改暦応元三月十五日 於渡辺討死）
　　　　　　　　　　　　　　　　　　　　　　　　　　　　　└― 師義（少輔弥三郎）

※罫線は朱書。

某氏弘は建武五年三月十五日、北畠顕家と高師直らの足利方が戦った摂津渡辺の合戦で、（高師直方として参戦して）討死した事が殊更に注記されている。そこで氏弘の弟師義が、某氏弘の遺跡相続を願い出るため作成し、提出された系図であると考えられる。師義だけが氏の通字を名乗っていないが、これはおそらく高師直の一字を拝領して改名したからであろう。

なお系図三の罫線は朱色で引かれている。これは師義以外の氏弘の遺跡相続権を主張し得る親族に対して、師義がこの氏族の血を引く者で、職の相伝に値する事、兄の氏弘との血の繋がりが濃い事を強調し、それを視覚に訴えているものと考えられる。このように当時の系図は、その用途や主張に応じて特別な注記がなされたり、朱色によって視覚に訴える工夫がなされたりした事がわかる。

## 四　宗氏系図

系図四（七―10）に該当するのは、平安時代以来明法家として名高い惟宗氏の一族で、鎌倉幕府の法曹官僚となった系統の家である。惟宗を略して宗氏と呼ばれていた。この宗氏に関しては関係系図が全く残されていないために、系譜の確認が困難であるが、代々孝の通字を名乗っていること、また、代々掃部允や民部大夫という高い官途を称していることを手がかりに以下『吾妻鏡』（『新訂増補国史大系』）に当たってみる。鎌倉時代前期には宗監物孝尚が幕府の奉行人を務め、宗左衛門尉孝親が建久七年（一一九六）から承久三年（一二二一）まで安芸国守護を務めて活躍する。しかしそれ以降は地位が低下し、下級官僚として将軍家政所下文に連署しているのが確認される程度である。『吾妻鏡』などで実名がわかるのはこの二人だけであるが、その他に掃部允、監物、民部大夫の官途を持つ宗氏が散見される。

**系図四**　宗氏系図（**七―10**）

掃部允 孝能 ―― 大監物 孝尚 ┬― 民部大夫 孝泰
　　　　　　　　　　　　　　 └― 民部大夫 行孝 ―― 掃部允 孝兼

まず建仁三年（一二〇三）十一月十五日条では、宗掃部允が「鎌倉中寺社奉行」となっていることがわかり、元久二

年（一二〇五）三月十二日条では、宗掃部允が荘園乃貢の済期をその遠近に従って定める奉行を務めていることが確認できる。この宗氏は建暦元年（一二一一）七月十一日条をみると、「宗掃部允孝尚」が下野国中泉庄に隠田があると本所に訴えられたことが記されているため同一人物と確認できる。孝尚はその後に六波羅探題奉行人になったようである。天福元年（一二三三）四月十六日、幕府は「大風以前出挙」に関する法を定め、「遍為令下知諸国」め分担を決めた注文を作成して六波羅探題に送った。そのなかには「宗監物孝尚十ヵ国　尾張・伊勢・伊賀・美濃・近江・若狭・摂津・河内・飛驒・越前」とある。

孝尚の足取りはこれで途絶えるが、正嘉二年（一二五八）正月朔日条に年頭の儀礼の際、宗民部大夫と宗掃部助の名がみられる。これは年代からみて系図四の孝泰と行孝にあたるものと考えられる。また孝兼については、『園太暦』二（岩橋小彌太・斎木一馬校訂、続群書類従完成会刊）の貞和五年（一三四九）八月十三日条で、従五位下の位階を与えられたことがわかる。この系図四も叙位に関するものだろう。

それでは次に系図四の持つ二つの特徴をみてみよう。

一つ目は、惣領とその官途のみを記しており、惣領の流れを示すために作成されたものと思われる事である。『園太暦』の記事を合わせて考えると、おそらく孝兼が父行孝の民部大夫（正五位下相当）に見合った官途への任官を希望する意図を以て作成され、直義のもとに提出されたのであろう。

また二つ目は、孝泰の子の行孝の記載場所が、次の行の上の方から書くのではなく、下の方の孝泰と同じ高さの所に記載されている点である。系図が一行に収まらない場合は、次の行の下の方からまた少し上に上がってそこから書き、当事者の記載が、系図の一番下に来るように調節して書くという意図が読み取れる。これは、おそらく源頼朝以

来の御家人であった、この氏族の祖孝能を重んじるという意識があった事の反映であると考えられる。

## 五　那須氏系図

系図五（七—11）は那須氏惣領の流れと代々の官途のみを記したものである。資忠の所に朱書で「訴人」と書いてあるので、所職の訴訟に際し具書として直義の所に提出された系図である事がわかる。罫線が朱で書かれているので、おそらく同族同士でどちらが惣領または所職の相伝者としてふさわしいかを問題とした訴訟であったと思われる。しかし残念ながら直接の関連文書がなく、この時期の那須氏の動向もわずかしかわからない。『園太暦』二の貞和三年（一三四七）十二月十七日条によると、「北禅寺造営功」で那須資忠が安芸守に叙任されたことがわかる。系図五は叙任申請の具書だった可能性もあるが、「訴訟」と朱書までして訴えるところからみて、やはり所領争論の具書と考えた方がよい。

それではその外に資忠関係の史料としてはどのようなものがあるか見ていこう。まず一つは、建武六年（一三三九）十一月二日付那須下野太郎宛足利直義軍勢催促状（「榊原文書」『群馬県史資料編6中世2』、八〇三号文書）で、新田義貞誅伐のため一族を率いて参陣するよう命じたものであるが、宛所の那須下野太郎というのはこの系図五を提出した那須資忠かと思われる。その他には『源威集』（加地宏江校注、東洋文庫、平凡社刊）に、建武三年に足利尊氏が九州下向した際に「東国ニ一人ノ味方ナカリシニ、此資藤カ父資忠一人高館ニ籠テ忠節セシ事迄被仰シソ忝ナシ」とある。同書にはまた文和四年（一三五五）三月十三日、那須備前守資藤（『太平記』では那須五郎）が足利尊氏の命令で足利直冬を迎え撃ち、討死した事がわかる。さらに観応三年（一三五二）卯月十三日付岡本良円軍忠状写（「岡本文書」一号文書

## 系図五　那須氏系図（七―11）

系図

（那）□須太郎 資隆 ― 肥前守 資頼 ― 肥前守 資光 ― 肥前守 資村 ― 加賀守 資家 ― 越後権守 資忠 「訴人」（朱書）

※罫線は朱書。

## 参考系図四　那須氏略系図

（那須隆氏蔵「那須系図」より作成。現史料は横系図。一部注記を略した）

宗隆（与一　後改名資隆） ― 資之（早世依無一子以宇都宮子為養子 継家督、号之頼資） ― 頼資（肥前守） ― 光資（太郎　肥前守） ― 資村（太郎　肥前守） ― 資家（太郎　加賀守） ― 資忠（太郎　安芸守）　（下略）

## 参考系図五　那須氏略系図（金剛寿院所蔵。『栃木県史史料編中世四』より作成）

宗隆（改資隆） ― 資頼（肥前守） ― 資光（太郎　肥前守） ― 資村（太郎　肥前守） ― 資家（太郎　加賀権守） ― 資忠（太郎　安芸守）　（下略）

『栃木県史史料編中世四』では、尊氏の使として良円が佐竹氏・白川結城氏の請文を取ったが那須安芸守からはとれなかったとある。この安芸守は資忠であろう。このように系図五の関係史料が管見のところ見当たらないので、この訴訟について具体的に明らかにする事はできない。

しかし最近江田郁夫氏が興味深い指摘をしている。[14] 従来は上杉禅秀の乱を契機に惣領である上那須家の資之と庶子である下那須家の資重が分裂し、十六世紀初頭に下那須家の資房が統一するまで対立は続いたとされたが、それは非常に誤りが多く信憑性の低い那須系図を鵜呑みにしたもので、子細に関係文書を検討すると、那須氏の分裂は南北朝時代前期に始まっているとする。下那須家は仮名を五郎、受領を越後守と称する家だが、資藤も『太平記』や那須系図のすべてで五郎を称したことが確認され、資藤もこの系統だとしているのである。ちなみに『太平記』によると延元元年（一三三六）九月に比叡山に籠もった後醍醐天皇方の武士として「備中ノ那須五郎」と出てくるので、備中に所領を持っていたのであろう。

もし江田氏の見解が正しいとすれば次のような推測もできよう。参考系図四・五で資忠の仮名が太郎であるとしているが、これは後世の作であり信用できないとすると、系図五の資忠の「越後権守」の受領名が問題になるのである。あるいは資忠は越後守を称するのちの下那須家につながる系統であると考えられるのである。そう考えるとこの系図五は既に那須家の分裂が始まっていたことを示すのではないか、那須家の惣領の座をめぐって、足利持氏期に上那須家と下那須家に分裂する火種が起きており、惣領職をめぐっての資忠と同族との対立が起こり、それに関係して直義のところに提出されたものであると考えられるのである。

次に系図五の特徴についてだが、二点指摘できる。まず目に付くのは、罫線が朱で書かれている点である。これは

那須資忠が那須氏惣領としての血統の確かさと、那須氏の所職の正当な継承者である事を強調する意図があったと思われる。次の特徴は、この系図も先の系図四と同様、資村の子資家の名を次の行の下の方に資光と同じ高さの所に記し、当事者の資忠が一番下の位置に来るように作られている。これも那須与一宗隆（資隆）の子孫であり、源頼朝以来の御家人である事を重んじ、那須氏の家の正当な継承者である事を示しているのであろう。その意味では青山氏の指摘するような、まさに出自の論理と相伝の論理を内在させた系図であると言えよう。

なお、系図五からいくつか那須氏に関する新事実が判明した。従来使用されている那須氏系図は、参考系図四の那須氏所蔵のもので、寛永十八年（一六四一）三月九日に作成されたものである。(15)参考系図四には、那須与一宗隆（資隆）の弟を資之とし、資之は「早世」であり、子がなかったので宇都宮氏より養子をもらい、頼資を嫡子としたとしている。この系図には資之の名が無いが、記載がないのは参考系図四のように惣領職を譲られる前に「早世」したためとも考えられる。しかし参考系図五にも資之はみられず、『寛政重修諸家譜』やその他の那須系図には那須惣領家の仮名である太郎ではなく五郎という仮名が付けられている。よって現在のところ資之の実在すら疑わしく、少なくとも那須氏の惣領職を継いでいないことが指摘できよう。

また、系図五や参考系図五の金剛寿院本系図は資隆より惣領職を譲られたのは資頼で、その後を資光が継いだとしている。一方参考系図四は資隆の子を頼資とし、その子を光資としている。どちらが正しいかを考えれば、やはりより近い時代に作成された系図五の方が信憑性が高いので、参考系図四は資頼と資光の名を誤って、それぞれ上下を逆にしてしまっていると言える。これは『吾妻鏡』建久四年（一一九三）三月九日条や翌年十月九日条に、「那須太郎光助」の名がみられることによる混同であろう。

実は那須氏は系図五の系統の他に陸奥国宮城郡蒲生村・八幡庄に所領を持つ肥前左衛門太郎を称する系統もみられる。『吾妻鏡』では嘉禎三年（一二三七）六月二十三日条に那須左衛門太郎がみられる。文永元年（一二六四）十月十日付関東下知状（結城錦一氏所蔵結城文書『白河市史五資料編2』三号文書）では那須肥前次郎左衛門尉資長がみられ、この人物はのちに覚西と名を変え、弘安九年（一二八六）八月二日、太郎高頼に惣領職を譲っている（同上　五号文書）。このように那須氏には従来検討されてこなかった様々な系統の家が存在するのである。江田氏の指摘や資忠の出自に関する検討も合わせて考えると、やはり参考系図四・五を当てにすることはできないといえよう。

那須氏の系譜はこのようになお一層の検討が必要であり、今後はこの系図五を中心にさらに関連文書を博捜しつつ考えていくべきであろう。

## 六　青木氏系図

系図六（十二―1）は、系図中に注記されているように青木氏のものである。青木氏は武蔵七党の丹党の一族で、現埼玉県飯能市青木を名字の地とする。『新編武蔵風土記稿』によると同地の泉ヶ城跡がその居城であったとするが、この城館は現存しない。青木氏に関しては『系図綜覧』下（国書刊行会編、名著出版、一九七四年）に「青木系図」が収録されているが、これは丹党から青木氏の祖である青木直兼・実直兄弟が分かれるところまでで終わっている。そこで全体をよく知るために、内閣文庫所蔵『諸家系図纂』二五下所収「丹治系図」（『新編埼玉県史別編4年表・系図』）から青木氏に関する部分を抜き出した参考系図六を検討してみたい。

この系図によると、武房の系統は、青木実保次男実季の三男実光から出ていて、青木氏庶流であることがわかるの

## 系図六　青木氏系図（十二—1）

系図

青木左衛門尉 実保 — 五郎左衛門尉 実季 — 同五郎左衛門尉 実光 — 同四郎左衛門尉 武房

## 参考系図六　青木氏系図（内閣文庫所蔵『諸家系図纂』二五下所収「丹治系図」〈『新編埼玉県史別編4年表・系図』〉より抜粋）

青木丹五 実直 — 左衛門尉 実村 — 兵衛尉 実保 — 五郎 杢左衛門尉 実時

- 実時
  - 五郎入道 法名実願 実常
    - 七郎 彦七郎 実継
    - 実連
    - 彦太郎 実業
  - 七郎左衛門 行実
    - 四郎 経村
    - 国実
    - 景実
    - 光実
  - 孫五郎 実綱
  - 九郎 秀貞（弘安八年於鎌倉自害）
  - 十郎 実光

- 実季 青木新左衛門尉
  - 実連 五郎
  - 実広 四郎
  - 実光 又五郎
  - 実家 七郎
- 実盛 九郎兵衛尉
  - 光実 孫五郎
  - 実厳 太夫坊
  - 盛胤 七郎
  - 実宗 阿闍梨
- 実忠 十郎左衛門
  - 某 二郎
- 実俊 青木六郎左衛門尉
  - 某 又五郎
    - 実義

である。それにも関わらず、主流の記載を一切省き、縦一行に記載していることは何を示すのであろうか。この点を次に南北朝期の青木氏の動向から考えてみよう。

青木武房の父実光は、『太平記』二の「箱根竹下合戦事」（六〇頁）の部分で、建武二年（一三三五）十月、「青木五郎左衛門（実光）」は、一族の青木七郎左衛門らと共に党をなし、新田義貞軍に属して活躍している。しかしその後まもなく、青木氏一族は南朝より足利尊氏方の北朝に寝返った者が多かったようで、例えば正平三年（一三四八）正月五日の四条畷の合戦では、一族の青木次郎が高師直に率いられて活躍している（『太平記』三、二八頁）。

青木実光の子で系図六の提出者である青木武房もやはりその一人であった。青木武房は、建武四年正月廿二日と康永三年（一三四四）正月廿九日の足利尊氏主催の御的始の行事に参加して的を射ている（「御的日記」『続群書類従』第二十三輯）ことから、早いうちに足利尊氏方に乗り換え、尊氏に属して結び付きを強めていたと言えよう。

武房の所領については、康永二年三月四日付上杉憲顕宛室町幕府頭人石橋和義奉書案（「色部文書」『新潟県史資料編4中世二』、一〇四七号文書）によりうかがえる。この奉書案は、青木武房の所領となった越後国小泉庄に対する、元の領主であった色部長倫以下の違乱の究明と、城入道・後藤信濃入道跡欠所への本庄氏の濫妨を止めさせ、武房に所領を沙汰付けるよう、上杉憲顕に命じたものである。この文書により、鎌倉幕府倒幕戦の功で色部氏旧領他の地を充て行われていた事、そして以後足利氏方として動いていた事がわかるのである。

これらの事から、青木氏一族内で各々別個に尊氏に取入り、青木氏の惣領制的秩序が崩れていく様子がうかがえ、このような中で青木武房は足利氏と深く結び付く事に成功し、独自の家として独立した存在となった事が、系図に縦一行の記載として表現されたものと考えられるのである。

## 七　『玉燭宝典』紙背文書所収系図の性格

これまで六つの小系図を個別に検討してきたが、それでは個々の分析結果が、南北朝期の系図に普遍的に言える事なのかどうかを検討したい。

まず『宝典』紙背文書所収系図の性格として気が付く事は、鎌倉・南北朝期に一般的であった所領相伝系図ではなく、各家の職の流れのみを記し、出自の確かさと職の正当な継承者であることを主張する意図がみられる系図が多い事である。系図一の一族を記したもの以外は、全てこのタイプといえる。『鎌倉遺文』所収の系図では所領相伝系図が大半を占めることが先学により指摘されているが、この『宝典』紙背文書所収系図の場合は、こうしたものは一つもなく、いずれも一族や家の出自、職の継承を示す系図である。

このような現象は、この『宝典』紙背文書の史料的性格によるものと思われる。この文書群は今江氏によれば、当時室町幕府の政務全般を担っていた足利直義の家司二階堂道本のもとにあったものである。足利直義のもとでは当然、政務に関する評定が開かれる。足利尊氏と直義の二頭政治期には武士の成功任官の権限を直義が一手に握っていたとされている。道本は官途奉行として除目聞書類の受給や寺社成功銭の取り扱い、御家人の任官申請の窓口を務めた。[16]そのため官途の成功に関する史料がたいへん多く含まれているのである。

年月日がないが貞和年間のものと思われる事書には（七―9）、「関東奉公人々官途所望、可有御推挙之由、御教書事、関東奉公人功銭、可□付覚園寺由事」とあり、覚園寺造営のため東国武士から官途推挙のための成功銭を取っていたことが知られる。また、七月三日付二階堂道本宛石橋和義書状（六―3）には、「官途事、今日可有御沙汰候乎、

随御左右、可令出仕候」とあり、直義のもとで武士の官途推挙について評定が行われていた事が知られる。このように官途成功に関する史料が多いという『宝典』紙背文書の性格により、自家の血筋の正しさを主張する系図ばかりが残る結果となっているのである。

次に特徴として挙げられるのは、自己の惣領職の流れを受け継ぐに値する血筋の確かさを強調している事である。そのため、女性の名は全く出てこない。そればかりか、名字の祖を一番上にして自分は一番下にくるように記載し、血縁の濃さを強調するために系図三・五のように罫線を朱書するものさえある。

この点に関しては、次の二階堂行珍書状断簡が、当時の武士の官位に関する思想をうかがい知る手かがりとなる（六—13）。

□息美濃守行通一級事、雖有所存、
□年之間者、暫令斟酌畢、於今者、年齢已
□至、近日又有傍例歟、凡行珍自擾乱之始、
□静謐之今、云軍功云奉公、其忠可謂異他
□哉、（中略）其後未致訴訟、又不預抽賞、所詮譲付
□祖之労効、挙申子孫之官位之条、為定例之
□者、欲被許行通一級、且大膳大夫（長井）広秀・掃部（摂津）
□（頭）親秀以下、或拝任数代中絶之官班、或被免諸人
□階位階、行珍於為俗体者、争漏無偏之恩許哉、

□通稟譜代之一流、縦雖無功労、蓋被許理運之
□級、何況譲其賞望其位、承先之例也、誰及予儀
□、但於法体之評定衆者、任先規、宜守俗体之位次
□者、非難儀者歟焉、（以下欠）

この書状は、初期の室町幕府で政所執事・引付頭人を務めた二階堂行珍（行朝）が、息子美濃守行通の位階を上げてくれるように嘆願したものである。その理由として、行珍の功績を子孫に譲って子孫の官位を挙げることは「定例」であると主張している。

武士の官途・位階の申請に際して、父祖の功績が子孫にまでつながるもので、その家の者がかつて受けた官途を受け継ぐのは当然であるという主張がなされているから、代々同じ官途を称して、父系の繋がりを持つ永続的な中世の家が当時確立しつつあったことがうかがえる。この点に関しては、高橋秀樹氏の在地領主の家に関する指摘が参考になる。(17) 高橋氏は、十二世紀前半に在地領主の間に成立した、父子継承により永続していく中世的な家が、十四世紀には、他人養子を擬制的な嫡子にすることで家を存続するようになり、嫡系継承を原理とする在地領主の家が確立したとする。

また飯沼賢司氏は、鎌倉時代後半から、嫡子単独相続・惣領の家産の独占により血縁は一系的になり、職による系譜意識がなくとも家として直系的に継承できるようになった。そして、名字が重視されるなど血縁論理が優先されるようになり、職相伝系図は次第に姿を消して行ったとする。(18)

おそらく、南北朝期における、父系の嫡系継承原理化による在地領主の家が確立しつつあり、そのため惣領職の流

れを受け継ぐに値する血筋の確かさを強調する様々な工夫がなされていると考えられるのである。

以上の検討から、この『宝典』紙背文書には、父子継承による家名の継承が最も重視される、官途の成功関係史料が多く含まれる関係から、所領相伝系図ではなく、家の惣領としての筋目の正しさを主張する系図が多いのである。よってこれらは当時の武士の家の一面を示す史料で、我々が一般的にイメージしているような、自己の家族と家の継承を示す系図への過渡期にある系図群であるといえよう。

## おわりに

以上、『宝典』紙背文書所収の六通の系図を素材に、訴訟や任官申請の際に提出する「具書」や「副進」文書として提出された南北朝期の武家系図を、大部分推測に頼りながら史料学的に検討してきた。このような系図そのものを読む試みはどこまでうまくいったか定かではないが、その結果をひとまずまとめたい。
①系図の用途・目的によって、系図の記載の仕方が違う事が分かる。系図の作成に当たっては、必要に応じて自分に都合の良い事のみ書き記している。やはり青山氏が指摘されるように、系図の記載形式には重要な意味があると言える。罫線の引き方や朱書、注記の仕方など形式面からもその系図の主張を読み込む事ができる。そして、形式面からの系図の主張を踏まえた、歴史的事実の解明が可能であると言える。
またそのような事から、系図の研究は極力原本に当たる必要があるといえ、中世の系図を翻刻する際には、どこまでが同筆でどこからが書き継がれたものかという点の検討も含めて、その形式を忠実に再現する必要がある事を指摘しておきたい。

②名字の始祖を系図の一番最初の上に持ってきて、系図を提出した当事者が、一番下の位置に来るように作られている。次の行に行くときは下の方から書き継いでいる。これはその名字の始祖に敬意を表し、その氏族の血筋を引く継承者としての正当性を重んじる意識がうかがえる。これらは、南北朝期における在地領主の家の確立と密接な関係があるものと考えられる。

③当時の系図は、当面の必要な部分で、しかも自分に都合の良い部分のみを記すものなので、関係文書や近世に作成された系図と比較しながら見ることで全体を把握して論じる必要がある。

以上の事を指摘できたが、それでは中世後期、戦国期の系図についてはどのような事が言えるのか、史料の性格、分析方法を探っていきたい。また、中世後期の武士の家や家中の研究にどのように役立てる事ができるのか、考えていく事が今後の課題である。

〔注〕

(1)「中世における婚姻関係の一考察―「若狭一二宮社務系図」を中心に」(『地方史研究』一〇七号、一九七〇年)。同「桐村家所蔵「大中臣氏略系図」について」(『茨城県史研究』四八号、一九八二年)。同「『加藤遠山系図』について」(小川信編『中世古文書の世界』、吉川弘文館、一九九一年)。いずれも後に『日本中世史料学の課題―系図・偽文書・文書』(弘文堂、一九九六年)に収録。同「系図にみる東西」(『東と西の語る日本の歴史』、そしえて、一九八二年)。

(2)近藤安太郎『系図研究の基礎知識』一～四(近藤出版、一九八九・九〇年)。網野善彦編、週刊朝日百科日本の歴史別冊『歴史の読み方8　名前と系図・花押と印章』(朝日新聞社、一九八九年)。同「系譜・伝承資料学の課題」(『古文書研究』五〇号、一九九九年)。

(3)中世の系図に関する個別研究としては、以下のようなものがある。山田邦明「常陸真壁氏の系図に関する一考察」（中世東国史研究会編『中世東国史の研究』、東京大学出版会、一九八八年）。市村高男「結城系図について」（結城市編『結城市史第四巻　古代中世通史編』、一九八〇年）。益田宗「尊卑分脈の成立と編成」（『東京大学史料編纂所報』二〇号、一九八五年）。石井進「武士の置文と系図―小代氏の場合―」（『鎌倉武士の実像』、平凡社、一九八七年）。小松寿治「『信濃国伴野庄諏訪上社神田相伝系図』について」（『駒沢史学』三九・四〇号、一九八八年）。黒田日出男「若狭国鎮守神人絵系図の世界」（網野善彦編『歴史の読み方8　名前と系図・花押と印章』、朝日新聞社、一九八九年）。鈴木哲雄「香取大宮司職と女の系図」（『総合女性史研究』一二号、一九八九年）。小林一岳「系図―その批判的利用―」（『歴史手帖』二四―一一、一九九六年）。

(4)「鎌倉期の武士系図について」（『歴史の理論と教育』七三号、一九八九年）。同「中世系図学構築の試み」（『名古屋大学文学部研究論集』史学三九号、一九九三年）。前者は報告要旨であり、後者がその内容を発展させ、深めている。そこで以下、青山氏の所論を参考にするときは、後者によるものとする。

なお同氏は「中近世転換期の系図家たち」（『名古屋大学文学部研究論集』史学四四号、一九九八年）、「十八世紀系図家の描く中世像―長慶寺所蔵『山田世譜』の分析―」（『名古屋大学文学部研究論集』史学四五号、一九九八年）で近世に虚構を含んだ系図が大量に作られる事情と背景を考察している。

(5)飯沼賢司「系譜史料論」（網野善彦他編『岩波講座日本通史別巻3史料論』、岩波書店、一九九五年）。

(6)黒田日出男「『鎌倉遺文』の系図」（鎌倉遺文研究会編『鎌倉時代の社会と文化』、東京堂出版、一九九九年）。

(7)「前田本『玉燭宝典』紙背文書に関する覚書」（『国史学』一〇三号、一九七七年、本書研究篇再録）。

なお二階堂道本（行秀）の地位について細川重男氏は「執事」と位置づけている（「政所執事二階堂氏の家系」鎌倉遺文研究会編『鎌倉時代の社会と文化』、東京堂出版、一九九九年）。

(8)「室町幕府開創期の官制体系」（石母田正・佐藤進一編『中世の法と国家』、東京大学出版会、一九六〇年）。のち『日本

中世史論集』（岩波書店、一九九〇年）に収録。

(9)「六波羅探題職員ノート」（『三浦古文化』四二号、一九八七年）、同「六波羅評定衆考」（小川信先生の古稀記念論集を刊行する会編『日本中世政治社会の研究』、続群書類従完成会、一九九一年）。

(10)この時期の海東庄の状況については、小川信「鎌倉時代および建武政権下の尾張国海東三カ庄について」（永島福太郎先生退職記念会編『日本歴史の構造と展開』、山川出版社、一九八三年）が詳しい。ただし海東氏については触れられていない。

(11)注8に同じ。

(12)注3益田宗氏論文参照。

(13)「中世」（仁保の郷土史編さん委員会編『仁保の郷土史』、仁保の郷土史刊行会、一九八七年）。

(14)「持氏期の那須氏―持氏による下野支配の展開―」（羽下徳彦編『中世の地域社会と交流』、吉川弘文館、一九九四年）。

(15)『栃木県立博物館人文部門収蔵資料目録第2集（歴史1）那須文書』（栃木県立博物館、一九八八年）。なお、『続群書類従』第六輯上の「那須系図」もこの系統のものである。

(16)当時の成功制に関しては、金子拓「室町幕府初期における官途推挙と武家官途―律令的官位制変容の一側面―」（『日本史研究』三八六号、一九九四年。のち『中世武家政権と政治秩序』、吉川弘文館、一九九八年収録）が詳しい。

(17)「中世的「家」の成立と嫡子」（『史学雑誌』一〇〇―九号、一九九一年。のち「在地領主層における中世的「家」の成立と展開」と改題加筆し、『日本中世の家と親族』、吉川弘文館、一九九六年）に収録。

(18)注5に同じ。

〔追記〕校正中に義江明子「中世系譜史料論にふれて」（『日本古代系譜様式論』、吉川弘文館、二〇〇〇年）、および網野善彦「歴史を叙述する一つの形―系図研究の豊かな可能性―」（五味文彦編『ものがたり　日本列島に生きた人たち6　伝

承と文学 上』、岩波書店、二〇〇〇年）に接した。前者は系図形式と系譜意識の面から古代と中世の系譜の比較を試みたもので、後者は系図作成の動機を考えて中世から近世にわたって探る手法で系図による中世社会論を試みたものであり、系譜史料学の確立を強く主張している。本稿と併せて参照いただきたい。

さらに系図に関する個別研究としては、佐藤博信「里見義堯と安房妙本寺本『源家系図』（『鎌倉』九〇号、二〇〇〇年）、羽下徳彦「奥州伊達氏の系譜資料について」（『市史せんだい』一〇号、二〇〇〇年）が発表された。こちらも参照いただきたい。

# 足利直義管下の三方制内談方と二階堂道本

矢部　健太郎

## はじめに

今江廣道氏は、『玉燭宝典』（以下、『宝典』と略称する）紙背文書について「前田本『玉燭宝典』紙背文書に関する覚書」(1)の中で詳細な検討を加えられた。この中で今江氏は、『宝典』の料紙の大部分が二階堂道本に宛てられた書状であること、そのほとんどが足利直義と高師直等一族との関係が悪化の一途をたどって行く貞和年間のものであることなどを明らかにされた。今江氏も「これを分析して行くことによって、観応の擾乱前夜の直義方の動きも明らかになるのではないか」と述べられているように、その史料的価値は大いに注目すべきものといえよう。

筆者は、この『宝典』紙背文書中のある一通の文書を翻刻し、その文書の背景について考察を進めた。その結果、初期室町幕府官制における内談方の存在形態の一側面が浮き彫りとなった。また、その文書の年代について考察する内、この内談方に関連して、足利直義と二階堂道本との関係についてもある程度明らかにすることができた。そこで本稿では、その過程についてまとめてみたいと思う。

## 一　『玉燭宝典』紙背文書に記された「御内談」

『宝典』紙背文書十二―9として、次のような書状がある。

御札悦承候了、抑明日可有御内談候者可令参候、早旦承御左右候者為悦候、恐々謹言、

九月十二日　　和義（花押）

（宛名欠）

この文書（以下、A文書と記す）について、今江廣道氏は前掲論文の中で以下の諸点に言及されている。まず本文書中の「御内談」について、佐藤進一氏が「室町幕府開創期の官制体系」(2)の中で明らかにされた、直義管下の三方制内談方の会合に当たると推定された。そして、この会合の有無を問い合わせた本文書は、宛名を欠いているものの直義の家司に宛てられたものであり、その家司とは道本を指すとの考えを示された。また、「御内談」のような重要会議の開催通知やその出欠を取りまとめる実務担当機関、及び直義家の家政を担当する機関の必要性を指摘し、直義亭内における「政所」の存在を想定されている。

三方制内談方とは、室町初期の康永三年（一三四四）から貞和五年（一三四九）にかけて、足利直義の管下において引付方に代わって活動した訴訟審議機関のことである。引付方との大きな相違点としては、幕府開創以来五方制であった引付方を高師直・上杉朝定・上杉重能の三名を頭人とする三方制としたこと、一方ごとの人数が頭人を含めて十一名ずつ計三十三名と大幅に削減されたこと、引付方にはみられなかった直義の出座があったことなどが挙げられる。そして佐藤氏は、こうした変化を直義による引付方親裁機関化の動きと捉えられた(3)。なお、内談方の詳細な人員

構成や開創期室町幕府官制の骨組みについては後述する。

以上みてくると、A文書で特に問題とすべきはやはり「御内談」という文言であろう。結論から先に述べれば、これは今江氏の指摘通り、佐藤氏の説かれた「直義管下の三方制内談方の会合」とみてよいと考える。ここでは、初めにA文書の検討を出発点として、直義管下の「御内談」に関して若干の考察を試みたい。

まず、差出人の「和義」であるが、これは『宝典』紙背文書にも度々登場する人物であり、二階堂道本と同時期に官途奉行であった石橋和義と考えられる。(4) また、宛名は欠けているが、次の書状(六―3)より二階堂道本であったと考えられる。

官途事、今日可有御沙汰候乎、随御左右可令出仕候、恐々謹言、

七月三日　　和義(花押)

(二階堂道本)
伯耆入道殿

この書状は、官途奉行の石橋和義より、同じく官途奉行の伯耆入道＝二階堂道本に宛てられたものであり、官途の沙汰に関する会合の有無を尋ねたものである。その文体は、冒頭で挙げた「御内談」の有無を尋ねたA文書と酷似しており、そこで欠けていた宛名も道本であったと考えてよいだろう。

次に、A文書の年代推定を試みたい。佐藤氏は、三方制内談方の存在時期について、その成立時期を康永三年正月～四月十五日とされ、足利直義の股肱として観応擾乱の火付け役となった上杉重能が没落した、貞和五年八月十五日の政変を契機として廃止されたとしている。(5)「御内談」＝「三方制内談方の会合」という前提に立った場合、九月十二日の日付を持つA文書は、康永三年～貞和四年までの間に発給されたものといえる。

以上の諸点をまとめておこう。まずA文書は、石橋和義から二階堂道本に対して出された三方制内談方の会合の有無を尋ねた書状であること、また、その年次は康永三年～貞和四年の間に比定しうることを確認しておきたい。

ここで、直義執政初期における内談方の性格の特徴として、内談方での決定が程なく評定の場に報告されて裁許を受け、その日付を持つ直義署判の下知状で下達されたという佐藤氏の指摘、(6)及び評定と引付（内談）方の開催日がほとんど重ならないという岩元修一氏の指摘に触れておきたい。(7)この点を踏まえて、A文書で「御内談」の式日とされた九月十三日に内談が行われ、その後まもなく評定が行われたという前提に立った場合、九月十四日から月末辺りまでには直義の下知状が下されていた、ということができる。

この推定にたって、佐藤氏が作成された「直義発給下文・下知状目録」(8)をみると、A文書の年次推定期間である康永三年～貞和四年の内、九月中に発給されたものは康永三年九月十七日（下知状、裁許、『大徳寺文書之四』）、貞和元年九月二十七日（下知状、裁許、『備陽記』）、貞和四年九月十七日（下文、安堵、『詫摩文書』）の三度が確認される。

『宝典』紙背文書中の二階堂道本宛書状には貞和年間のものが多く、しかも年次が確定できるものは貞和二年～四年に限られている。また、全十二巻からなる『宝典』の内、平成七年度に今江廣道氏を中心としてA文書を含む巻十二の紙背文書に関して年次比定等の作業を行ったが、この巻十二に収載された紙背文書で年次比定が可能なものは、すべて貞和四年に発給されたものであることが明らかになった。以上の諸点を踏まえると、A文書中の「御内談」直後に発給された可能性が最も高いものは、貞和四年九月十七日付の足利直義下文であると推測される。そこで以下、この可能性を高めるべく考察を進めていきたい。

## 二　足利直義発給の安堵状発給と内談方

既に佐藤氏は、足利直義発給の安堵状の内容と管轄機関に関して、詳細な検討をされている。(9)佐藤氏によれば、直義発給の安堵状は、一般の安堵・譲与安堵・買得安堵・紛失安堵の四種に区別され、その管轄は一般の安堵・譲与安堵が安堵方、買得安堵が問注所であったということである。また、紛失安堵については、その管轄機関が時期によって異なっており、貞和二年（一三四六）までに㈠恩賞方・安堵方・問注所、㈡内談方、㈢恩賞方・安堵方・問注所・内談方と、三段の変化を示していることを指摘された。

この後、岩元修一氏は南北朝前期における室町幕府の安堵について、制度面から詳細な検討を加えられている。(10)岩元氏は、安堵の手続きや安堵方頭人の検出などを行い、さらに安堵方と引付（内談）方との関係にも論及された。この点は、本稿とも密接に関わる点であるので、少し詳しく岩元氏の説に触れておきたい。岩元氏は、氏が安堵方頭人に比定した上杉朝定・摂津親秀・二階堂道存の三名が関与した安堵について、彼らの立場は安堵方と引付（内談）方との兼任とみるか、または「例外的な事例であったと思われるけれども」安堵方とは別に引付（内談）方が関与した結果とみるか、という二つの想定を立てられ、結果として前者の立場をとられている。

しかしながら、筆者はむしろ後者の想定、つまり安堵方とは別に、引付（内談）方が訴訟審議機関として安堵にも関与したとみた方が、当該期の直義の安堵状発給と、それに合わせて発給された施行状との関係を理解しやすいと考える。(11)そこで、ここでは先のA文書を手がかりに、足利直義の安堵状発給と内談方との関係について検討していきたい。そのため、紛失安堵の三段の変化について佐藤氏が根拠とされた、「室町幕府追加法第二十条」(12)をいま一度確認

しておきたい。

一、文書紛失輩訴訟事　　貞和二　閏九　廿七　評定

可為内談方所務之由、先日雖有其沙汰、於建武三年以前分者、無事書之間、委細之旨趣、無據糺明歟、任先例、尋問当知行之実否、於有証人等者、須成賜紛失安堵御下文、至同年以来分者、守旧規、於事書在所、恩賞方、安堵方、問註所、可有其沙汰焉、次不知行地事、於内談方、且相尋当時之領主、糺明証跡、可及是非之子細同前、

一方内談武州方　奉行人諏方法眼円忠　門真左衛門入道寂意

この条は貞和二年閏九月に制定されたもので、紛失安堵等を巡る訴訟全般については基本的に内談方が管轄するが、引付勘録事書が恩賞方・安堵方・問注所に保管されている件については、事書が保管されている機関にて下文の発給をするように、との内容である。

貞和四年の段階で、内談方が直義の安堵状発給に関係していた可能性は確認できた。このことを踏まえた上で、同年九月十七日付「足利直義下文案」(13)をみてみよう。

(足利直義)
(花　押)

下　菊池越前権守武宗、

可令早領知肥後国(詫摩郡)六箇庄内小山村地頭職事、

右人依参御方所宛行也、如□(元カ)可領掌之状如件、

貞和四年九月十七日

この文書（以下B文書とする）は、菊池武宗という人物が服従の意思を明らかにしたことにより、直義より肥後国六

箇庄内小山村の地頭職を宛行われたことを記したものである。佐藤氏は、本文書について「文言の上では新規の宛行の如くみえるが、内容よりみて安堵状と考えられる」と述べられている。(14) 一方で、岩元氏は文書の形式通りに「充行下文」とされている。(15) そこで、この問題についてさらに検討を加えてみたい。

まず、菊池武宗についてであるが、この人物はもともと早岐を名乗っており、後に菊池の養子となったことが系図から確認できる。(16) そこで次に、この菊池武宗と同一人物のものと思われる「早岐武宗和与状案」(17) を見てみたい。

肥後国六かのしやうのうち、おやま《（小山）》のやしき《（屋敷）》六かしよ、并ちんのまへのはらよりミなミやしき・おなしき田地
四丁五反事、
右、田地やしきらにおいてハ、わよ《（和与）》のきたるあひた、地頭職三分一を、はやき《（早岐）》の六らう九郎殿ニさりわたし申事
実也、たゝしつほつけ《（坪付）》へつし《（別紙）》ニあり、向後においてハ、あひたかひニ大小事をうけ給申へし、まして、いらん《（違乱）》わ
つらひのき、いさゝかあるましく候、仍為後和与状、如件、

康永三年甲申歳八月廿五日
越前《（早岐）》守武宗在判

この文書は、菊池武宗が早岐秀政に地頭職の三分の一を譲り渡す旨を記したものである。この文書の存在により、武宗が以前より小山村の地頭職にあったことが明らかである。よって、ここでは先のB文書を佐藤氏による内容からの推測通り、安堵状であると考える。

さて、このB文書に関連して、内談方との関わりを示すと考えられる史料が貞和四年十月八日付「室町幕府奉行人上杉重能施行状」(18) である。

菊池越前権守武宗申、肥後国六ヶ庄内小山村地頭職事、任去月十七日御下文、可被沙汰付之状、依仰執達如件、

貞和四年十月八日　伊豆守（上杉重能）（花押）

宮内少輔（一色直氏）殿

この文書（以下C文書とする）は、上杉重能が「去月十七日御下文」、つまり先述のB文書に任せて、肥後国六箇庄小山村の地頭職を菊池武宗に沙汰付ける様、鎮西管領の一色直氏に命じたものである。

上杉重能は、足利直義の股肱となって尊氏の執事高師直と争い、貞和五年八月に殺されるまでは、内談方Ⅲ方の頭人という要職を務めた人物である。[19] このことから、菊池武宗の地頭職安堵についての内談方における審理は内談方Ⅲ方が中心となって行われ、その責任者である頭人として、上杉重能が貞和四年十月八日付のC文書を発給したものと考えられる。[20]

以上の考察から、とりあえずA文書中の「御内談」は貞和四年の九月十三日に催された内談方Ⅲ方の会合であり、その議題の一つが菊池武宗の地頭職の紛失安堵に関わるものであったと結論付けたい。すなわち、A～C文書発給までの流れを整理すると、次のようになる。まず、石橋和義から二階堂道本に宛てて九月十二日付のA文書が発給され、翌十三日には「御内談」が行われた。「御内談」の審議を受けて、四日後の同月十七日に評定が行われ、その日付をもってB文書（足利直義安堵下文）が発給された。そしてそれに伴って、内談方Ⅲ方頭人としての立場から、C文書（上杉重能施行状）が同年十月八日に発給されたと考えられるのである。

## 三　二階堂道本と内談方

A文書中の「御内談」の語に注目し、この文書の背景について検討することで、足利直義と三方制内談方の関係についてある程度明らかにできたと思う。そこで次に、石橋和義がなぜ二階堂道本に内談の有無を尋ねたのか、ということについて考えておきたい。この点は、開創期室町幕府官制と大いに関係する問題であるので、ここで佐藤氏が作成された表を挙げておこう。

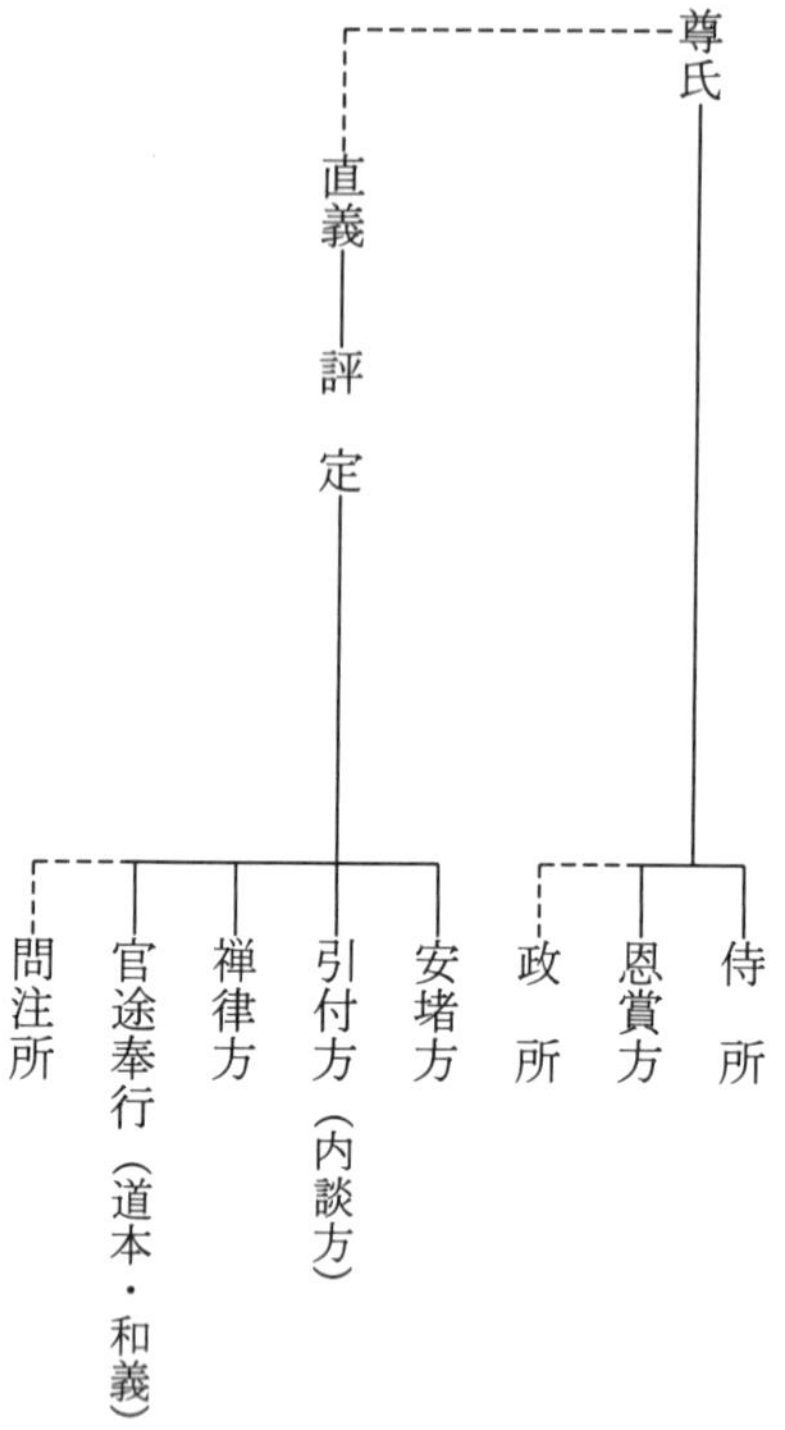


先にも触れたように、石橋和義は貞和四年段階においては官途奉行であった。彼は、かつての五方制引付方頭人の一人であったが、内談方へは含まれていない。よって、まず確認すべきは、和義は官途奉行として道本に「御内談」

の有無を尋ねた、ということである。

　では、なぜ官途奉行の和義が同じく官途奉行の道本に「御内談」の有無を訪ねたのか。おそらくは、和義以上に道本が「内談方」に近い立場にあったためと考えられる。そこで次に、内談方とはどのような人員構成を持つものであったのか、という点についても触れておきたい。『結城文書』[21]中に、康永三年（一三四四）の引付方・内談方の編成表が残されている。以下に、内談方の編成表を挙げておこう。

一方（Ⅰ方）

| | | |
|---|---|---|
| 武蔵守（高師直） | 佐渡判官入道（佐々木道誉） | 長井縫殿頭（高広） |
| 長井丹後守 | 伯耆入道（二階堂道本） | 後藤対馬守（行重） |
| 諏訪大進房（円忠） | 雑賀隼人入道（西義） | 門真左衛門入道（寂意） |
| 三須雅楽允（倫篤） | 杉原左近将監（光房） | |

一方（Ⅱ方）

| | | |
|---|---|---|
| 上杉弾正少弼（朝定） | 前大膳大夫（長井広秀） | 参河入道（二階堂行諲） |
| 安芸守（二階堂成藤） | 山城守（二階堂行直） | 因幡入道（明石法集） |
| 津戸出羽入道（道元） | 斎藤左衛門尉 | 斎藤四郎兵衛入道（玄秀） |
| 富部周防前司（親信） | 飯尾修理進入道（宏昭） | |

一方（Ⅲ方）

| | | |
|---|---|---|
| 伊豆守（上杉重能） | 信濃入道（二階堂行珍） | 近江入道（佐々木善観） |

遠江入道（宇都宮蓮智）　美作守（問注所顕行）　疋田妙玄
雅楽民部大夫（信重）　飯尾左衛門大夫　豊前四郎左衛門入道
関清左衛門入道（道日）　布施弾正忠（資連）

この史料により、二階堂道本は高師直を頭人とする内談方Ⅰ方に属していたことがわかる。では、和義は道本が内談方Ⅰ方に属していたという理由で、「御内談」の有無を尋ねたのだろうか。

本稿では、和義が道本に尋ねた貞和四年（一三四八）九月十三日の「御内談」は、上杉重能を頭人とする内談方Ⅲ方の管轄であったと考えた。さすれば、内談方Ⅰ方に所属する道本に、和義が内談方Ⅲ方の有無を尋ねたことには、他に理由があったはずである。

この点に関して今江氏は、道本が直義の家政機関（政所）の一員であったと推定されており、その上で本文書の意味を「内談方の会合の有無を家司に問い合わせたもの」とされた(22)。私は、本稿での内談方についての考察から、A文書が、道本が自分の所属以外の内談方の式日についても知りうる立場にあったことを示すものと考えたい。

では、道本の立場とは具体的にはどのようなものであったのだろうか。本稿の検討結果からいえば、道本は複数の内談方についての情報を把握していたことになり、一般の内談衆とは性格を異にしていたと考えられることから、各内談の式日・参加者の出席等を取り仕切っていたものと考えて良いのではないだろうか。内談の場への直義の参加は確実であり、今江氏が指摘されたように、内談等の重要会議の実務担当機関、つまり「直義亭内における政所」の一員として、直義のもとで道本が活動していた可能性は高いといえよう(23)。

## 四　三方制内談方の活動状況

これまで、足利直義管下の内談方の活動について、直義の下文発給と内談方頭人の施行状発給との関係、及び二階堂道本との関係を中心に検討してきた。通説的に、五方制引付方は月六回の式日を持ち、それぞれが「担当地域」を有して並行的に活動していたとされるが、[24]こうした形式は、そのまま三方制内談方へも継承されたのだろうか。本稿の最後に、この点に関する私見を提示しておきたい。

ここで、本稿で取り上げた菊池武宗への地頭職安堵に関連する、次の文書[25]に触れておこう。

御判

下　菊池越前々司武宗本名隆元

可令早領知肥後国千田庄（玉名郡）・重富名（詫摩郡）・南加治尾等（飽田郡）内田畠在家地頭職養父武成跡半分事、

右依参御方所充行也者、守先例可致沙汰之状如件、

貞和四年十二月七日

この文書（以下D文書とする）は、先に述べた菊池武宗に対して、養父武成の本領である肥後国千田庄・重富名・南加治尾等内の地頭職を安堵しているものである。

この文書について、『南北朝遺文』九州編は文書名を「足利尊氏充行状案」としており、『大日本史料』でも「幕府」すなわち尊氏の下文であるとしている。つまり、この文書の「御判」の主体は、『南北朝遺文』・『大日本史料』共に足利尊氏に比定しているのである。

しかし、この文書の体裁をみると、先に挙げたB文書（貞和四年九月十七日付「足利直義下文案」）と実によく似ていることがわかる。すなわちB・D両文書は、菊池武宗が「御方」のもとへ参上して服従の意思を明らかにしたことにより、地頭職を安堵されているという共通の背景を有しているのである。また佐藤氏は、足利尊氏の発給文書は下文だけであり、その下文は、守護職の補任状と、新恩の宛行状だけであるとされた。(26) しかし、「依参御方、所充行也者、守先例可致沙汰之状如件」とあるように、この文書は地頭職の安堵を内容としており、尊氏の発給文書であるとすることには、その内容からして問題があろう。本稿での検討を踏まえれば、D文書の「御判」の主体は足利直義であり、紛失安堵等の所務沙汰を扱う内談方が、この時の菊池武宗の地頭職安堵についても内談を行ったものと推測される。

この推測を補強するのが、次の史料(27)である。

菊池越前々司武宗本名隆元申肥後国千田庄・重富名・南加治尾等内田畠在家等地頭職養父武成跡半分事、守今月七日御下文、可被沙汰付下地於武宗之状、依仰執達如件、

貞和四年十二月廿五日　武蔵守（高師直）在判

一色宮内少輔殿（直氏）

この文書は、当時武蔵守であった高師直が、「守今月七日御下文」、つまり先の十二月七日付下文案（D文書）の施行について、一色直氏に宛てて発給したものである。これまでは、この文書の存在から、先のD文書は足利尊氏が発給したものであるとされてきたのであろう。すなわち、高師直は尊氏の政所執事であり、その師直が施行状を添えた主体は尊氏であったとの推測によるものと思われる。(28) しかし、本稿で行った貞和四年の足利直義管下における内談方の検討により、直義の紛失安堵下文発給と内談方頭人の施行状発給の関係が明らかになった。また、高師直は尊氏の政

所執事であると同時に、貞和四年段階では直義管下の三方制内談方Ⅰ方の頭人でもある。以上の点を勘案すれば、先のD文書が直義によって発給されたものであり、これを受けて、内談方Ⅰ方の頭人としても活動していた高師直が十二月二十五日付の施行状を発給したものと考えられるのである。

以上の考察から、三方制内談方の活動状況についての私見は次のようになる。結論から先に述べれば、三方制内談方の訴訟担当区分は五方制引付方のような「地域」によるものではなく、「時期」による、ということである。それを裏付けるのが、本稿で取り上げた菊池武宗の地頭職安堵を巡る内談方Ⅲ方とⅠ方の活動状況である。

仮に、三方制内談方が、五方制引付方と同様に各々の「担当地域」を有していたならば、同一人物の、しかも極めて近接した地域の地頭職安堵については、同一方の頭人による施行状が発給されたはずである。肥後国における菊池武宗の地頭職安堵について、貞和四年九月には内談方Ⅲ方頭人上杉重能の、また同年十二月には内談方Ⅰ方頭人高師直の施行状が発給されていた状況からは、諸地域の訴訟申請を受理する三方制内談方が「時期」によって役割分担を行っていたと考えざるを得ない。

三方制内談方の訴訟申請を受理する一方が、「時期」によって決定されていた可能性を裏付ける事例として、貞和四年の結城顕朝による所領安堵申請を巡る一連の文書群を挙げておこう。まず、『結城古文書写』中に次のような文書が残されている。(29)

　結城弾正少弼顕朝謹言上、
　　欲早被経御沙汰、預重御吹挙、於京都達愁訴、給安堵御下文、全知行、顕朝并親父親朝所領等事、
副進

一通　大将御感御教書案於伊達宇津峯致軍忠由事、
二通　同御一見状案子細同前、
右如顕朝父子所給康永二年二月廿五日京都御教書者、参御方致軍忠者、建武二年以前知行地、各不可有相違云々、就之云先度軍忠之次第、云年記以前之所領、令勘録之、依捧申状、去々年貞和二、四月七日、預御吹挙、於京都雖歎申、未達上聞之条、愁吟無窮者也、而去年霊山宇津峯御対治之刻、又依致軍忠、預御感御教書并御証判畢、案文謹備于右、親朝者所労之間、差副手者等於顕朝、所致戦功也、凡顕朝等依参御方、奥州及坂東凶徒静謐之条、何事軍忠如之、其上於羽州立谷沢城、手者松田太郎殞命以来、至于今数ヶ度軍忠之上者、任御教書旨、可預安堵御下文之処、不及御沙汰、空経数年之条、歎而有余者也、御約束御教書於令相違者、啻非顕朝不運之至、難成諸人安堵之思歟、然者急速被経御沙汰、預重御吹挙、於京都申子細、給安堵御下文、弥為抽忠勤、恐々言上如件、

貞和四年二月日

貞和四年二月、結城顕朝が自らの軍功を明らかにし、所領を安堵されるよう求めている。ここで注目されるのが、度々記される「参御方」、及び「不及御沙汰」・「被経御沙汰」という、内談方との関わりを示す記述である。この点を踏まえて、次に『結城文書』の一連の文書群をみてみよう。ここでは、『大日本史料』貞和四年四月八日条[30]について、その翻刻形態及び【　】で示した編纂者の補注に注目しながら検討したい。

結城弾正少弼顕朝父子所領安堵事、度々注進之処、御沙汰延引之由歎申候、顕朝今度霊山・埋峯発向之時、致戦功候了、仍可参訴之由雖申之候、吉野没落凶徒可落下当国之由被成御教書候之間、為対治留置候、委細代官可申候、急速申御沙汰候者、悦入候、恐々謹言、

四月八日　右京大夫（吉良）貞家在御判

謹上　飯尾左衛門大夫殿

結城弾正少弼顕朝、為所領訴訟令進代官候、申入子細候者被聞食、被懸御意候者恐悦候、此仁今度霊山・埋峯発向之時、致戦功候之間、如此申入候、憚存候、恐惶謹言、

四月八日

【〇原本、コノ処ニ紙ノ継目アリテ、前後接続セズ、蓋シ此間一紙ヲ逸シ、前ノ文書ノ宛名ト次ノ文書ノ本文トヲ失ヘルナラン、】

貞和四年三月十六日　右馬権頭（畠山）国氏在御判

右京大夫貞家在御判

謹上　武蔵守（高師直）殿

結城弾正少弼顕朝父子所領安堵事、度々注進之処（候）、御沙汰延引之由歎申候、顕朝今度霊山・埋峯発向之時、致戦功候了、仍可参訴之由雖申之候、吉野没落凶徒可落下当国之由被成御教書候之間、為対治留置候、代官可申入候、急速被懸御意候者、悦入候、恐々謹言、

四月八日　右京大夫貞家在御判

謹上　伊豆守（上杉重能）殿

ここで重要なのは、各文書の日付と宛先、すなわち、三月十六日に武蔵守＝高師直に、また四月八日に飯尾左衛門大夫、伊豆守＝上杉重能に発給されていることである。この三名に共通する特徴は三方制内談方に所属していることで

あり、さらにいえば、飯尾左衛門大夫と上杉重能は同じ内談方Ⅲ方に所属しているという点である。つまり、この一連の文書群からは、㈠貞和四年二月に顕朝が所領安堵の訴訟を申請したが解決しなかったため、内談方Ⅰ方頭人の高師直にその催促を願う三月十六日付の文書が発給されたこと、[31]㈡さらに「御沙汰延引」という事態になったため、四月八日に内談方Ⅲ方所属の上杉重能・飯尾左衛門大夫宛の文書が二通同時に発給されたことがわかるのである。宛先の人物より、この「御沙汰」とは三方制内談方に関わる審理を指すと考えられる。よって、結城顕朝の所領安堵訴訟一件は、高師直を頭人とする内談方Ⅰ方から、上杉重能を頭人とする内談方Ⅲ方へと担当する一方が変化した状況を示すものと考えられる。そしてそのことは、三方制内談方の活動が「地域」による管轄区分ではなく、「時期」によるものであったことの証左となる。

以上の検討から、内談方の訴訟申請受理は基本的に「時期」によって担当する一方が決定されていたと結論づけられる。このことは、個々の内談衆の一定地域における権力拡大を防止すると同時に、内談の場に常に出座する直義の権力上昇を意味するものである。佐藤・山家氏らが指摘されたように、幕府初期より直義は引付方の親裁機関化を漸次進めていたわけだが、「担当地域」を有した五方制引付方から、その保有を否定された三方制内談方への編成替えは、内談の場への直義の出座と共に、その最終的段階を示すものであったと認識しうるのである。

## おわりに

これまでの検討により、まずA文書について以下のことが指摘できると思う。第一に、この文書は石橋和義から二階堂道本に宛てて出されたものであること、第二に、文書中の「御内談」が三方制内談方の会合のことを指すことか

ら、この文書が康永三年（一三四四）～貞和四年（一三四八）のものと考えられ、さらに貞和四年のものである可能性が最も高いと考えられることである。

また、A文書の背景について検討することで、貞和四年九月の段階において、足利直義管下の三方制内談方が紛失安堵の一部や安堵に関わる訴訟を管轄しており、直義の下文発給に伴って、三方制内談方頭人の施行状発給がなされていたことを確認できた。そして、二階堂道本が、自分の所属以外の内談方の式日についても知りうる立場にあったと考えられることから、内談等の重要会議の実務担当機関の一員として直義のもとで道本が活動していた可能性が高く、今江氏の指摘された「直義亭内における政所」の存在の可能性を裏付けることができたと考える。

また、三方制内談方の活動状況の検討から、内談方への訴訟申請は、「地域」ではなく「時期」によって受理する一方が決定されていた状況が明らかになった。このことは、担当領域が五つに区分され、五方がそれぞれ並行的に担当領域からの訴訟申請を受理していたとされる五方制引付方とは大きく異なる点といえる。そしてそれは、直義による引付方親裁機関化の最終段階と評価しうるものと考える。

〔注〕

(1)今江廣道「前田本『玉燭宝典』紙背文書に関する覚書」（『國史學』一〇三号、一九七七年十月、本書再録）。

(2)佐藤進一「室町幕府開創期の官制体系」（『日本中世史論集』所収、岩波書店、一九九〇年、初出『中世の法と国家』所収、東京大学出版会、一九六〇年）。

(3)佐藤前掲注(2)論文。後、山家浩樹氏は「室町幕府訴訟機関の将軍親裁化」（『史学雑誌』九十四―十二、一九八五年十

二月）において、直義による引付方親裁化過程の具体的状況に関する詳細な検討をされている。

(4)佐藤前掲注(2)論文の「建武三―観応二年間主要職員表」参照。後、家永遵嗣氏は、石橋和義＝「管領」する評定衆、二階堂道本＝実務を奉行する右筆、という二頭制ととらえられた（「足利義詮における将軍親裁の基盤―『賦』の担い手を中心に―」、『中世の法と政治』所収、吉川弘文館、一九九二年）。また、金子拓氏は官途奉行の職務として、①除目聞書・宣下類の受給、②成功銭を必要とする寺社の幕府側窓口、③御家人の官途申請の窓口、以上の三点を挙げられている（「室町幕府初期における官途推挙と武家官途―律令的官位制変容の一側面―」、『日本史研究』三八六号、一九九四年十月）。

(5)佐藤前掲注(2)論文参照。

(6)佐藤前掲注(2)論文参照。

(7)岩元修一「初期室町幕府訴訟制度について」（九州大学国史学研究室編『古代中世史論集』、吉川弘文館、一九九〇年）参照。

(8)佐藤前掲注(2)論文参照。

(9)佐藤前掲注(2)論文参照。

(10)岩元修一「南北朝前期室町幕府の安堵について」（『九州史学』九十五号、一九八九年八月）。

(11)貞和三年に吉川経朝が播磨福井庄内における庶子等闕所跡職を恩賞に望み、恩賞方にて審議されたにも関わらず、神護寺の訴えによって内談方に移管されたという事例は、恩賞方の管轄内容が訴訟に発展した場合、内談方に移管されることを示している。安堵方と内談方の間にも、同様な移管の形式が存在したと想定しうる。なお、この経朝を巡る事例については、佐藤氏前掲注(2)論文、及び家永氏前掲注(4)論文参照。

(12)「室町幕府追加法第二十条」（『中世法制史料集』所収）。

(13)『詫摩文書』（『大分県史料』第十二巻所収）。

(14)佐藤前掲注(2)論文参照。
(15)岩元前掲注(10)論文参照。
(16)「早岐・菊池・詫摩氏略系」(『詫摩文書』所収)。
(17)『詫摩文書』。
(18)『詫摩文書』。
(19)佐藤氏は、前掲注(2)論文の中で、三方制内談方のそれぞれをⅠ方・Ⅱ方・Ⅲ方と称されている。本稿では、この表記に従うこととした。詳細については後述する。
(20)この点について、岩元氏は前掲注(10)論文の中で、当該文書を鎮西管領・一色直氏による施行状であると推定されている。
(21)『結城文書』(『大日本史料』康永三年三月二十一日条より)。なお、人物比定については佐藤氏の検討に従った。
(22)今江前掲注(1)論文参照。
(23)今江氏は、こうした実務担当機関や直義家の家務機関の必要性から、それらが政所として存在していた可能性を指摘されている。なお、家永氏は前掲注(4)論文において、こうした道本の立場を「政所」ではなく「申次」ととらえている。しかし、家永氏も指摘されているように、石橋和義も「申次」としての役割を担っていた。また、「官途事」を尋ねた前出の年欠七月四日付伯耆入道宛石橋和義書状は、官途奉行石橋和義が、同じく官途奉行二階堂道本に「御沙汰」の有無を尋ねたものであった。同文書及びA文書が発給されていた事実を踏まえると、道本は和義以上に直義に近い位置にあったということができるので、本稿では道本を「政所」構成員の一人であったと考えたい。
(24)石井良助『中世武家不動産訴訟法の研究』(弘文堂書房、一九三八年)、『国史大辞典』「内談衆」の項(村尾元忠執筆)を参照。
(25)「足利尊氏充行状案」(『南北朝遺文』九州編、二五六三号文書)。

(26)佐藤前掲注(2)論文参照。

(27)「高師直施行状案」(『南北朝遺文』九州編、二五六六号文書)。

(28)康永三年から貞和五年までの期間における高師直の活動については、尊氏の政所執事としての立場と、内談方Ⅰ方頭人としての立場とを峻別することが重要と考える。なお、『征西将軍宮譜』(『大日本史料』貞和四年九月十七日条より)には、次のようにある。

其後貞治(和)四年九月、菊池越前権守武宗を同所の地頭職に補せられたる下文に、右人依参御方所宛行也者、可領掌之状如件とあれとも、花押はかりありて、名字をしるさゝるうへに、予かみたりしハ写にて、たゝ判とはかりしるしたれハ、誰かならんともたとりかたし、されとも同時に同人を肥後国千田庄・守富名・南茨尾等の地頭職に補せられし下文あるにつけて、武蔵守より一色道猷への下知状ありて、武蔵守ハ高師直なるへけれハ、右等の下文ハ、尊氏卿のなされしハしるかり、

この記述も、尊氏と師直の関係を踏まえた推測によるものであろう。

(29)『大日本史料』貞和四年二月是月条より。

(30)『大日本史料』貞和四年四月八日条より。

(31)なお、『結城古文書写』(『大日本史料』貞和四年四月八日条より)には、次のような文書の断簡が残されている。

結城弾正少弼顕朝申、父子所領等事、①申状并具書謹進覧之、子細載于状候、先度注進之処(候)、御沙汰延引之由歎申候、就中今度霊山・埋峯発向之時、顕朝致軍忠、手物被疵候之上者、急速可被経御沙汰候哉、以此旨可有御披露候、②恐惶謹言、 此末不見、

この文書について、『大日本史料』同日条には「〇コノ文書ハ、或ハ前ノ国氏・貞家連署状ノ本文ナランカ」との補注が付されている。傍線部①の記述より、同文書が四月八日付上杉重能・飯尾左衛門大夫宛の二通の吉良貞家書状に先行する文書であること、傍線部②の書留文言より、相当に地位の高い人物に宛てられた文書であること、以上二点の推測が

成り立つ。よって、『大日本史料』の補注は妥当性が高く、この断簡は貞和四年三月十六日付高師直宛畠山国氏・吉良貞家連署状の本文といえよう。よって、高師直に対しても、結城顕朝の所領安堵訴訟一件に関わる文書が発給されていたものと考える。

# 師躬と道本

松永勝巳

## はじめに

前田本『玉燭宝典』紙背文書（以下では『宝典』紙背文書と略す）の中に差出人として名前が散見される「師躬」なる人物について、今江廣道氏は以下のように述べておられる。

●この「師躬」は外記局の中原師躬である。

●師躬と二階堂道本との間で盛んに書物の貸借が行われていた。

●師躬から道本の元へ、除目の度ごとに聞書が送られていた。(1)

本稿ではこれら今江氏の知見を踏まえ、中原師躬と二階堂道本との関係について、探究の歩をささやかながらも進めることを目標とする。具体的な課題は以下の二点である。

第一に、外記中原師守の日記『師守記』の記事を中心に、局務家における中原師躬という人物の特徴を探ること。

その上で第二に、二階堂道本と中原師躬という、武家と公家双方の実務官僚同士による交渉の意義を探ること。

# 一　中原師躬の職掌と役割

中原師躬の名は『尊卑分脈』など各種の系図の中に見当たらないので、先ずはその血縁関係を『師守記』から簡単に確認しておきたい。

康永四年（貞和元年、一三四五）二月六日、師守の父・局務中原師右が亡くなる。その後、追善法要が営まれるごとに、出された諷誦文とそれを出した人々がその都度記されているが、毎回欠かさず出しているのは五人で、息子の師茂（師守兄）・師守と師右妻・師右娘、及び師躬である。そして百ヶ日法要の際に出された師躬の諷誦文には「右、過去聖霊者、雖為弟子之兄、深存君父之礼、致朝夕之奉仕、蒙日夜之顧眄了」[2]とあり、師躬は師右の弟であったと知られる。[3]中原師躬は大外記中原師右の弟で、『師守記』の記主中原師守の叔父なのである。

この師躬の職掌・役割は大きく二つに分けることが出来る。第一に、外記としてのそれであり、第二に、代々局務を勤めた中原家におけるそれである。先ずは外記としての師躬の職掌・役割について見てみる。

## （一）外記中原師躬

中原師躬は『師守記』の始まる暦応二年（一三三九）では、権少外記・三﨟として登場する。その主たる足跡を簡単に年表風にすると以下のようになる。

●暦応二年（一三三九）七月　権少外記・三﨟として登場。

●暦応三年（一三四〇）四月　少外記・二﨟となる。
●康永三年（一三四四）五月　音博士を兼ねる。
●康永四年（一三四五）二月　一﨟となる。
●貞和二年（一三四六）十二月　叙爵。外記を辞すが音博士は叙留。(4)
●貞治元年（一三六二）十二月　没。年四十八。法名了源房。

ところで、先述した局務中原師右の訃報に接した洞院公賢はその日記に「不便々々、云公務、云雑訴、累葉之上、故実之仁也、可惜々々」(5)と記している。この記述から、この時期の外記局の機能は、大きく公役（公事）と雑訴（訴訟）の二つに分けられることが窺える。

この大まかな分類に従って、中原師躬の職掌と役割を概観してみる。例えば暦応二年（一三三九）では禅師号宣下や天台座主宣下などの僧事、(6)及び内親王宣下や小除目などといった朝廷の人事。(7)または放生会や吉田祭などといった年中行事である。(8)

一方、この時期局務師右が文殿寄人頭人でもあった関係で、『師守記』には文殿庭中に出仕した寄人の名前がその都度記されているが、その寄人の中に師躬の名は見られない。そして、師躬が外記を辞す貞和二年（一三四六）まで、この人事と年中行事を主たる職掌とする傾向は変わっていない。すなわち先ほどの分類に従うならば、外記としての師躬はもっぱら朝廷の公事の方面に関わる実務を担っていたのである。(9)

この師躬は、故障により不参の外記の代役を勤めることがしばしばあったり、時には同じく不参の内記の代役すら

勤めるなど、実務官僚として有能で勤勉な人物だったようである。例えば、康永三年（一三四四）の六月には、十一日の月次祭と神今食で、「装束が焼失してしまった」という権少外記佐伯為右に代わって分配を勤めたのだが、直後の十五日の祇園臨時祭においても欠如の内記の代役を勤めるなどしている。

そしてその祇園臨時祭での内記の代役を依頼してきた蔵人次官九条朝房の書状に対する局務師右の返事には以下のような一節がある。


当局六位等面々公事固辞之間、大略師躬一身勤仕之体候、(10)

この時期の外記局では、六位の外記たちが朝廷の公事への出仕を辞退することが多く、その皺寄せが局務師右の弟である師躬の身に集中していたことが知られる。こうしたことの背景には、後述するような外記たちの経済的困窮などがあったと思われるが、いわゆる官司請負制のもとでは、外記局内に生じた故障・欠如は外記局内部で補塡しなければならないわけで、そうしたことを窺わせる記述が『師守記』には散見される。

例えば、先述したように師躬が不参の外記の代役を勤めることがしばしばであったし、康永三年四月の吉田祭では、二﨟外記の師躬自身が「車已下指合により」三﨟外記の中原師幸に交替して貰っている。(11)また、中原師香が師茂に「丸鞆帯」や「袍」を借りたりしているし、(12)任大臣節会に出仕する少外記利顕が「乗物なし」と嘆き申すので、師茂が自らの車尻に乗せてやるなどしている。(13)更に、やや変わったところでは、師右の不慮の死により文殿の開闔（奉行）を勤めることになった師香が、自ら記した文殿廻文の土代を事前に師茂のもとへ送って目を通して貰うなどしているし、(14)年中行事書の校合を師守に依頼したりしている。(15)

このように局内に生じた人的・物的な故障・欠如または知識・情報の不均衡を、局内で補塡しあう慣習が存在して

いたのであり、そうしたものにより官司請負制が支えられていたものと思われる。そして、先ほどの「大略師躬一身勤仕之体候」という記述からは、そうした補塡を可能ならしめるために外記個人の能力（事務能力だけではなく経済的なものも含めて）にもそれなりに高いものが求められ、それに応え得る者が必要とされていたことが理解できよう。

## （二）中原家における師躬

橋本義彦氏によると、この時期大炊寮領を管領していた中原家（師右―師茂）において、「師守も兄の寮頭師茂の私的な代官として寮領の管理に関与したらしい」[16]としているが、師躬も中原家の一員として、師右あるいは師茂の仰せにより、大炊寮領及び（局務が自動的に管領する）穀倉院領の管理に与っていたことが『師守記』の記述から知られる。

先ず、師茂は貞和五年（一三四九）二月に局務となり穀倉院別当に就任するのだが、その三月には、師躬がそれまで知行していた「深原」が「一両年地下違乱により無足」という理由で、穀倉院領の但馬国比治荘・高田荘を師茂から「申し付け」られている。[17]

また、同年十二月に大炊寮領若狭国田井保預所職に権少外記中原師興が補任されるのだが、家君師茂の仰せを奉じてその補任状を発給したのは師躬である。[18]

更には、種々の違乱によって公役の上進が滞りがちであった大炊寮領備後国栗原保では、貞和五年五月に足利直冬により打渡が行われ、一時的ではあるが大炊寮領としての知行が回復する。その際師躬が現地に下向しているのだが、おそらくは打渡後の混乱を収拾し所領としての機能を回復させる任務を帯びていたものと思われる。[19]

このように、師右・師茂という二代の局務の側に仕えた師躬は、中原家の一員として大炊寮領・穀倉院領の管領に与り、それに付随する得分を収得していたのであり、先に述べた師躬の外記としての有能さ（特に経済的なそれ）はこうした基盤をもっていたわけである。

## 二　二階堂道本と中原師躬の交渉

### （一）聞書支配

今江氏が指摘されたように、康永元年（一三四二）七月の道本の申し入れ以降、師躬―道本というルートを通じて中原家から足利尊氏・直義のもとへ除目聞書が送られるようになった。『師守記』には、除目の行われた翌日などに家君（師右もしくは師茂）が「聞書御支配」を行う記述がしばしば見られる。どういう人々に聞書を送っていたかというと、例えば康永四年（一三四五）三月二十日条によれば、近衛殿（基嗣）・殿下（鷹司師平）・二条殿（良基）・左府（洞院公賢）・執権（勧修寺経顕）・藤中納言（柳原資明）・別当（四条隆蔭）・権帥（三条公秀）といった公卿クラスの人々である。中原家の家君にとっては師躬―道本を通じて尊氏・直義へ聞書を送ることもこうした「支配」の一環であったものと思われる。

ところで、康永四年二月に師右が死去して以降、貞和五年（一三四九）二月に師茂が任じられるまで、局務の座にあったのは別流に属する中原師利である。[20] しかし、その間も師躬から道本へ除目聞書が送られていたことが『宝典』紙背文書によって確認できる。[21] この点を『師守記』によって探ってみたい。

先にも触れた康永四年三月二十日の師茂の聞書支配は、局務ではない立場によってなされたものであるのだが、その際に師茂のもとで書写され公卿たちに支配された聞書の元となった聞書は「東隣（中原師香）より写し進」せられたものであった。(22) この時の除目は十九日に行われた小除目で、それに出仕しているのは権少外記中原利顕である。(23) この利顕は「師香門生」(24) という人物であることから、この時の除目聞書は利顕→師香→師茂というルートでもたらされたものと思われる。それはすぐ後の同年三月三十日に行われた復任除目の場合でも明らかである。この時、師茂が師香にあてた書状には以下のような一節がある。

除目者、二﨟外記殿（中原師幸）御分配候歟、定可有御参陣候哉、然者勘文被写留候て借給候乎、又聞書一本必可申請候、自由之至恐入候、(25)

この復任除目に出仕した中原師幸は「師香猶子」(26) という人物であり、この時も師幸→師香→師茂というルートで除目聞書や復任勘文などがもたらされたことがわかる。

ただし、右に聞書の写を所望することが「自由之至恐入候」とされていることから、師茂の当然の権限とまでは認識されていなかったことが窺え、そのことは、先の同年同月二十日の聞書支配の際に左府（洞院公賢）のもとに送られた師茂の書状に「去夜小除目聞書一通、尋取謹進上候、…局務師利進上候歟、若未然候者、□（可）有御披露候乎」(27) とあり、局務師利が聞書支配を行う可能性もあったことからも窺えよう。

では、こうした師茂による聞書支配に対する局務師利の関わりはどうであるか。先の康永四年三月二十日(28)の際に、師茂は師利に聞書を送り校合を依頼し、師利はそれに応じて校合を加えて返進していて、両者に軋轢が生じているわけではない。また、この時聞書支配を受けた公卿たちの名が枚挙された一節を先に引いたが、その後には「禁裏・

仙洞不被進」とあることから、禁裏・仙洞への聞書支配のみが局務の地位に付随したものであったのではないだろうか。

以上をまとめると、禁裏・仙洞を除いた公卿や武家への除目聞書の支配は、局務の職掌ではなく、中原家（師右—師茂）が結果的に独占していたかのように見えるが、それは決して排他的独占と言えるものでも制度的裏づけのあるものでもなかった。そして局務の任になく、実際に除目に出仕した外記が身近にいなかった場合は、つてを頼って聞書を「尋ね取る」必要があったのである。

ところで、先述のように師茂のもとで聞書の写が複数作成され支配されたわけであるが、そうした実務に師躬が携わっていたことが『宝典』紙背文書から知られる。

県召除目聞書二通注進候、（中略）昨日陣之儀及遅々候之間、今日諸方書進候（一—19）

この「諸方書進候」というのが聞書支配のことと思われ、実際に写を作成したり各公卿の宿所に配布する実務に師躬が関わっていたのであり、道本への注進もそうした実務の一つであったわけである。つまり、師躬は外記を辞した後も中原家の一員として種々の実務に携わり家君を支えていたのである。

### （二）仕丁の供与

『宝典』紙背文書によると、師躬から道本へは、今江氏が指摘された除目聞書送付・書物の貸与の他、節会散状の送付（五—12、五—21）、茶の贈進（二—3、五—21）なども行われていたことが分かる。その上に『師守記』によると、道本が除目の詳細について確認したり[29]、上杉重能の「正五位下叙日」を尋ねたりなどしている[30]。更には、賀茂祭行列

を所望したり[31]、武家の補任歴名を師茂に改訂してもらったりなどもしている[32]。

また、これは推測でしかないが、中原家が明経道の家であり、師躬自身も音博士に任じられていたこと。そして師躬の職掌の一つが朝廷の年中行事であり、『玉燭宝典』というものが礼記月令を基礎として成り立っていた年中行事書であったことなどから[33]、『玉燭宝典』の道本への貸与も師躬を通じてなされたものである可能性が考えられよう。

このように、中原家及び師躬の方からは、道本に対して多くの情報・知識や物品が与えられていたわけである。では道本の側から師躬の方への反対給付は何であったのか。『師守記』ではそうしたものは全く窺えないが、『宝典』紙背文書によってそれが知られる。

『宝典』紙背文書中の師躬の書状では、道本へ「仕丁」を融通してくれるよう頼んだり、そのお礼の言葉が記されているものが見られる（**一**―8、**一**―9、**三**―7、**五**―7、**五**―12）。そして「例仕丁」（**一**―8、**一**―9）「連々申状恐入候」（**四**―4）との文言から、そうしたことが常態化していたことが推察されよう。

先に師躬の外記としての有能さについて述べたが、外記としての職務を勤めるには人手を必要としたようである。『宝典』紙背文書**一**―9では「文庫候文書少々可召寄」きために「仕丁」が必要だと言っているし、師躬が朝廷の公事でしばしば勤める「分配」には「雑色一人・中間一人・牛飼一人」が必要であった[34]。また、除目出仕に際して文書等を随身し「使部五連・召使百疋」下行したとの記述も見られるし[35]、師右と師躬が出仕した叙位において、師茂と師守が「叙位聞書長櫃一合」を随身して参陣することなどもあった[36]。このようにその性格上多くのデータ（文書・記録など）を扱う必要のある外記という職務を勤めるために、「仕丁」という存在が不可欠だったわけである。

ところで、外記局内における物的・人的その他の欠如・不足が局内で融通されることにより補塡されていたこと、

そして経済的には師茂・師右が局務を勤めた中原家が優位にあったことを先述した。しかし、貞和五年二月に家君師茂が局務となったにも関わらず、この頃その中原家においても経済的に不如意となってきている様が『師守記』によって窺える。

例えば「今日先考（師右）月忌也、予依不具、不修小善、為恐者也」[37]と毎月の父母の忌日法要で簡略化を余儀なくされたという記述が見られる。[38]また、この年の九月九日の節供が「不具により」行われなかったし、[39]「今日大学寮朔幣予巡役也、而旁秘計難治之間、問答其子細不勤仕、為恐々々」[40]という記述も見られる。

つまりこの貞和四〜五年になると、先述した所領の違乱等により局務家といえども経済的困窮の度が深まりつつあったこと、そして師躬が「仕丁」の供与を道本に依頼することが常態化していたということから、外記局内の欠如・不足を局内で補塡するという慣習がすでに限界を越えつつあり、ほころびを見せていたということが理解される。

## おわりに

康永元年（一三四二）六月、局務師右に対面した前右府（洞院公賢）は次のように述べた。

勘例等毎度被散御不審、天下鏡之由、有御沙汰云々、

これを聞いた師守は「家御面目也」と記している。[41]ここでいう「天下の鏡」とは、外記として公事などに出仕し膨大なデータを集積するとともに、その「引見」と「勘出」[42]により、先例・故実に関する情報を供給するという局務家の役割を評したものと言えよう。

先述したように、道本にとっての師躬・中原家は単に除目聞書の運搬人であったわけではなく、種々の情報・知

識・物品を与えてくれる存在でもあったのであり、そうした点にも道本側から見たこの交渉の意義が認められよう。一方、中原家の一員である師躬が外記を辞して後もその有能さを維持し発揮することが、「仕丁」の供与という形での道本の援助により支えられていたわけであり、それは中原家が「天下の鏡」たる局務たりうるだけの機能を維持することの間接的な支えになっていたとも評価できよう。こうした点に、師躬・中原家から見たこの交渉の意義が認められる。

〔注〕

(1)今江廣道「前田本『玉燭宝典』紙背文書に見える典籍」『國學院大學大學院紀要―文学研究科―』二七輯　一九九六（本書に再録）。

(2)『史料纂集　師守記』康永四年（貞和元年）五月十七日条。三巻一〇六頁。以下『師守記』からの引用はすべてこの史料纂集本により年月日のみを記す。

(3)『外記補任』(『続群書類従』四輯上）建武五年（暦応元年、一三三八）条には権少外記中原師躬の注記に「故大外記師古末子」とあり（三二一頁）、これによっても確認出来る。なお、師躬が師右の弟であることは今江氏の他に左記の二氏によっても指摘されているが、いずれも考証が省略されているために敢えて屋上屋を架した。

●小林花子「師守周囲の中原家の人々」『師守記』第十一巻「解題」二九八頁　一九八二。

●松薗斉「中世の外記―局務家の形成―」『日記の家―中世国家の記録組織―』所収（三〇八頁）吉川弘文館　一九九七。

(4)実際に音博士の叙留が認められたのは貞和三年二月二十九日であるが、その旨の宣旨は貞和二年十二月二十八日付で発

給されている。『師守記』貞和三年二月二十九日条。
(5)『園太暦』（続群書類従完成会刊）貞和元年二月六日条。
(6)『師守記』同年七月二十一日条、八月二十九日条、八月十六日条、八月二十九日条、十一月一日条。
(7)同年八月十二日条、八月二十一日条、八月二十九日条、十一月一日条。
(8)同年八月十五日条、十一月十七日条。
(9)『宝典』紙背文書**五—7**によると、師躬はこの日「院評定」に出仕することになっている。これが唯一の例外なのであるが、現段階では指摘にとどめる。
(10)『師守記』康永三年六月十一日条。
(11)康永三年四月十七日条。
(12)康永四年三月二十八日条及び同日裏書。
(13)貞和五年九月十三日条。
(14)康永四年二月二十一日条。
(15)康永三年一月十四日条。
(16)橋本義彦「大炊寮領について」『平安貴族社会の研究』（二二三頁）吉川弘文館　一九七六（初出一九七二）。
(17)貞和五年三月十一日条。
(18)貞和五年十二月三日条裏書。
(19)直冬による打渡がなされたのが貞和五年五月十九日であり、師躬が備後に下向したのが六月十九日であるが、翌閏六月二十三日には栗原保からの月宛用途が到来している（五月二十九日・六月十九日・閏六月二十三日条）。
(20)師右—師茂は「師元流」で、師利は「師安流」である。なお、松薗氏前掲書三〇八頁の系図を参照。
(21)**一—19・26**、**十二—7**。いずれも貞和四年に比定される。

(22)『師守記』康永四年三月二十日条。
(23)康永四年三月十九日条。
(24)『外記補任』建武三年条。
(25)『師守記』康永四年三月三十日条裏書。
(26)『外記補任』暦応二年条。
(27)『師守記』康永四年三月二十日条裏書。
(28)康永四年三月二十日条裏書。
(29)康永三年四月十三日条。
(30)康永四年九月三日条。
(31)貞和五年四月二十五日条。
(32)貞和五年五月八日条。
(33)今江廣道「前田本『玉燭宝典』紙背文書に関する覚書」『國史學』一〇三号　一九七七（本書に再録）。
(34)『師守記』貞和元年十一月五日条。
(35)貞和五年二月十四日条。
(36)康永三年一月五日条。
(37)貞和五年九月六日条。
(38)この他に同年九月二十三日条、十一月二十三日条など。
(39)貞和五年九月九日条。
(40)貞和五年十一月一日条。
(41)康永元年六月九日条。

(42)康永元年七月十六日条。

# 前田本『玉燭宝典』紙背無年号文書の年代比定

井出昌行

## はじめに

紙背文書とは、一度使用された文書が反古にされ、その裏が利用された文書のことをいう。通常、今日残されている文書は大略が法令・命令・土地台帳など公文書である。これらは権利を維持する為に意図的に保存された文書である。これに対し、紙背文書は、反古にされた文書であるから書状類等、短期間で役割を終える、保存を必要とされなかった文書が多くを占める。意図的に保存された文書群と異なった、偶然に残った文書なのである。笠松宏志氏の言を借りれば「のこされた文書（通常の文書）」に対して「のこった文書」となる。(1) それだけに、性格がつかめると、通常の文書群からだけではわからなかった歴史の一断面を明らかにすることが可能となる。

前田本『玉燭宝典』（以下『宝典』と略称する）紙背文書もこうしたものの一つである。今江廣道氏が既に述べられているように、本来なら残りにくい亡び去った者の側の史料が偶然残ったものである。その数は二百十四通にものぼり、まことに貴重な史料といえよう。(2) 近年、断片的にしか残されていない紙背文書群を様々な方法で分類し、一定の

まとまりのある文書群と捉えることによってその性格を明らかにし、通常の文書からだけでは知り得なかった歴史的背景を描く研究が行われている。(3)しかしながら、この『宝典』紙背文書について言えば、比較的残存状態のよい文書が単独で研究に用いられているのは見うけられるものの、(4)そうした紙背文書としての特性を生かした研究が未だ十分にはなされていないように思われる。そうした意味で、今江氏の一連の研究によって全文書が翻刻されたことはこの紙背文書の性格を明らかにする上でまことに意義深い。(5)さて、『宝典』紙背文書も他の例に洩れず切り刻まれた文書が数多いため内容も断片的で、一通だけでは文意が理解できないものが数多い。また、年代の欠いているものはもちろんのこと、日付さえ欠いている文書も数多く含まれている。『大日本史料』などにより年代が明らかにされているのは僅か二十九通に過ぎず、この他は今江氏によって、貞和年間のもの・宛所が二階堂道本のものが大部分であることが指摘されているのみである。(6)紙背文書としての性格を探るには、当然これら無年号文書の扱いが重要になってくる。そこで、本稿では、『宝典』紙背文書研究の前段階として、数多く含まれる無年号文書の年代比定をしてみたいと思う。この紙背文書全体を眺めてみると、共通した話題・語句などが散見されることに気づく。これらをとりまとめ利用することによって無年号文書の年代比定ができるのではないかと考えられる。そしてまた、従来この紙背文書を利用した研究ではわからなかった一面を明らかにできればと考える。なお、本稿では、巻一～六を考察の対象としたい。

## 一　「雑熱・小瘡・腫物」

まず巻一～六には受取人の健康を気づかう表現がみられる文書が散見されることに注目してみたい。それらを列挙

してみる。

**一―4**　「御雑熱御事、驚存候」　日付、差出人不明
**一―11**　「何よりも御少瘡無減気候覧、驚入候」　二月卅日付、差出人不明
**一―14**　「御雑熱事、可参尋由、存候之処」　日付、差出人不明
**一―15**　「御小瘡之由、承候、御心苦候」　二月廿八日付、忠朝
**二―1**　「御雑熱近日何様令見候哉」　日付、差出人不明
**二―17**　「御腫物返々驚存候」　四月十六日付、基氏
**二―21**　「御雑熱其後何様御坐候哉」　日付、差出人不明
**三―2**　「御小瘡其後何様御坐候哉」　日付、差出人不明
**三―11**　「其後御雑熱何様御坐候哉」　日付、差出人不明
**三―13・14**　「去年十一月晦日御札、同十二月廿九日到来、委細承候了、自何事御雑熱難儀之間、無御出仕之由承候、驚存候」　（貞和四年）二月廿日、前伊勢守光之、謹上伯耆入道殿、（『大日本史料』六―十一で引用）
**四―2**　「其後御小瘡何様御坐候哉」　日付、差出人不明
**四―11**　「御雑熱御減□候」　日付、差出人不明
**五―11**　「其後御少瘡何様御事候哉」　日付、差出人不明
**五―16**　「御小瘡近日何様御事候哉」　二月□日付、玄照

以上の様に、「雑熱」「小瘡」「腫物」と呼ばれる症状についての安否を気づかう表現が見られる。『日本国語大辞典』でこれらの言葉の意味を調べてみる。「雑熱」の項では「できもの」、「小瘡」の項では「小さなできもの」と出ている。また、服部敏良氏の『室町安土桃山時代の研究』においても、これらの言葉は同一の症状として取り扱われており、外科疾患として、分類されている。(7) すなわちこの紙背文書中に見えるこれらの言葉も、同一人物の、同一の症状を指しているものと見て差し支えないだろう。なお、この中で、服部氏は、その説明にさほど紙面を割いておらず、致命的な疾患ではなかったと思われる。

さて、これらの病気が同一のものであるとすると、これらの文書はほぼ同一時期の文書であると推定できる。では、その期間が何時頃であるのか、また、この病を患ったのが誰であるのか、考えてみたい。

これらの内、残存状態が断片的であるために日付・差出人すら不明である文書が殆どであるが、**三―13・14**は残存状態もよく、『大日本史料』にも引用されており、年代も貞和四年ということが明らかされている。そこでこの文書を手掛かりに考察をすすめることが可能となる。まず、この文書の宛所として「謹上伯耆入道殿」とあるところから受取人が他の例に洩れず二階堂道本であることがわかる。文意としては去年（貞和三年）十一月晦日に道本から光之に宛てた書状に道本が「雑熱」を患い、そのために「出仕」がかなわなかったことが伝えられており、そのことを知った差出人の前伊勢之守光之が驚いたという内容である。これによって病を患ったのが二階堂道本であることがわかり、さきに挙げた一連の文書の受取人も二階堂道本で、道本の患った病を話題として書かれているという事実を導くことができる。また、**三―13・14**の内容から、二階堂道本がこの病を患ったのは貞和三年（一三四七）末から翌四年

にかけての期間であると推定できる。これによって他の文書の書かれた年代も貞和三年か四年であると推定できる。**一―11・一―15・五―16**の三通は二月の、**二―17**は四月の日付である。道本が病を患ったのは貞和三年末であると思われるので、これらはいずれも貞和四年のものであると見て問題ないであろう。さて、以上の考察をもとに簡単に経過をまとめると、二階堂道本は、貞和三年末頃、「雑熱（小瘡・腫物）」とよばれる病に悩まされ、出仕もかなわないほどの症状であった。症状は年が明けても改善せず少なくとも四月までは続いていた、と考えることができよう。また、この間道本は様々な治療法を試みていたようである。**四―2**に「其後御小瘡何様御坐候哉、今又令属御減給歟、先年比被彼小瘡事候き、以灸治平減仕候き、相構□□□可有御療治候」とあるのは、道本の病を気遣う差出人が治療の助言として「灸」による治療の有効性を述べているものと思われる。なお、ここでいう「先年」とは道本が病を患った貞和三年を意味すると思われ、この文書は貞和四年に入ってから出されたものとわかる。また、**五―11**には差出人が、道本に「良薬」をおくり、その服用と、効能について述べている。なお、「御良薬候也」という文言が見える**二―28**や、煎薬の作り方が書かれている**五―3**なども、これに関連しているものと言えるのではないだろうか。

さて、「できもの」と一言で言っても、その具体的な症状については不明である。**三―13・14**にある様に初期はそれによって外出ができなかった程の病気である[8]。では何故外出ができなかったのか。「できもの」には発熱等の体調不良が伴ったのか。それとも「できもの」が全身に出たために人前にでるのが憚られる、いわゆる外見が問題になったのか。勿論この問いに対して正確な答えを出す事はできない。しかし先に挙げた書状を見ると、「減ったかどうか」が問題になっている表現が何例か見られる。これらを判断材料にする限りは後者の可能性が強いのではないだろうか。

以上の考察によって日付のある文書は年代が確定でき、日付の無い文書も貞和三年末から四年初旬に書かれたものであるという年代比定をすることができた。

また、ここでもう一つ注目しておきたいのは道本の病を話題にした文書が十四通も、複数の差出人の文書で残されていることである。先にも述べたように紙背文書は選択の意思なく、偶然残った文書である。その中でこれだけの数が残されたということは貞和三年から四年にかけて道本の病のことが道本と彼をとりまく周辺で話題になっていたことを示しているということができる。おそらく道本がこの頃に出した書状には必ず彼の病のことが書かれ、症状についての悩みやその療法についての質問が書かれていたのではないだろうか。そしてまた彼に書状を送った人々は彼の症状の様子を気遣い、また薬を送るなどして彼の悩みに答えたのではないだろうか。

## 二　「木守法師」

さて、一章では道本の病に関する表現を手掛かりにすることによって十四通の文書のおよその年代を比定することができた。もちろんこの他にも数通に共通する言葉・内容を見つけることができる。一章と同様な方法でそれらを見てみたいと思う。

**一―21・二―21・四―11**には、竹に関する話題がでてくる。いずれも「木守法師」が、七、八寸の大きな竹を伐採してしまったため、小さな竹しか残っていないという内容で共通している。(9)この内容に関してはこれ以上のことを知ることはできないが、明らかになるのはこの三通はほぼ同一時期に書かれた文書であるということである。年代について考えると、**二―21・四―11**は一章の考察で扱った道本の病のことが書かれているので貞和三年か四年のものであ

ることがわかっている。したがって一―21も貞和三年末か、四年ということになる。そしてこの文書には、「二月廿一日」の日付が見えるところから、二つの可能性がでてくるが、道本が病を患ったのが貞和三年末頃と思われるから貞和三年の可能性はまず薄いと思われ、貞和四年二月二十一日付の文書であるという推測が成り立つ。これにより「木守法師」が竹を伐採してしまった問題は貞和四年初頭のことであると思われる。二―21・四―11は、日付がないため、先の考察では貞和三年か四年か定かではなかったが、これにより、貞和四年初頭のものであると判断できる。

## 三 「五郎殿」「御発向」

四―11の尚々書にこのように書かれている。

五郎殿御事、無残御事候ハヽ、無指事候間、断も不申候、心中無安心事候、

この「五郎殿」は他に、五―4・5に見られる。その部分を抜き出してみる。

就中天下静謐、上下安全之条、可為今春候、五郎殿南方御向無其儀候哉、返々御心安候、（五―4）

五郎殿定御発向候歟、無為御事祈念之外、無他候、（五―5）

この五郎殿とは、道本の息子の五郎左衛門尉行修のことであろうか。四―11では内容を理解し難いが、この二通をみるとある程度の推測が可能となる。この行修が南方に向かう予定だったが（五―5）、解決したのでその必要がなくなった様である（五―4）。この「南方」とは何を指すのだろうか。三―13・14に「於京都南方合戦給候て」「南方無為に落居候者」とある。これは貞和四年正月六日の四条畷の戦いの事を指している。つまり、この戦いに、行修が参加するか否かが問題となっている文書であると推定出来る。すなわち、戦いが無事すんだため合戦に参加する必要が

なくなった事が書かれている**五―4**は貞和四年正月六日以降、**五―5**はそれ以前であると推定出来る。また、**二―1**には「彼御発向未無其義候歟」、**三―11**には「彼御方発向南方事、未無其義候歟」とある。この「彼御発向」「彼御方発向」とはいずれも行修の南方合戦参加に関することを表していると思われる。そしてこの表現をみる限り、これらは合戦前に書かれた可能性が強い。したがってこれらは貞和四年正月六日以前と推測が出来る。とくに**三―11**には「云寒中、云歳末、上下諸人々故不便候」とあるところから、貞和三年十二月の可能性が強いと思われる。

## 四　紙背文書の構成について

以上の考察により年号・日付の推定ができた文書をまとめてみる。

**一―4**　貞和三年末〜貞和四年初頭
**一―11**　貞和四年二月卅日付
**一―14**　貞和三年末
**一―15**　貞和四年二月廿八日付
**一―21**　貞和四年二月廿一日
**二―1**　貞和四年正月六日以前
**二―17**　貞和四年四月十六日付
**二―21**　貞和四年初頭
**二―28**　貞和四年正月廿七日

**三―2**　貞和三年末か
**三―11**　貞和三年末（十二月の可能性有）
**四―2**　貞和四年初頭
**四―11**　貞和四年正月
**五―4**　貞和四年正月六日以降
**五―3**　貞和三年末〜四年初頭
**五―5**　貞和四年正月六日以前
**五―11**　貞和三年末〜四年初頭
**五―16**　貞和四年二月□日

巻一〜六のうち、今江氏注(2)論文で、すでに年代が比定、もしくは確定されている文書は、十通でそのうち九通が貞和三年末〜四年にかけての文書である。さらに本稿で推定した文書を加えると二十四通の文書がこの期間に書かれた文書であるということがわかる。この数は巻一〜六全文書中の五分の一に過ぎない。残りの五分の四について、何時書かれたものであるか、ここでは明らかにすることはできないが、この期間とは異なる時期の文書であるというよりは、むしろ同一時期の文書であると考える方が自然であろう。巻一〜六のその他の文書・または巻七以降の無年号文書の年代比定と、その傾向については今後の課題となるだろう。

このように特定の共通する語句に着目し、分類することによって、十七通の文書の年代を推定することができた。この方法を用いれば、さらに多くの無年号文書の年代比定ができ、『宝典』紙背文書を体系的に見ることもできるようになるだろう。

## まとめ

さて、今回の考察では、無年号文書の年代比定がその主眼であったが、その過程で、文書の年代を明らかにするという以上の収穫があったことを付記しておきたい。それは「雑熱」「小瘡」と呼ばれる病の記事を通じて、二階堂道本という一人の人物の日常生活の一断面を、垣間見ることができたことである。病気に悩まされ、様々な方法を用いて治療につとめる道本の姿や、それを気遣い、治療のための情報を提供する周囲の人々の姿。二階堂道本やその周囲の人々も残すつもりもなかったし、本来は残るはずもなかった日常生活の一断面を、それだけでは日付や差出人も不明であるとして注目されてこなかった文書をひとつのまとまりとして扱うことによって描くことできたのである。これは意図的に、必要なものとして今日に残された通常の文書からではできない、偶然のこされた紙背文書だからこそ可能な利用方法である。

このように一通だけでは考察の対象としては扱いにくいが、複数のまとまりとして考えると、今まで見えなかった世界を我々の前に提供してくれるのが、紙背文書なのである。

〔注〕

(1)『日付のない訴陳状』考」(『論集　中世の窓』所収、一九七七年)。

(2)「前田本『玉燭宝典』紙背文書に関する覚書」(『國史學』一〇三　一九七七年、本書に再録)。

(3)石井進「源平争乱期の八条院周辺―『八条院庁文書』を手がかりに―」(『中世の人と政治』、一九八八年)、五味文彦「紙背文書の方法」(『中世をひろげる』、一九九一年)、同「八条院関係紙背文書群」(『国立歴史民俗博物館研究紀要』四五、一九九二年)、同「紙背から『明月記』を読む」(『文学』季刊　第六巻・第四号、一九九五年)等。なお、紙背文書の研究史に関しては『日本中世史研究事典』「紙背文書」の項に簡潔にまとめられている。

(4)古くは佐藤進一「室町幕府開創期の官制体系」(『中世の法と国家』、一九六〇年)、最近では金子拓「室町幕府初期における官途推挙と武家官途―律令的官位制変容の一側面―」(『日本史研究』三八六、一九九四年)。

(5)「前田本『玉燭宝典』とその紙背文書について」(『國學院大學紀要』三十三、一九九四年)、「前田本『玉燭宝典』紙背文書に見える典籍―付　翻刻：巻七～巻十二紙背文書―」(『國學院大學大学院紀要』―文学研究科―二七、一九九六年、本書に再録)。

(6)今江注(2)論文。

(7)第一節第五項。

(8)例えば、『看聞日記』応永廿三年四月廿七日条にも「仙洞両席御会也。抑左府有雑熱事不参」とあり、この病気で外出出来なかった例は数多い。

(9)「木守」を『日本国語大辞典』で調べると「庭園などの樹木を守ること。また、その番人」とある。この意味では通じないという否定材料はみあたらないから、このままとっても差支えないであろう。そう考えると、今江注(5)一九九四年論文の**四**―**11**の釈文の部分で、「伐木寺法師任雅意、伐取候之間」の部分にある「木寺法師」とは、「木守法師」の誤りではないだろうか。

前田本『玉燭宝典』紙背文書とその研究

平成十四年二月二十日　発行

定価　本体八、〇〇〇円

編者　今江廣道

発行者　太田史

発行所　東京都豊島区北大塚一―一四―六
続群書類従完成会
電話　(〇三)三九一五―五六二一
振替口座　〇〇一二〇-三-六二六〇七

製版所　続群書類従完成会製版部
印刷所　株式会社　平文社

ISBN4-7971-0736-7

# 史料纂集既刊書目一覧表

| | | |
|---|---|---|
| ⑰ | 師郷記 | 3 |
| ⑱ | 妙法院日次記 | 3 |
| ⑲ | 田村藍水西湖公用日記 | 全 |
| ⑳ | 花園天皇宸記 | 3 |
| ㉑ | 師郷記 | 4 |
| ㉒ | 権記 | 2 |
| ㉓ | 妙法院日次記 | 4 |
| ㉔ | 師郷記 | 5 |
| ㉕ | 通誠公記 | 1 |
| ㉖ | 妙法院日次記 | 5 |
| ㉗ | 政覚大僧正記 | 1 |
| ㉘ | 妙法院日次記 | 6 |
| ㉙ | 通誠公記 | 2 |
| ㉚ | 妙法院日次記 | 7 |
| ㉛ | 通兄公記 | 1 |
| ㉜ | 妙法院日次記 | 8 |
| ㉝ | 通兄公記 | 2 |
| ㉞ | 妙法院日次記 | 9 |
| ㉟ | 泰重卿記 | 1 |
| ㊱ | 通兄公記 | 3 |
| ㊲ | 妙法院日次記 | 10 |
| ㊳ | 舜旧記 | 6 |
| ㊴ | 妙法院日次記 | 11 |
| ㊵ | 言国卿記 | 8 |
| ㊶ | 香取大禰宜家日記 | 1 |
| ㊷ | 政覚大僧正記 | 2 |
| ㊸ | 妙法院日次記 | 12 |
| ㊹ | 通兄公記 | 4 |
| ㊺ | 舜旧記 | 7 |
| ㊻ | 権記 | 3 |
| ㊼ | 慶長日件録 | 2 |
| ㊽ | 鹿苑院公文帳 | 全 |
| ㊾ | 妙法院日次記 | 13 |
| ㊿ | 国史館日録 | 1 |
| (111) | 通兄公記 | 5 |
| (112) | 妙法院日次記 | 14 |
| (113) | 泰重卿記 | 2 |
| (114) | 国史館日録 | 2 |
| (115) | 長興宿禰記 | 全 |
| (116) | 国史館日録 | 3 |
| (117) | 国史館日録 | 4 |
| (118) | 通兄公記 | 6 |
| (119) | 妙法院日次記 | 15 |
| (120) | 舜旧記 | 8 |
| (121) | 妙法院日次記 | 16 |
| (122) | 親長卿記 | 1 |
| (123) | 慈性日記 | 1 |
| (124) | 通兄公記 | 7 |
| (125) | 妙法院日次記 | 17 |
| (126) | 師郷記 | 6 |
| (127) | 北野社家日記 | 7 |
| (128) | 慈性日記 | 2 |
| (129) | 妙法院日次記 | 18 |

# 史料纂集既刊書目一覧表

## 古記録編

| 配本回数 | 書名 | 巻数 |
|---|---|---|
| ① | 山科家礼記 | 1 |
| ② | 師守記 | 1 |
| ③ | 公衡公記 | 1 |
| ④ | 山科家礼記 | 2 |
| ⑤ | 師守記 | 2 |
| ⑥ | 隆光僧正日記 | 1 |
| ⑦ | 公衡公記 | 2 |
| ⑧ | 言国卿記 | 1 |
| ⑨ | 師守記 | 3 |
| ⑩ | 教言卿記 | 1 |
| ⑪ | 隆光僧正日記 | 2 |
| ⑫ | 舜旧記 | 1 |
| ⑬ | 隆光僧正日記 | 3 |
| ⑭ | 山科家礼記 | 3 |
| ⑮ | 師守記 | 4 |
| ⑯ | 葉黄記 | 1 |
| ⑰ | 経覚私要鈔 | 1 |
| ⑱ | 明月記 | 1 |
| ⑲ | 兼見卿記 | 1 |
| ⑳ | 教言卿記 | 2 |
| ㉑ | 師守記 | 5 |
| ㉒ | 山科家礼記 | 4 |
| ㉓ | 北野社家日記 | 1 |
| ㉔ | 北野社家日記 | 2 |
| ㉕ | 師守記 | 6 |
| ㉖ | 十輪院内府記 | 全 |
| ㉗ | 北野社家日記 | 3 |
| ㉘ | 経覚私要鈔 | 2 |
| ㉙ | 兼宣公記 | 1 |
| ㉚ | 元長卿記 | 全 |
| ㉛ | 北野社家日記 | 4 |
| ㉜ | 舜旧記 | 2 |
| ㉝ | 北野社家日記 | 5 |
| ㉞ | 園太暦 | 5 |
| ㉟ | 山科家礼記 | 5 |
| ㊱ | 北野社家日記 | 6 |
| ㊲ | 師守記 | 7 |
| ㊳ | 教言卿記 | 3 |
| ㊴ | 吏部王記 | 全 |
| ㊵ | 師守記 | 8 |
| ㊶ | 公衡公記 | 3 |
| ㊷ | 経覚私要鈔 | 3 |
| ㊸ | 言国卿記 | 2 |
| ㊹ | 師守記 | 9 |
| ㊺ | 三藐院記 | 全 |
| ㊻ | 言国卿記 | 3 |
| ㊼ | 兼見卿記 | 2 |
| ㊽ | 義演准后日記 | 1 |
| ㊾ | 師守記 | 10 |
| ㊿ | 本源自性院記 | 全 |
| 51 | 舜旧記 | 3 |
| 52 | 台記 | 1 |
| 53 | 言国卿記 | 4 |
| 54 | 経覚私要鈔 | 4 |
| 55 | 言国卿記 | 5 |
| 56 | 言国卿記 | 6 |
| 57 | 権記 | 1 |
| 58 | 公衡公記 | 4 |
| 59 | 舜旧記 | 4 |
| 60 | 慶長日件録 | 1 |
| 61 | 三箇院家抄 | 1 |
| 62 | 花園天皇宸記 | 1 |
| 63 | 師守記 | 11 |
| 64 | 舜旧記 | 5 |
| 65 | 義演准后日記 | 2 |
| 66 | 花園天皇宸記 | 2 |
| 67 | 三箇院家抄 | 2 |
| 68 | 妙法院日次記 | 1 |
| 69 | 言国卿記 | 7 |
| 70 | 師郷記 | 1 |
| 71 | 義演准后日記 | 3 |
| 72 | 経覚私要鈔 | 5 |
| 73 | 師郷記 | 2 |
| 74 | 妙法院日次記 | 2 |
| 75 | 園太暦 | 6 |
| 76 | 園太暦 | 7 |

## ——注釈書シリーズ——

御橋悳言著作集　全10冊　御橋悳言著

| | |
|---|---|
| ①保元物語注解 | 12000円 |
| ②平治物語注解 | 12000円 |
| ③曾我物語注解 | 18000円 |
| ④平家物語証注　上 | 22000円 |
| ⑤平家物語証注　中 | 22000円 |
| ⑥平家物語証注　下 | 22000円 |
| ⑦平家物語証注　索引 | 12000円 |
| ⑧神皇正統記注解　上 | 20000円 |
| ⑨神皇正統記注解　下 | 22000円 |
| ⑩神皇正統記注解　索引 | 15000円 |

| | |
|---|---|
| 年中行事御障子文注解　甲田利雄著 | 10000円 |
| 平安朝臨時公事略解　甲田利雄著 | 品　切 |
| 校本江談抄とその研究　全３冊　甲田利雄著 | |
| 上（類従本表題一覧・水言抄目録・本文と考説１～４） | 13000円 |
| 中（本文と考説５・６・補遺・索引） | 13000円 |
| 下（論述編・江談抄所載人名略伝他） | 13000円 |

梅花無尽蔵注釈　全５冊　市木武雄編著

第１（巻１・２）　25000円
第２（巻３上・３下）25000円
第３（巻４・５）　25000円

本書は、室町末期の五山禅僧万里集九が晩年に自作の詩文（詩1451首・文章111編）を自ら編し注をつけたものに、全注釈を施し刊行するものである。

| | |
|---|---|
| 第４（巻６・７、万里集九年譜・あとがき） | 25000円 |
| 索引（総目次、人名・地名・寺社名・書名索引、正誤） | 25000円 |
| 梅花無尽蔵注釈　別巻　市木武雄編著（五山禅僧詩文集・明叔録・詳細索引付） | 14000円 |

| | |
|---|---|
| 和訳花園天皇宸記　第１　村田正志編 | 7000円 |